中國學術思想 研究輯刊

十四編

林慶彰 主編

第5冊

風水的邏輯與生命時空的重建
——論中國人的環境範式

常　旭／吳殿廷 著

花木蘭文化出版社

國家圖書館出版品預行編目資料

風水的邏輯與生命時空的重建——論中國人的環境範式／常
旭、吳殿廷 著 — 初版 — 新北市：花木蘭文化出版社，2012
〔民 101〕
目 6+236 面：19×26 公分
（中國學術思想研究輯刊 十四編；第 5 冊）
ISBN：978-986-322-015-2（精裝）
1. 天文地理學 2. 堪輿
030.8   101015185

中國學術思想研究輯刊
十四編 第 五 冊   ISBN：978-986-322-015-2

風水的邏輯與生命時空的重建——論中國人的環境範式

作　　者　常旭、吳殿廷
主　　編　林慶彰
總 編 輯　杜潔祥
出　　版　花木蘭文化出版社
發 行 所　花木蘭文化出版社
發 行 人　高小娟
聯絡地址　新北市永和區中正路五九五號七樓
　　　　　電話：02-2923-1455 ／傳眞：02-2923-1452
網　　址　http://www.huamulan.tw 信箱 sut81518@gmail.com
印　　刷　普羅文化出版廣告事業
封面設計　劉開工作室
初　　版　2012 年 9 月
定　　價　十四編 34 冊（精裝）新台幣 56,000 元

風水的邏輯與生命時空的重建
——論中國人的環境範式

常　旭／吳殿廷　著

作者簡介

常旭

出生年月：1980.02

籍貫：山西運城。

　　北京師範大學人文地理學博士，北京大學博士後。學術興趣涉及空間政治經濟學、社會學、比較宗教學、人文地理等方面的綜合內容。目前正致力於研究古代人地關係哲學範式如何革新至現代人地關係的範式，以及在這種突破中涉及的西方現代性的興起、東方文化的衰落、未來的人地哲學、環境倫理等將如何進程，旨在探尋中國古代文化復興、古代人地之道於當代回歸的可能性、方向性及實踐性。

吳殿廷

出生年月：1958.06

籍貫：遼寧大連。

　　北京師範大學地理學與遙感科學學院教授，博士生導師，博士畢業於東北師範大學。意大利特倫托大學經濟學院，高級訪問學者。全國區域協會可持續發展委員會主任，全國經濟地理教學研究會副理事長，中國地理學會鄉村地理專業委員會副主任。研究領域包括：人文地理學、區域發展研究、城鄉規劃與土地利用研究、旅遊開發研究。出版專著 10 餘部，論文 130 餘篇。

提　要

　　《書》曰：「器惟求新，人惟其舊。」中國傳統文化所內含的思維模式與人文理念塑造了中華民族獨有的思想個性，為東方文明的發展提供了豐富的精神源泉。本書基於傳統「天人合一」哲學中所蘊含的對時間、空間、天文、地理的認識方法與思考理路，就古代人地哲學中所涉及的幾個基礎問題進行本原的探討，對以現代地理學思維模式主導下對古代地理思想研究中的一些謬見進行辨析，並採用生命的理性主義哲學範式來理解中國古代地理學。

　　本書主要包含三部分：

　　第一部分主要討論的是中國古代人地哲學的天文學起源。深入分析周易、陰陽、五行、八卦學說所蘊含的時間、空間耦合關係，以及該學說體系在中國古代文化中的本體地位。

　　第二部分主要討論的是古代在認識天、地、人的運動中所采取的以「數」字推比的哲學方法論。分析了古代數字崇拜的起源、抽象意義以及數字運動所內涵的音樂在天人互通中的作用。

　　第三部分主要討論古代地理學的「風水」判定方法與人本內核，提出本書關於古代人地哲學理性的生命主義的重要觀點。通過解讀風水學的重要典籍，剖析其對於山水空間認識的生命主義內蘊，指出其對於地理環境判斷的藝術與理性相結合的方法。并對學界多回避的神鬼問題提出的思考，提出以歷史邏輯與形式邏輯重合的分析論點。

目

次

第一章　緒　論

第一節　選題背景與研究意義

一、選題背景

　　美國著名政治學家亨廷頓在《文明的衝突與世界秩序的重建》中指出：「第三世界國家隨著自身經濟實力的增強和在世界上影響力的提升，會重新強化本民族文明的文化認同感。」並認為，未來世界的分化將以文明的種類而劃分成基督教文明、伊斯蘭文明、儒家文明三大文明國家陣營。無疑，亨廷頓的「文明的衝突」學說存在很大的偏見和對文明本身的謬斷，但是，其關於「經濟決定文化認同」的觀點值得關注，於中國或許有一定的適用性。中國改革開放以來的經濟奇跡，在很大程度上使國人恢復了對中華民族的自信心。與此相應，也引起民眾對傳統文化重新學習、重新挖掘其價值的思想潮流，近幾年的「國學熱」可以作為這個「亨廷頓規律」的一個佐證。可以預見，未來「國學熱」的影響範圍會更廣泛，更深入，中國傳統文化遺產將得到更大程度地傳承。

　　中華文明是世界古代文明中，唯一保留並傳承至今的，其它如古印度、古巴比倫、古埃及等文明皆已中斷消亡，這個世界文明中非常獨特的現象，隱藏其後的原因也可謂世界文明的斯芬克斯之迷。這既是中西文化比較研究領域中最值得研究的問題，也是關乎未來中華文明繼承、弘揚並發展的關鍵所在。子曰：「夷狄之有君，不如諸夏之亡也。」孔子之說意指中夏即便無王者，其向心之力亦勝比夷狄之有君王者，孔子之謂即道明中華文化不被消亡

的向心力與凝聚力。故顧炎武曰：「國家興亡，肉食者謀之；天下興亡，匹夫有責。」國家與天下之別，顧氏在此汲汲然天下之事，即著重文化保存與傳承的責任，歷來爲讀書人稱之曰「道統」。在中國歷史上，每次朝代的更迭都會使華夏文明的影響力、滲透力、融合力更進一步。如今隨著綜合國力的增強，中國在世界的戰略格局中所佔之分量也愈重，中國的經濟、政治、文化也受到世界的普遍關注，而要實現中華民族的偉大復興，傳統文化尤需振作，因爲傳統文化中涵有使中華文明不曾被中斷的關鍵基因。王船山曰：「先王一日不可廢者，學也」（見《讀通鑑論》），所學者即天下之大道，太史公所謂「通乎天人之際、古今之變」者。可以說，中華數千年文明的核心一直在於對「道」的不懈探索與追求，而「道」的核心又在於「天人哲學」，《尚書·大禹謨》曰：「天之曆數在爾躬，汝終陟元后。人心惟危，道心惟微，惟精惟一，允執其中。」《中庸》首言：「天命謂之性，率性之謂道，修道之謂教。」故道者，天道也。教者，率天之道也。《老子》曰：「人法地，地法天，天法道，道法自然」，非此何謂？

中華文化成型之源首推《周易》與《尚書》，《周易》本天道而言人道，「法象莫大乎天地，變通莫大乎四時，懸象著名，莫大乎日月，崇高莫大乎富貴。」《尚書》的邏輯亦本乎此，其文中「天」出現的頻率最高，亦由天及人，人的行爲應如天的運行一樣，人與天是相通的，《尚書》曰：「欽哉！惟時亮天功。」又曰：「惟德動天，無遠弗屆。滿招損，謙受益，時乃天道。」董仲舒有云：「天不變，道亦不變。」而此「三墳、五典、八索、九丘」之學，自周以後即被尊爲華夏正統，影響了中華文明數千年。直到五四運動以前，儒家經典仍主導著中國人的思維。「五四」之後，西學東漸，加之文革，使古代文化屢遭衝擊，岌岌可危，而今需重新整理、挖掘並繼承傳統文化多方面的精華，這對於豐滿中國文化能起到基礎的支撐作用。如果說中華民族新一次的偉大復興是體現了人類發展史的螺旋式上陞規律的話，那麼這種螺旋上陞的法則也必然要求中華傳統文化在更高層次上再次復興。順應這一歷史法則，重新發掘中華古代文化的內涵、方法和思維在新時期更顯得有與時俱進的意義。

二、研究意義

古代地理學也即堪輿學，又稱風水學，是中國古代先哲認識環境、理解

環境、順應環境的一項重大發現，它內在地規定了中國古代人地哲學的思維範式，是古代地理學思想的核心所在，是對天人哲學思想的重要貫徹。它的目的是通過對於居住環境的選擇而達到與天地相和諧，居住環境包括「生者」與「逝者」，即陽宅和陰宅。通過對地理環境的精心分析，而選擇一處使「天、地、人、鬼、神」都能相安和諧的佳地，使各方皆受天賜之福。「風水」的理論體系宏大，包含曆法、星象、地理、周易、中醫等多項內容，駁雜紛紜，自古即是中國文化的重要組成部分，對於中國古代哲學、建築、規劃、時空觀等都產生了深刻的影響。可以說，論及中華文明，風水學絕不可迴避，因為它與「天道」緊密相連，探討的是人地之間空間與時間獨特的耦合關係，它與中醫一樣體現了華夏文明的獨特思維。

目前，風水學在世界上也有很大的影響，不少大學已開設風水學課程，使之逐漸成為顯學。相比之下，國內對於風水學的研究還處於「半遮半掩」的狀態，或是「心照不宣」的意境，原因在於五四運動以來，在以破除舊文化、封建文化為己任、橫掃一切舊制度陰霾的文化啟蒙運動下，城門失火，殃及池魚，風水學也被冠之以「迷信」而被打倒，至今鮮有人敢於觸動「科學」與「迷信」之間看似明晰而又實質模糊的紅線（見本書最後部分關於宗教與科學的論述），因此，目前從事風水研習的也多在江湖民間，相比之下，正統的學術界對此涉及無多。

弘揚民族傳統文化需要理性地看待風水文化、研究風水文化，需要我們拿出堅實的風水學研究成果，進而系統地、理性地認識本民族的傳統文化，並內化為繼承中華文化的偉大行動。目前學術界對風水的認識分為兩大派，一派認為其是不折不扣的迷信，全無研究的價值，棄之若敝履，鄙其為糟粕。一派認為，它是中華文化的絕學，褒其為科學，奉之若神明，其「科學性」甚於當代的自然科學。孰是孰非？若科學者，其道安在？若迷信者，其理何謂？欲解此問題，需要對風水學進行系統的考察，這也是本書的主旨所在，如王船山所謂「入其壘，襲其輜，暴其恃而見其瑕」也。

筆者以為，將「風水」斥之為迷信的態度不可取，持這樣的觀點的人大都沒有認真研究過風水，仍然遵循的是五四運動以「科學」橫掃一切的路線，而非馬克思主義「鑽進去並走出來」的揚棄的方法論；對於奉風水若神明的態度自然更需謹慎，正因為歷史上的主導與流行，其後來的演進過程必然是魚龍混雜。故筆者將執兩用中，走中間路線，首先對風水學進行理性的、嚴

謹的分析，從源頭考察，力求探尋背後支撐其理論的思維邏輯理路。而對風水學批判的論述，其文也繁多，本書不欲再添無謂之功，本書意在對風水學及其基礎——《易》的天人哲學、方法論、文化思想內涵做全面系統的考察。因為一切問題說到底是關於方法的問題。也只有如此，才能科學地繼承風水學所內涵的哲學方法論精髓；也只有如此，才能對古代「天地人」的關係學說有眞正意義上的解讀；也只有如此，才能完成中華文化在更高層次上的復活；也只有如此，才能夠眞正地繼承列祖列宗留下的思想精髓。

筆者認為：風水的核心精神即《易》的精神，而作為群經之首的《易》之內蘊，即中華文化的核心精神，亦即天人哲學的精神，所謂「先王以神道設教」，「神道」指的是天地運行之道，率天道而行人道。表面上看，風水學似乎研究的是地理，以古代傳統的思維去研究地理，但這種思維集周易哲學、天文曆法、禮樂文化之大成，它既是一門哲學，也是一門實證科學，同時也是一門技術。從某種意義上說，周易文化的技術性就集中體現在風水學上，而風水學也反映了中華文化的核心精神。

第二節　古代地理學的研究歷程概述

一、堪輿學的歷史

堪輿學的研究應該追溯到上古時期，它與周易、陰陽發源於同一時期，周易起初來源於先人們對天文地理的考察，《易》曰：「古者庖犧氏之王天下也，仰則觀象於天，俯則觀象於地，觀鳥獸之文，與地之宜，近取諸身，遠取諸物，於是始作八卦，以通神明之德，以類萬物之情。」《詩·大雅》曰：「古公亶父，來朝走馬，率西水滸，至於歧下。爰及姜女，聿來相宅。」《尚書·洛誥》曰：「召公既相宅，周公往營成周，使來告卜，乃卜澗水東，瀍水西，惟洛邑」，成王「不敢不敬天之休，來相宅」；《周禮》亦有「土方氏掌土圭之法，以致日景，以土地相宅，而建邦國都」。可以認為，至周時就已經發展出較為成熟的堪輿學，可能春秋戰國時，中原喪亂，「天子失官，學在四夷」，關於堪輿方面的典籍已經散落在民間，官學變為私學。目前先秦典籍裡關於堪輿及與之相關的概念散見在《周易》、《周禮》中，《左傳》裡有不少關於占卜的「易」的案例，而堪輿方面的不多見，可推知至春秋時，堪輿尚屬官學。而稍晚一點的《黃帝內經》裡涉及了不少天文曆法和地理方面的內容，並作

爲醫學研究的基礎性前提，《內經》有「九宮」、「八風」、「五運」、「六氣」、「十二辰次」等地理方面的論述，這些內容與後來漢代易學的「卦氣」、「納甲」、「九宮」、「律曆」及「河洛」等學說如出一轍，可見古代地理學與易學一開始就有天然的聯繫。

至東漢末，《三國志・管輅傳》載：「輅隨軍西行，過毋丘儉墓下，倚樹哀吟，精神不樂。人問其故，輅曰：『林木雖茂，無形可久；碑誄雖美，無後可守。玄武藏頭，蒼龍無足，白虎銜屍，朱雀悲哭，四危以備，法當滅族。不過二載，其應至矣。』卒如其言。」可作爲堪輿學成爲「顯學」、「私學」的線索。稍晚其後的晉代郭璞集古代地理學與易學之大成，開創了「風水」學，其後，堪輿學亦稱爲風水學（後文將指出，風水一詞的運用更體現了對地理空間的立體把握），並爲後來的風水學的發展奠定了基本發展方向——「理氣」與「形法」。也正是自郭璞始，「鬼」、「神」等詞語進入風水學，其中云：「枯骨得蔭，生人受福，氣感而應，鬼福及人。」致使堪輿這一古代的重要官學淪爲方技末流，爲士大夫所不齒，所謂「子不語怪力亂神」（其實，天文星象、周易占卜等被視爲末流，自漢代就漸次開始，但兩漢五行學說大興，官方修習占卜、讖緯者也甚多）。故晉代以後，周易、堪輿風水等易學占卜領域逐漸成爲「方術」門派，民間得以有機會稍許涉獵，官方雖重視，但隱晦其學，修研者也僅限於少數人。

且風水學的盛衰與易學的發展相對應，在宋代河洛易學、先天易學興盛以前，風水學的研究也未能大興，僅侷限於官方有條件窺得秘笈的少數人。晉末，中原喪亂，官方典籍大量散落，其中不少被佛道寺廟收藏，所以佛、道中人通易學、風水學者不在少數，西來之佛教與本土之易學也互相通融，其時的佛學也多經過了易學思想的改造。唐代易學與佛學大師如僧一行，主持修訂了對後世影響很大的《大衍曆》（大衍者，《易》之大衍數也），也足見一行在天文陰陽、五行八卦方面的造詣頗深。唐季著名的風水大師楊筠松著有《青囊經》、《青囊奧語》、《天玉經》、《都天寶照經》等，被後世視爲堪輿理氣學說——玄空學的聖典，其理論系統的完備至今無人能夠超越。據傳其以晦澀的語言爲後人留下很多的風水著作與口訣，亦非近屬不能解讀，遂啓後世黨同伐異、學派相傾之門。需大書特書者，楊氏將「理氣」的原理盡泄（《青囊經》中已經道出了《河圖》、《洛書》的內容，於兩者體用關繫之論也較邵雍之學更爲明晰），眞正使風水學由「藝術」成爲了「技術」，使風水的

理論基礎更為堅實，並使理氣原理與《易》的聯繫更加緊密，幾乎融為了一體。楊氏地理學的最大特點是在原理上一遵於周易之源──《河圖》、《洛書》，以「數」為基本運算工具，追求天地人三者空間的運動在時間流行上的統一，這與易學、傳統醫學的基本方法論是一致的，與中華文化裡順天而行、尚中而又不泥中的中庸之道是相符合的，與其「象」「數」統一的運算方法是同一的，是真正意義上的「天人合一」。然缺憾者，楊筠松的這幾部經典皆未注解，後楊氏門人皆自許為正統，各持己說，不相水火。風水學研究走向了混亂與偏見，非但原理龐雜，連語言模式也不能通融。由於楊氏理論之精髓在於理氣學說，理氣原理即周易的原理，而易學研究自東漢以後進入了蕭條，魏晉盛行玄學，因此唐代堪輿地理學之發展較為緩慢。

　　至宋代，社會經濟發達，國家重視學術，加之印刷術的突破，為學術的繁榮創造了有利的條件，地理學的研究也承此氣象而愈見繁榮，無論官家還是私家都對風水堪輿學給予了重視，也有一大批風水學術論著出現。如吳少苑：《地理大用》；杜銓：《地理精義》；吳景鸞：《玄空秘旨》；何靈通：《靈城精義》等等。宋朝政府還支持呂才編修了《陰陽宅經》刊行於世，為官家方技科子弟所必修教材，其時宋朝的各級地方政府也都設立主掌陰陽、五行、堪輿、醫卜的專職官員，專司五行事。緣有宋一朝崇尚學術，周易研究也成就非凡，期間有一大批著名的大易學家如陳摶、邵康節、周敦頤、程氏兄弟、朱熹等為宋學成為繼漢學以來中國學術的又一高峰做出了很大的貢獻，可以說，宋代理學的高峰發端於周易，由邵雍提出「先天八卦」而起，中國對易學的研究進入了新的階段。世人對《易》的推崇從不同程度上推動了風水學的發展，甚至著名的「西山先生」蔡元定自己就是造詣甚高的風水學者，也影響了朱熹對於地理學的認識（見《宋史·朱熹傳》）。活字印刷術的發明使知識的傳播愈加便利，風水研究的隊伍愈見壯大，研習者良莠不齊，成果不免泥沙俱下，風水學愈趨於末流與媚俗。略通五行者即可操盤，偶知八卦者即可觀勢，更甚者，有些術家為增添其神秘性與震撼力，察山觀水時「喝形取穴」，隨意造出很多頗為誇張的形象名詞用來描述風水寶地，風水佳者如上雲霄，劣者直入地獄，令外行者殊為可畏。風水漸成江湖謀食之具，操此術者也多不遵易德，為儒學正統所排斥，而此間從事風水學者自甘墮落者甚多。

　　金元時期，對堪輿風水的研究因為外族入主中原而一度盛行過，尤其忽

必烈在駐金蓮川時，身邊就聚集了一批精通陰陽術數的謀臣，如劉秉忠、王恂、張文謙等，對忽必烈得天下關係甚大，其中劉秉忠尤爲忽必烈倚重。《元史・劉秉忠傳》稱其「通曉音律，精算數，善推步，仰觀占候，六壬遁甲，易經象數，皇極邵氏之書，靡不週知」。忽必烈賞識「其陰陽術數之精，占事知來，若合符契」。忽必烈曾向劉秉忠問及新都之事，劉秉忠答曰：「上都國祚短，民風淳，大都國祚長，民風淫。當然大都更宜爲都。」陰陽風水家對燕京的推崇，也對忽必烈建都北京起了重要的作用。同時，劉秉忠還負責元大都的風水勘測、規劃設計、建設施工的全過程。其在風水方面的成就爲時人所推崇。據傳劉氏曾著有風水著作《平砂玉尺經》，該書對後來的影響很大，因其主張風水須遵「三合」規律，故後來奉行《平砂玉尺經》說者爲「三合派」，並成爲元明時期，風水學中最大的流派之一，內容龐雜自然眞僞難辨。

明末著名風水學家蔣平階有感於僞學日盛，眞學日晦的局面，作《地理辨證》一書，對楊公著作一一進行注解，並對《平砂玉尺經》批判尤力。蔣氏《地理辨證》一書，爲數百年來楊筠松玄空風水學說的首次注解，故在當時引起很大的反響，一時洛陽紙貴。凡言堪輿者，無不奉蔣氏之說爲圭臬。但蔣氏雖言辨證，但其畏天機不可洩露之說，注解也多半隱半顯，關鍵內容也只露得一鱗半爪，讀者也多不能眞正理解其要義。且圍繞對《地理辨證》的各自闡釋，風水家又重啓攻擊之門，蔣氏原想易理開明、眞學復興，不料反更使風水學說隱晦不明。此後，根據蔣氏著作的內容，風水家們各自研究並發展了多門學派，如無常派（無錫、常州一帶）、上虞派、滇南派、湘楚派等等。因爲民間的研習多以師徒傳承的方式，所以在典籍的數量上，抑或史流派上，都甚顯繁雜。

清末民初，風水學的研究進入了新的階段，這首先歸功於大易學家沈紹勳。沈氏易學功底深厚，遍讀各家易學著作，在易學象數領域頗有建樹，其易象的發現亦多爲易學大師尙秉和著作《周易尙氏學》所引據。沈氏對風水學各派都進行了比較研究，探究得出風水學中的關鍵內容及其原理。尤可貴者，沈氏將此研究大膽公佈於世，影響日深。至今，在中國臺灣、香港及東南亞國家的風水學研究中，沈氏玄空易學的研究風氣很濃，蔚然成風。

五四運動以後，傳統地理學的發展受到了新文化運動的空前擠兌，西方的科學對中華文化採取了全面批判的態度，將很具中國文化特色的易學及其

相關文化一律冠之以封建迷信。風水學的發展空間也就越來越小，幾將成為隱學。風水學的研究者在強大的西方科學的攻勢下愈見微弱，「德先生」與「賽先生」的潮流使真正嚴謹地研究風水學的學者越來越少，即使群經之首的《易》，其研究也越集中在義理層面，象數領域已被現代科學所擯棄。風水學者愈加為人冠之以「江湖術士」，風水學在中國學術領域的地位降至最低點，幾與迷信劃等號。研究上不了檯面，使風水學越來越走向神秘，少數風水學者也被賦予了半神半仙的身份，在當今仍然流傳新中國的偉人都曾受到大師們的風水指點的傳說（如毛主席祖上的風水是「嫦娥奔月」、曾國藩祖上的風水是「金雞啄米」等等），其說雖荒誕，但愈見傳神，更顯時下對風水學的矛盾態度。

　　綜觀風水學的發展史，有以下幾個特點：一、堪輿學最初的本義和周易的本義一致，追求地理與天文的統一；二、風水一詞是後來的發明，這一發明使得風水的發展方向與易學的研究方向產生了不同程度的偏離，「鬼神」概念的提出使其逐步走向神秘化；三、無論是郭璞還是楊筠松，其堪輿學理論的源頭皆可溯至上古，在中國早期歷史上就已經佔據中華文化的正統地位，是為官學；風水學及其發展也可以看作是官學向私學流變的過程；四、堪輿學和易學一樣，在很早其理論已經達到比較完備的程度，至少在先秦時期，堪輿學的體系已經基本建立起來（此和中國傳統醫學的發展類似），這也導致了後人對風水學理論的保守與隱晦，不願意隨便洩露天機，而致學術的混亂；五、堪輿學的內容從流入民間以後就是不統一的，它本身也是一個精華與糟粕並存的龐雜的學術領域，且越往後，其嚴謹性越不足，門戶之見也越深；六、風水學者皆以該學問為私學，甚者成為術士謀食之具，理論為江湖騙子所污染，使風水學的研究隊伍良莠不齊，名聲也越不佳。總之，風水學由官學變私學、上學而下達的過程中，從事風水研究的隊伍也愈見腐爛，無怪乎新中國成立後，將風水學從中國的學術領域清除出去，免得謬種流傳，貽害世人。清介者廖若辰星，可謂清者自清，濁者自濁。

二、當代傳統地理學的研究現狀

　　在中國大陸對傳統地理學擠壓的同時，風水學在中國臺灣、香港及東南亞華人圈裡蓬勃發展起來，也產生了一些為數不多的很有造詣的易學、風水學學者，其著名者有：鍾義名、白鶴鳴、李居明等（見香港期刊《新玄機》）。

但總體來看，由於缺乏相應的評判標準，加上風水中存有明顯的功利傾向，因而在港臺等地區，風水的媚俗化也相當嚴重，甚至不少和佛道等宗教內容相結合，醮醮求仙等也不在少數，造成了港澳臺地區特有的「一邊是現代化雲集，而另一邊卻是迷信風行」的人文景觀。從事風水的人雖多，但真正意義上的風水學家不多，充其量不過風水師而已。國際上在 70 年代的時候，已經有大學開始關注並研究中國的易學與風水學，韓國學者尹弘基曾因風水方面的研究而獲伯克利大學的博士學位。如今，韓國已有很多學者研習風水，甚至韓國欲將風水學申請為世界遺產，可見國外對中國傳統地理思想的重視。但整體來看，研習風水者多在民間，真正在大學裡把風水學作為一門正統的學科畢竟還是少數。國外的學者由於缺乏中華文化的思維薰陶與古文學底蘊，對易學與傳統天文地理的思想方法研究涉足不深，仍停留在比較膚淺的描述層面，總希望以現代科學的思維模式來解讀傳統。全面系統的描述與研究仍顯不足，至於機理層面的深刻剖析更無從著手，期望以西方的科學分解方法來剖析風水學的規則，越分析越走向死胡同，終究只能是對風水學抱有崇敬的「宇宙生態學」的觀念而已（俞孔堅，1998 年）。而臺灣、香港及東南亞的風水學者，正統的學院派都將傳統地理學研究作為人文地理學研究的一個分支，仍基於西方地理學的學科分類原則，並沒有從本原、規則、機理方面做系統的考察，所得出的一些規律性成果也總想朝西方科學那裡靠攏，希望能得到西方科學的基礎支撐，其深刻性的研究成果無多。民間的學者，因為缺乏真正的學術規範訓練，對風水學的研究多停留在「遵習」的實用主義層面，嚴格遵守風水學的規則，無意於機理的探討，對其背後蘊涵的天文曆法、陰陽五行、八卦易學的數理邏輯、人文邏輯作用機制涉及不多，故也難以在正統的學術界取得一席之地。

改革開放以後，我國學術界逐漸開始以理性的態度來對待中國的傳統文化。對於風水文化的態度也經歷了從迷信到批判再到繼承的過程，最初仍將其列為「迷信」（辭海的注釋），其後一些建築學家出於對中國古代建築的研究，也旁通了一些有關堪輿的內容，雖然仍停留在淺層次，但畢竟邁出了理性和冷靜的一步。一些老一輩的建築大師如梁思成、林徽因等曾對北京城市的風水做過較早的研究，吳良鏞、周乾峙、齊康等也都曾論及風水學對中國建築學的影響。天津大學建築學專業對中國風水學文化給予了更多的重視，大膽繼承了風水學中的不少合理成分，並取得了一些頗為開創性的成

果。王其亨所著《風水理論研究》、亢亮、亢羽所著《建築與風水》和《城市與風水》就是這一時期的代表作，現在這幾本著作已經成爲不少大學建築、規劃等專業的必讀教材。雖對風水學的核心問題的研究不多，不少觀點還停留在以西方科學思維附會風水學規律的層面上，但畢竟有了開拓性的一步。在當代建築學領域，風水有其相當程度上的合理性，這已經基本成爲共識。對於風水學的理性態度，吸引了很多國外相關的建築學專業人士，國外的建築學也很重視對風水學的涉獵，不少大學的建築學專業都開設有風水學的選修課。總體上看，國內外對風水學的研究是關注的很多，但有分量的成果不多。

　　與此同時，我國地理學界也對傳統地理學的思想投入了理性的眼光。原本風水學在古代即稱爲地理，因此，從事歷史地理的學者在研究歷史上的區域規劃、建築規劃時必然要涉及到陰陽風水方面的內容。因而歷史地理、文化地理與人文地理學者成爲風水學研究的主力隊伍（民間學者除外，因爲從事隊伍複雜，故筆者在此不予評注）。由於風水學對於古代地理區位論的深刻影響，故地理學家對於風水學的關注也越來越多。早在上世紀八十年代末九十年代初，地理學家如金祖孟、陳傳康、于希賢、俞孔堅等都涉獵了不少風水學的文獻。金祖孟曾對「天圓地方」所包含的地理思想進行了重要的研究（見林徽因等：《《風水方家譚》：金祖孟論地平與天圓地方》，北京：團結出版社，2007 年）；陳傳康從旅遊景觀學的角度對風水的景觀效應進行了分析和評價，抽取出風水學理論中景觀美學思想；俞孔堅從景觀生態學的角度對風水學進行了分析，並認爲風水的理念是中國人的理想居住建築模式，並將這種理念引入到景觀規劃設計中（俞孔堅：《理想景觀探源：風水與理想景觀的文化意義》，1998 年）；于希賢在上世紀 80 年代初就開始研究風水學，對風水學的闡發甚多，于氏後期的學術研究主要集中在風水學的研究上，提出了「風水學把大地作爲有生命的活體」的重要觀點（于希賢：《風水的理論與實踐》，2005 年），可以說，這一論點的提出，是對風水學理論內核的一個重大突破。在此之前英國著名歷史學家李約瑟就曾在《中國科學技術史》一書中試探性的提出：「中國人的科學思想包含著宇宙兩種基本原理或力量，即陰與陽，大多數歐洲科學家指責它是迷信，但我要考察的是，中國古代傳統思想體系，是否僅衹是迷信或衹是一種原始思想，還是其中也許包含了那種文明某些本質性的東西。似乎一切在中國人眼裡都成爲有生命的東西了。」青年

學者如程建軍、劉沛林等都有關於風水學的專著問世，從建築、環境的觀點
對風水學的理念進行了剖析（程建軍：《風水與建築》，南昌：江西科學技術
出版社，2005 年；劉沛林：《理想家園——風水環境觀的啓迪》，北京：上海
三聯書店，2000 年）。尤其劉沛林，在其著作中以「大地爲母」的觀點來評價
風水學的理念，對風水學的內涵的挖掘比前人更進一步，認爲對風水的理解
不應僅僅停留在建築與規劃上，它體現了中國人內在的環境觀，這一觀點已
經上陞到文化本體論的層面，與于希賢的論點異曲同工。其他領域的學者如
史箴、王玉德等都對風水學做過不少較爲系統的研究，史箴就風水學的重要
術語與典故進行了詳細的考證；王玉德曾對風水學的重要典籍進行了系統
的研究與評價（以上學者的論述皆見《風水方家譚》）。諸多人文領域的學者
也都或多或少的在研究論文中涉及到風水學的內容，然大多不成系統，影響
也不大。

　　總體對當代的風水學研究評價，雖研究者很多，但能夠突破前人成果的
不多。原因在於：(1)當代學者對風水學的研究仍抱有謹慎的心理，都不願
碰觸「科學與迷信」的紅線，對風水學最深層次的問題都刻意迴避。(2)當
代對風水學的研究主要還停留在文獻搜集和整理階段，風水學的資料多散落
在民間，當前的工作主要集中於資料收集，還未能細究其內在的機理，更
遑論對其眞僞的辨正。(3)學界研究風水學與易學、古代天文曆法學分爲兩
途，研究風水的學者大多易學、律學、曆學的功底不足，故而對風水學內在
的機理剖析方面顯得明顯不足，往往把精力放在「介紹」某種風水學知識階
段。(4)當代周易學者們往往延續以前的科學與迷信的界線思維，把主要的
精力都放在《易》的義理之闡發方面，對與《易》直接相關的象數占卜方面
不予重視，將其當作封建糟粕排除在正統之外，這在《易學哲學史》一書
中可見一斑。稍有涉及占卜，就倍感壓力。而風水學更被易學研究者認爲是
《易》的末流小術、旁門左道，更無人願意涉入風水學的研究，視風水學爲
流俗。(5)當今的地理學家對於風水學的研究大都是「半路出家」，頭腦裡的
主導思維仍然是西方的科學思維模式，因此對風水學的機理探討方面多喜
附會現代西方科學知識，既不能有效的解釋風水的效應，更誇張性的拔高了
易學、風水學的科學含量，似乎中國在上古時代就創造了比當代還要先進
的科學文化，這只能使現代自然科學家啼笑皆非，科學不成，反而更走向了
迷信。

第三節　研究思路與研究方法

一、研究思路

鑒於風水學的研究歷史與現狀，筆者以爲：對於風水學的研究，需要以中國傳統文化的思維範式作爲基礎，以有別於西方自然科學的「老」的思維方法和分析框架對古代地理學做系統、全面的考察。在本書中需要作到：

堅持「進得去、出得來」的態度，以易學、風水學本身的思維來研究風水，以《易》證《易》、以地理證地理，堅持作到以「本原」的思維進入風水學領域，以傳統思維去理解傳統文化。這就需要尊重原著、理解原著、解讀原著。故筆者的文獻分析，主要以能代表傳統文化的重要文獻如《易》、《尚書》、《禮記》、《黃帝內經》、《左傳》、《國語》、《山海經》、《呂氏春秋》、《淮南子》、《白虎通》等爲依據，同時選取一些現代考古學資料做必要的補充考證，解讀中國「天人合一」哲學的深刻思維內蘊。在此基礎上以郭璞和楊筠松的著作爲基本的地理文獻，並選取著名風水學家的注解爲基本的分析資料，來研究中國古代地理學的思維邏輯。

在分析風水學原著的同時，對涉及易學的基本理論部分還需做重點分析，因爲風水學的邏輯即易學的邏輯，要徹底搞清風水的理氣理論，就必須還原周易的方法與原理，因此，對《河圖》、《洛書》、天地之數、八卦象數和《內經》中五運六氣的闡釋和對古代中國曆法、著名大易學家的論著的說明成爲本書的理論支撐，試圖在最深刻的哲學層面探尋《易》的數理邏輯、文化邏輯、生命邏輯。這也是筆者試圖對風水學「描述」層面的突破，也將有別於民間江湖術士，做到嚴謹求實。

通過對風水學的歷史發展的梳理可知，風水學是由最初的官學逐漸下達成私學的，那麼風水學的理念、原則、內容必定和中華文化的基本精神是統一的。既然風水學作爲中華文化中關於環境與建築方面的內容，而環境、建築的傾向更能體現一種文化的特色，那麼，風水學也必定應該是傳統文化的一部分，甚至是重要部分，則風水與《易》的文化內涵及對中華文化的影響的探討也就成爲論文的必需，這種將風水學置身於文化本體論的角度，地理學界尚鮮有嘗試。

對風水學的方法論與現代地理學的方法論做一系列的比較，以「範式」

的觀點來對兩種思維體系進行評判，以傳統醫學的思維方法和成果佐證兩種思維體系的不同，指出風水學的科學內涵與中國傳統文化中的環境效應認識。並援引西方基督教在科學發展歷程中的作用來說明思維範式對於科學形態的關鍵塑造作用。

二、研究方法

（一）典籍檢索法

中國古代地理學的基礎多本於上古的典籍，一來佶屈聱牙，歷代注解不統一，眾說紛紜，後人多斷章取義，各為取用。要避免這一問題，需要系統地理解原文。二來，古代地理思想是一自成體系的理論，它集中了古代多個學科的知識，既是一門哲學，也是一門科學，所以，要真正理解堪輿學，需要旁及多門經典。

（二）「方法論」比較法

堪輿學、易學、天文音律乃至中華文化最核心的層面與西方科學在基本的方法論方面遵循的路線是不一樣的。所以需要比較的不僅是古代地理學與現代地理學的內容，更重要的是兩者在方法論方面的差異，這在很大程度上也涉及到科學與藝術的融通這一基本問題。而這似乎正是理解中國文化的「點金指」，也是對現代科學認識的重要突破與補充。

（三）規範與實證相結合的方法

通過對古代地理學的系統分析，總結風水效應的影響因素，並選取相關的案例進行實證檢驗。規範分析法是研究事物「應該是什麼」，而實證分析法則是研究事物「是什麼」。兩者的有機結合將有助於實現從理論到實踐再到理論的昇華。通過實踐的驗證，為風水學的科學性提供切實可靠的支持。

（四）定性與定量相結合的方法

歷來認為中國古代文化不具科學性，其中一條關鍵理由是中國的文化多是定性的描述，沒有達到定量化階段。通過對易學中「數」的分析，可以突破這一積非成是的謬見。古代地理學的落腳點在於「人文」地理學，不但強調外部形勢的藝術美學色彩，同時要求在「氣數」的運算上達成與「天數」運動的和諧，這一點，正是定量的有力證據。

第四節　研究內容與創新點

一、研究內容

論文在結構上共分為以下幾個章節：

第一章為緒論。論述了本研究選題的背景和意義，介紹了本書的研究目標、研究思路、研究方法、研究框架和主要創新之處。在中國傳統文化復興的大背景下，有必要理性地考察主導中華文化數千年的傳統地理學即堪輿學，即使其中含有大量的占卜因素，也不能成為忽視它的說辭，因為即使是自然科學，其研究目的仍然是便於人們對於自然規律的把握並用於預測自然的發展，一切科學無不如此，基於這樣的觀點，堪輿學也甚有研究的必要，況在港澳臺、東南亞甚至世界其它地區，易學占卜、陰陽風水都很流行，其中必然有一定道理。因此，本書的目的就是探討其內在的思維邏輯。

第二章是對於易學的天文學基礎的探討。中國古代人地哲學的思維範式是「天人合一」，其精髓集中體現在易學體系中。從《左傳》中的占筮案例入手，結合《易經》原文關於「伏羲氏王天下」的論述，及《淮南子》、《黃帝內經》中關於黃帝作為上古太皇的傳說，探討《易》的天文考古學起源，指出《易》、五行說起源於上古時期華夏民族的太陽神崇拜與北斗神崇拜，在中國文化的發展過程中具有本始的至尊意義，它規定了人地哲學的思想框架，並指出五行學說在古人認識論中的時空耦合模式。

第三章以《尚書》關於分至四神為切入點，探討五行、八卦學說體系形成的類象比附的思維意義，並指出五行八卦體系在中華文化中的本體意義，它所表達的思想內涵與《禮記》完全相同，五行學說是中國傳統文化中認識自然與社會的根本思維基調。其類象思維決定了五行學說具備很強的開放性和無限延展性，而這為相關學說的發展留有充足的彈性的空間。在此基礎上，以《左傳》的案例繼續探討八卦占卜的方法，指出陰陽占卜在早期中國文化中的地位，並闡釋占卜方法的合理性與不確定性。

第四章主要探討「數」對於《易》的核心意義。通過八卦符號的生成中陽奇陰偶的「加一倍法」，說明「陰陽」概念是古代認識世界的基本思維模式。並根據古老「天圓地方」學說中蘊涵的勾股學說，指出中國在很早就形成了對「數」的崇拜，賦予了數字以神秘的意義，以此引出《河圖》、《洛書》的內容。

　　第五章重點分析《河圖》、《洛書》的網際空間點陣排列的內在數理邏輯。通過曆法中的斐波那契數列運動規律，提出採用斐波那契數列對於對立統一規律中的歷史邏輯的數位記號表達意義，詳細分析了斐波那契數列所包含的一系列數論規律，在此基礎上探究中國曆法中幾個周期數字的數理基礎，進而推導出《河圖》與《洛書》數位點陣排列，證明了上古神秘數字的深刻含義。指出《河》、《洛》數字運動路線是中國思維的獨有發現，在更深刻的意義上指明易學的合理性根源。以相應的考古學發現佐證《河圖》、《洛書》數字的真實性，證明中國古代人文理念內涵有嚴格的數學物理認識基礎，說明中國哲學在一開始就內在地烙有自然與藝術和諧統一的文化基因。

　　第六章系統地探討了音律與天文、《河》、《洛》、易學的關係，發現音律中所遵循的勾股定律原則。通過對五音變化和音律中的相生原則的探討，為中國文化中兩個神秘數字「$\sqrt{2}$」與黃金分割數「$(\sqrt{5}\pm1)/2$」之間的溝通尋找出關鍵的原因，並進而指出音樂在古代文化的生成、語言的形成中所起的根本作用。以此為線索，提出中國文化中「天人合一」理念的根源，即音樂溝通了古代天文崇拜和生殖崇拜，天與人之合於樂，易學中先天卦與後天卦的變化過程也在於天之樂。通過對語音與佛教中般若空相境界的研究提出，音樂是溝通思維主體與自然客體的核心，音樂中保留了天地之道在人的思維中的自然印記。賈湖骨笛中的有關證據，提出古代是以神瞽通過般若空相、玄遠恍惚的境界來達到與天文的共鳴和諧，繼而顯發宇宙的運動在思維的印記。以愛因斯坦強調的物理規律的簡單和諧原則與人體中的黃金分割點證明，《河圖》、《洛書》、陰陽五行學說在更深的意義上合乎思維經濟原則，更接近天道之自然。也證明，中國文化在更深的層次上達成了藝術和諧與宇宙理性的統一。

　　第七章著重分析了風水學的準則與遵循的思維範式。通過對「風水」二字考證後指出，風水一詞的關鍵在於古代中國在認識地理空間中構建的空間立體觀，與九宮八卦的平面區劃方法結合，構成了古代地理學的認知方法與技術路線。並從本體意義上考證了風水學的「山」、「水」原則，進而指出「玄空」二字源於佛學、道學，其意仍在陰陽而已。然後通過闡述風水學中的山水形式搭配的藝術原則，分析該原則的內在思想方法機理，引出中國地理學中的先驗的生命理性；

　　第八章是對中國人地哲學的生命意義範式的總結性探討。本書直面風水

學中最尖銳的問題——鬼神，並大膽提出筆者自己的觀點，以歷史邏輯與形式邏輯的重合作爲分析風水中鬼神效應的基本思路，指出鬼神的邏輯其實質仍是認識事物（不僅僅是逝者與後人）的思維方法，即任何事物的發展都存在著鬼神。以風水中的案例來說明，風水學在很大程度上經得起事實的考驗，並以此爲基本依據，分析現代地理科學思想方法與古代地理思想方法的不同。宇宙的超級生命理性內在規定了中國古代地理學的思維範式，以西方宗教對現代科學的進步所起的促進作用爲旁證，指出天人合一的生命主義哲學不但未阻礙科學的產生，相反在很大程度上促使形成了具有中國獨特形式的傳統天文學、地理學、醫學等輝煌的文化，最後對中國人地哲學、天人哲學的生命主義做出總結。

二、主要創新點

（一）本書將古代地理學的研究視角從以往的就地理而論地理轉向了以天文而識地理，在研究路線上，從中國古代考古神話學領域探尋傳統地理學思想方法的來源；通過研究《易》來認識古代地理學之所本，以深入發掘「天人合一」的思想來解讀古代時間與空間的概念，是本書不同於其它風水學研究的關鍵支點。

（二）根據《尚書》、《易》、《禮》、《春秋》等典籍所論述的關於時間與空間的關係，本書提出，陰陽五行、九宮八卦學說在中國文化中應處於本體的地位，故古代地理學的認識論體現了中國傳統文化的核心理念與思維模式。

（三）本書將陰陽學說、天圓地方學說結合起來，提出「數」在中國傳統文化中的本體意義，「數」在古代先民認識時間與空間的運動規律中起著核心的理論支撐作用。正是有了「數」的運用，使陰陽五行學說真正成了活的理論體系。通過揭示出《河圖》、《洛書》的空間點陣背後所隱藏的數論邏輯，闡明「數」在認識時空中的哲學內涵。

（四）筆者發現，天地勾股數「$\sqrt{2}$」與黃金分割數「$(\sqrt{5} \pm 1)/2$」之間的聯繫深刻隱於音樂中。通過對音律的分析，本書揭示出何以音樂在傳統文化中佔據本體地位，也通過對音樂、語言及上古「神瞽」的細緻分析，本書提出了音樂在溝通天人中的核心作用，並指出上古存在的天文崇拜與生殖崇拜的深刻原因，其實質都是在於上古的「數」崇拜。由此本書將分析的視

角深入到思維本身的領域，進而提出藝術和諧與宇宙理性相統一的關鍵正在於《易》中的「數」。而自然哲學與人文哲學的溝通途徑是困擾哲學認識論的最核心問題，本書通過思維經濟原則證明中國古代的天文、地理思想是解決這一難題的重要思路。

（五）筆者試圖解釋「樂以發和」這一論說的易學哲學內涵，解答了自朱熹以來先天卦向後天卦轉變的困惑，進而探究了何以古代地理學空間區劃以《洛書》和後天卦為用，而不用先天卦的原因。在此基礎上，逐次解讀了風水學基本運算規則背後的機理，提出古代人地關係哲學與科學的關鍵在於中國自上古以來即形成的理性的生命主義理念。

（六）關於「鬼神」問題，一般研究古代地理學思想的學者都刻意迴避。而本書將思考的範圍深入到這個哲學中的核心層面，以歷史邏輯與形式邏輯的數理合併來提出對該問題的解答思路。將古代地理學與現代地理學的方法論進行比較，探討其思維模式的機理，提出中國人地關係哲學的生命主義範式。本書結合宗教與科學的發展歷史提出，中國天人哲學的生命主義開放模式為理性思考的衝動提供了充足的釋放空間，而這也正是中國古代創造了燦爛文化的源動力，也形成了中國獨有的科學表現形式。

第二章 《易》的古代神話天文學基礎

第一節 問題的引出

在進入本書的關鍵問題前，先看一則有關周易占卜的案例：

《左傳》：

> 莊公二十二年春，陳人殺其大子御寇，陳公子完與顓孫奔齊。齊侯
> 使敬仲（完）爲卿。……初，懿氏卜妻敬仲，其妻占之，曰：「吉，
> 是謂『鳳皇于飛，和鳴鏘鏘，有嬀之後，將育于姜。五世其昌，並
> 于正卿。八世之後，莫之與京。』」陳屬公，蔡出也，故蔡人殺五父
> 而立之。生敬仲。其少也，周史有以《周易》見陳侯者，陳侯使筮
> 之，遇《觀》之《否》。曰：「是謂『觀國之光，利用賓于王。』此
> 其代陳有國乎？不在此，其在異國；非此其身，在其子孫。光，遠
> 而自他有耀者也。《坤》，土也；《巽》，風也；《乾》，天也；風爲天；
> 於土上，山也。有山之材，而照之以天光，於是乎居土上，故曰：『觀
> 國之光，利用賓于王。』庭實旅百，奉之以玉帛，天地之美具焉，
> 故曰：『利用賓于王。』猶有觀焉，故曰其在後乎。風行而著於土，
> 故曰其在異國乎。若在異國，必姜姓也。姜，大嶽之後也。山嶽則
> 配天，物莫能兩大。陳衰，此其昌乎。」及陳之初亡也，陳桓子始
> 大於齊。其後亡也，成子得政。

按：卜、筮者，占卜之意；《說文》：「卜，灼龜也；筮，揲蓍也。」上古
時人以爲龜與蓍分別爲動物之靈與植物之靈，故能以此溝通天人，以觀吉凶
禍福。《尚書・洪範》：「有大疑，謀及乃心，謀及卿士，謀及庶人，謀及卜筮。」
《禮・曲禮上》：「龜爲卜，策爲筮。卜筮者，先聖王之所以使民信時日、敬

鬼神、畏法令也，所以使民決嫌疑、定猶與也。」《洪範五行傳》曰：「龜之言久也，千歲而靈，此禽獸而知吉凶也。蓍之爲言蓍也，百年一本，生百莖，此草木之壽而知吉凶者也。」《白虎通‧蓍龜》：「天子下至士，皆有蓍龜者，重事決疑，亦不自專。定天下之吉凶，成天下之亹亹者，莫大乎蓍龜。」《觀》者，《易》之「觀」卦䷓（☴爲巽卦，☷爲坤卦，☴上☷下，成「觀」卦）。「觀國之光，利用賓于王」爲《周易》觀卦六四爻爻辭：「六四，觀國之光，利用于賓於王。《象》曰：「觀國之光，尙賓也。」《否》者，《易》之「否」卦䷋（☰爲乾卦，☰上☷下爲「否」卦）。《觀》之《否》者，主卦爲《觀》，變卦爲《否》也。

此段《傳》文指春秋陳國公子完因國內亂而逃亡齊國，其後人被齊君封爲田氏，自此漸大於齊，終代姜姓而主齊之宗社，後人稱之爲「田氏代齊」。先是陳厲公生公子完時，問卜於周史，周史者，周朝掌祝、宗、卜、史之職者，善占卜、風角、觀象之術。周史言於厲公公子後世必定能大昌於齊國，後事果驗。此占於春秋而驗於戰國，後事數百年之發展與易占之辭若合符契。

上述古代《易》占案例，古史頗多，自甲骨文以來，亦可知善易占者歷代不乏其人。《易》、卦爲何物，何以具備如此神秘功能，竟憑卦即可預知未來；其來源於何時，發明者又爲何人，所基於何種科學，何以能創造出如此令人畏懼的學說；歷史記載如此，所未記者亦何其多，每占必驗否？

《周易‧繫辭上》：

> 易與天地準，故能彌綸天地之道。仰以觀于天文，俯以察于地理。
> 是故知幽明之故，原始及終，故知死生之說，精氣爲物，遊魂爲變，
> 是故知鬼神之情狀。

又云：

> 夫易，廣矣，大矣，以言乎遠則不禦，以言乎邇則靜而正，以言乎
> 天地之間則備矣。夫乾，其靜也專，其動也直，是以大生焉。夫坤，
> 其靜也翕，其動也闢，是以廣生焉。廣大配天地，變通配四時，陰
> 陽之義配日月，易簡之善配至德。

此說《易》之用包羅萬有，《易》來源於古人對天文、地理、天地、日月、四時的觀察，並以乾、坤兩卦爲綱領，爲「眾卦之父母」。

> 子曰：「易其至矣乎！」夫易，聖人之所以崇德而廣業也。……聖人
> 有以見天下之賾，而擬諸其形容，象其物宜，是故謂之象……。夫

易，聖人之所以極深而研幾也。……子曰：「夫易，何爲而作也？
夫易，開物成務，冒天下之道，如斯而已者也。」是故聖人以通天
下之志，以定天下之業，以斷天下之疑。……是故法象莫大乎天地，
變通莫大乎四時，懸象著明，莫大乎日月。崇高莫大乎富貴。備物
致用，立成器以爲天下利，莫大乎聖人。……是故天生神物，聖
人則之；天地變化，聖人效之；天垂象，見吉凶，聖人象之；河出
圖，洛出書，聖人則之。

此說《易》爲天下至道，乃上古聖人所作，其說近乎神話。做《易》者，是爲
「通天下之志，以定天下之業，以斷天下之疑」以爲天下利。聖人所憑藉者，「天
生神物」、「天地變化」、「河之圖，洛之書」也。此中之聖人可有確指？

《周易·繫辭下》：

古者庖羲氏之王天下也，仰則觀象於天，俯則觀法於地，觀鳥獸之
文與地之宜，近取諸身，遠取諸物，於是始作八卦，以通神明之德，
以類萬物之情。

於此可知，所謂上古聖人指的是伏羲氏。伏羲氏竟有如此神明，何許人也？
上古時是否眞的曾經出現過這樣的聖人，抑或是後人杜撰的神話人物呢？

第二節　《易》與上古神話的關係

一、伏羲、女媧與日月之神的崇拜

伏羲歷來爲人尊爲上古「上上聖人」（見《漢書·古今人表》），居古今一
切人物之首。《春秋運斗樞》：「伏羲、女媧、神農，是三皇也。」《春秋元命
苞》亦以伏羲、女媧爲三皇之中的首二皇，足見其之神明。其它先秦文獻典
籍所涉伏羲者甚多，足資鑒借。然太史公在《史記》中首述《五帝本記》，且
曰：「學者多稱五帝，尙矣。然尙書獨載堯以來；而百家言黃帝，其文不雅
馴，薦紳先生難言之。」五帝尙且如此，況更早於五帝之三皇乎。故有關三
皇故事，文字多訛，緣先秦時車不同軌、書不同文，文字傳寫又加之古語、
古聲、古字，致使文言詰屈聱牙，不可卒讀。所以，需以訓詁學的方法來解
讀先秦文獻典籍（訓詁學是以聲音、自然語言作爲尋繹文字語義的方法，以
聲求義，以義理形）。

史籍所載之「伏羲」多與「太皞」聯繫在一起，太皞似是伏羲的尊號。
《史記·三皇本紀索隱》：

風水的邏輯與生命時空的重建──論中國人的環境範式

太皞伏犧氏，風姓。代燧人氏，繼天而王。母曰華胥。履大人跡於
雷澤，而生伏犧於成紀。蛇身人首。有聖德。仰則觀象於天，俯則
觀法於地，旁觀鳥獸之文，與地之宜，近取諸身，遠取諸物。始畫
八卦，以通神明之德，以類萬物之情。造書契以代結繩之政。於是
始制嫁娶，以儷皮爲禮。結網罟以教佃漁。故曰宓犧氏。有龍瑞。
以龍紀官。號曰龍師。作三十五弦之瑟。木德王。注春令。故《易》
稱帝出乎震，月令孟春，其帝太皞。是也。都於陳。東封太山。立
一百一十一年崩。其後裔，當春秋時，有任、宿、須、句、顓臾，
皆風姓之胤也。

《淮南子·天文訓》：

何謂五星？東方木也，其帝太皞，其佐句芒，執規而治春。其神爲
歲星，其獸蒼龍，其音角，其日甲乙。

東漢高誘《注》：太皞，伏羲氏有天下之號也，死託祀於東方之帝也。太
皞，亦作太昊、大昊、太皓。位在東方，象日之明，故稱太皞。皞，明也。

《孔子家語·五帝》：

季康子問於孔子曰：「舊聞五帝之名，而不知其實，請問何謂五
帝？」孔子曰：「昔丘也聞諸老聃曰：『天有五行，水火金木土，分
時化育，以成萬物。』其神謂之五帝，古之王者，易代而改號，取
法五行，五行更王，終始相生，亦象其義。故其爲明王者而死配五
行，是以太皞配木，炎帝配火，黃帝配土，少皞配金，顓頊配水。」
康子曰：「太皞氏其始之木何如？」孔子曰：「五行用事，先起於木，
木東方萬物之初皆出焉，是故王者則之，而首以木德王天下，其次
則以所生之行，轉相承也。」

孔子亦以太昊爲東方之帝。而「昊」字與「皇」字近，二字在中國古代
正是用於太陽神的尊貴稱號。王國維言：「皇字金文象日光放射之形。」歷史
學家張舜徽說：「皇、煌也，日出土上光芒四射也，皇之本義爲日。」（轉引
自何新：《諸神的起源》，1984 年）。而「昊」字從日從天，天、大二字通，即
頭頂上有太陽的大人，大人即神。故太昊實際爲中國上古時期的太陽神。古
文神字從「旦」字，日出爲旦，所以神亦是對太陽之尊稱。太昊也作太皇、
泰皇、天皇。《五經通義》：

天皇之大曰昊天大帝。

而伏羲之義正與此同。古音伏、包、庖相通，伏羲亦作庖羲。伏、庖均

－22－

是表音文字，非表義文字。學者何新以爲伏、庖均是「丕」同音通假字（《諸神的起源》），「丕」古音讀 bao 或 boo，《說文》：「丕，大也。」《詛楚文・巫咸》：「亦應受皇天上帝及丕顯大神之幾靈德賜」。《尚書・大禹謨》：「予懋乃德，嘉乃丕績，天之曆數在汝躬，汝終陟元后。」《太甲上》：「先王昧爽丕顯，坐以待旦。旁求俊彥，啓迪後人。」丕字上部「不」字古型爲「太」，下爲「一」，爲至尊「太一」（後文詳述「太一」神）。故伏羲之伏即偉大之意。而羲，先秦古音讀 xi-e 或 yi-e，與娥、邪同。王念孫《讀書雜誌》：「古音俄、義同音。」《廣雅・釋詁》：「俄，古邪字。」據此可知羲、俄、邪三字古音相通。羲讀「羲俄」或「曄」，而「俄」音與「昊」音通轉。因甲骨文卜辭有：

　　　　東方曰析，風曰協；

「析」通「昕」，《說文》：「昕，且明也，日將出也，從日，斤聲，讀若析。」「析」在甲骨文中爲東方神名，與「羲」古音通，姜亮夫考證云：「『羲』字是古代『日』字的方言發音，與旭、曉、晨、昕等諸字雙聲，屬喉音曉匣類字。」而「昊」在漢代《緯書》歷來釋作天帝之名，《說文》及《爾雅》釋作春神或東方之神名，故大羲也即稱大昊。丁山《中國古代宗教與神話考》：「太昊之昊無定字，可作皓、皞、顥、浩，凡此諸字皆有光明盛大之意。」而大明者，太陽也，故伏羲即爲「偉大的太陽神」之意。

　　而《尚書》中的「羲和」正與上述「xi-e」音同，《尚書・堯典》：

　　　　乃命羲和，敬順昊天，數法日月星辰，敬授民時。分命羲仲，居嵎
　　　　夷，曰暘谷。寅賓出日，平秩東作。日中，星鳥，以殷中春。其民
　　　　析，鳥獸孳尾。

　　《尚書集解》：孔安國曰：「羲氏、和氏世掌天地之官。」《史記索隱》：尚書作「曆象日月」，謂命羲和以曆數之法觀察日月星辰之早晚，以敬授人時也。《楚辭》王逸注：「羲和，日神。」

　　雖然伏羲與羲和在語音上發音一樣，且表示的意義也近似，但前者的稱號是太陽神，後者卻是唐堯時代主管太陽兩至兩分的臣工。顯然，《三皇本紀》的伏羲與《堯典》中所講的羲和不是一人，前者的歷史年代要遠早於後者（見《史記索隱》）。造成這兩者在語音與意義雷同的原因在於「氏」的地域意義，《左傳・隱八年》：眾仲對曰：「天子建德，因生以賜姓，胙之土而命之氏。」孔穎達《疏》：「胙訓報也。有德之人必有美報，報之以土，謂封之

以國名，以爲之氏。諸侯之氏，則國名是也。」

因此，理解「伏羲氏之王天下」的關鍵在於「氏」字，結合《堯典》可知，伏羲氏與羲、和是上古時期以太陽神爲圖騰崇拜的氏族（氏族在古代即所謂的「萬國」），並通過長期對於太陽的觀測，成爲當時上古時代掌握著最先進的太陽曆法的一個族群，其曆法成爲堯帝治理國家的最大權威。這也是《尚書》首篇首言「天道」的原因，也反映了「觀象授時」在上古時期社會治理的核心所在。所以《周易‧繫辭》所謂的「聖人」、「伏羲」並非一人，而是一個經歷了很多年發展與進步的天象觀測群體，其觀測的對象最初爲太陽，其後也涉及對於二十八星宿的觀測，並使太陽的二分二至與星宿建立起對應關係。這也正是所謂伏羲氏「觀象於天，取法於地，近取諸身，遠取諸物」，最終創造了八卦的故事。

此外，「懸象著明，莫大乎日月」，對太陽觀測的同時，必然也涉及到對月亮的觀察；同時，根據一般的認識規律，古代先民對於天象的觀察順序應該由近及遠、由著入微，理應先是太陽、月亮，然後才是北斗以至天上更深遠的星象。因此，月亮在上古的崇拜必定也佔有重要的地位，這就是後來傳說的女媧神。

長沙子彈庫出土之帛書裡記載了開天闢地始於伏羲娶女媧爲妻之後（見馮時：《中國天文考古學》，中國社會科學出版社，2007 年），表明傳說甚古，漢時也多持此論，《淮南子‧原道訓》云：

> 夫道者，覆天載地，廓四方，柝八極，高不可際，深不可測，包裹天地，稟授無形；……故植之而塞于天地，橫之而彌于四海；施之無窮，而無所朝夕。舒之幎於六合，卷之不盈於一握。約而能張，幽而能明，弱而能強，柔而能剛，橫四維而含陰陽，紘宇宙而章三光……山以之高，淵以之深，獸以之走，鳥以之飛，日月以之明，星歷以之行，麟以之遊，鳳以之翔。泰古二皇，得道之柄，立於中央。神與化游，以撫四方。是故能天運地滯，轉輪而無廢，水流而不止，與萬物終始。

《淮南子‧精神訓》又云：

> 古未有天地之時，惟像無形，窈窈冥冥……莫知其門。有二神混生，經天營地，孔乎莫知其所終極，滔乎莫知其所止息，於是乃別爲陰陽，離爲八極，剛柔相成，萬物乃形，煩氣爲蟲，精氣爲人。

此中「二皇」、「二神」都是創造天地之神，高誘《注》以二神爲陰陽之神。聞一多以爲「二皇」、「二神」指伏羲、女媧。《春秋運斗樞》、《春秋元命苞》皆以伏羲、女媧爲三皇中之首二皇。《淮南子‧覽冥訓》高誘《注》：「女媧，陰帝，佐伏羲治者也。」山東出土漢代石刻畫像中有「伏羲執規、女媧執矩」，人首蛇身相互交合的畫面。伏羲執規，因其是日神，日行圓。女媧執矩，因其是陰神，日在古代稱太陽，而月亮又稱太陰，故此女媧應是月神，見東漢伏羲、女媧石刻畫像：

圖 2-1：東漢伏羲、女媧石刻畫像 1（山東嘉祥武梁祠）

在山東出土漢代磚畫中，也有一幅圖像描繪了一組三位一體的伏羲、女媧、黃帝。黃帝居中，伏羲頭上有一隻烏鴉，象徵太陽（先秦壁畫中太陽中有一三足鳥），手中執規，女媧手上有一隻兔，顯然象徵月亮，手中執矩，他們下面還繪有西王母、虎神和搗藥的玉兔（如圖 2-2）。

眾所週知，月亮上手抱玉兔的應該是嫦娥，而這裡卻成了女媧。《世本》：「黃帝使羲和占日，常儀占月。」儀古音讀「娥」，娥、和一聲之轉，古語通用。而在古書中女媧所從之「咼」字與「和」通用（「和氏之璧」在《韓非子‧解老》、《淮南子‧說山訓》中記作「咼氏之璧」，即可證明「咼」字與「和」通用），故女媧即是月亮女神嫦娥，屬於同一名號的不同寫法。

圖 2-2：東漢伏羲、
女媧石刻畫像 2
（山東嘉祥武梁祠）

二、北斗神黃帝

（一）「黃帝」的字義解釋

《尚書·堯典》中云「義和數法日月星辰」，說明伏義氏創造八卦的同時，也經歷了由對太陽運動的觀察到對天體的綜合觀測過程。《易·繫辭》曰：

> 廣大配天地，變通配四時，陰陽之義配日月……法象莫大乎天地，
> 變通莫大乎四時，懸象著明，莫大乎日月。

顯然，天、地、日、月、四時構成了周易學說的基本載體，伏義氏畫八卦也是「觀象於天」在先，而此中天象之間的關係對於《易》理的發明也是起著關鍵的作用。

在對該問題深入之前，還需對與「皇」相對應的「帝」進行分析，以便找出古代天文觀察中所蘊藏的人文深意。《史記索隱》將伏義氏尊為三皇之首，而孔子將其尊為五帝之首，為東方太昊帝。其間的時序卻顯混亂，《史記索隱》：小司馬氏云：

> 太史公作史記，古今君臣宜應上自開闢，下訖當代，以為一家之首尾。今闕三皇，而以五帝為首者，正以《大戴禮》有五帝德篇，又帝系皆敘自黃帝已下，故因以五帝本紀為首。其實三皇已還，載籍罕備。然君臣之始，教化之先，既論古史，不合全闕。近代皇甫謐作帝王代紀，徐整作三五歷，皆論三皇以來事。斯亦近古之一證，今並採而集之作三皇本紀。

《史記索隱》以為三皇當在五帝之前，為「君臣之始，教化之先」。

而趙翼《廿二史劄記》：

> 孔安國書序，乃以伏義、神農、黃帝為三皇，少昊、顓頊、高辛、堯、舜為五帝。司馬遷以黃帝入五帝之內，而無少昊。……孔穎達注《尚書》云：諸儒說三皇，或數燧人，或數祝融，以配義農，其五帝皆自軒轅，不數少昊。……元人胡一桂謂《孔子家語》自伏義以下皆稱帝，《易》大傳春秋內外傳，有黃帝炎帝之稱，月令有帝太昊、帝炎帝、帝黃帝之文，可見太昊伏義氏、炎帝神農氏、黃帝軒轅氏，本皆稱帝。……然近日王西莊又謂繫辭以義、農為上古聖人，皇帝、堯、舜為後世聖人，則義、農宜為皇，黃帝宜為帝。……要之去古愈遠，載籍無考，傳聞異詞，詎無定論……。

　　趙翼對三皇五帝的先後亦含糊其詞，對於三皇之說仍持「傳說」的層面，「去古愈遠，載籍無考，傳聞異詞，訖無定論」，「以秦博士所謂天皇、地皇、人皇當之，而不必附會其人，此論較爲直捷」。且，五帝之一之黃帝也往往爲三皇之一，三皇之一之伏羲又常爲五帝之一，不但三皇五帝時序混亂，其「皇」與「帝」的意義也多混同。依前說「皇」爲「煌，日出土上光芒四射也，皇之本義爲日」，那麼「帝」必定亦應爲與日相應的天文崇拜物。

　　《白虎通・號》：

　　　德合天地者稱帝，仁義合者稱王，別優劣也。

　　《春秋繁露・三代改制質文》：

　　　明此通天地、陰陽、四時、日月、星辰、山川、人倫、德侔天地者稱皇帝。

　　《禮記・謚法》：

　　　德象天地稱帝，仁義所生稱王。帝者天號，王者五行之稱也。皇者何謂也？亦號也。皇，君也，美也，大也，天人之總，美大之稱也。號之爲皇者，煌煌人莫違也。煩一夫，擾一士，以勞天下，不爲皇也。不擾匹夫匹婦，故爲皇。

　　《風俗通》：

　　　皇者天，天不言，四時行，百物生焉。三皇垂拱無爲，設言而民不違。道德玄泊，有似皇天，故稱曰皇。

　　《帝王世紀》：

　　　孔子稱天子之德感天地，洞八方，是以化合神者稱皇，德合天地者稱帝，仁義合者稱王。

　　可知，皇、帝後多爲尊稱讚美之辭，《春秋繁露・三代改制質文注》云：「黃帝、堯、舜當時並稱王矣，稱帝爲周世追錄之詞。」而前文說明，太昊伏羲氏爲上古文明族群，則後世之所謂「三皇五帝」實爲該文明族群的歷代部族領袖，後人出於對其讚美與崇拜，而統稱爲「皇」或「帝」，故三皇、五帝即非一人，又非同一時代人，如此，後世關乎三皇五帝具體是誰之考究爭論實無謂矣，值得深入探究的是，各皇各帝所代表的天文崇拜物及其意義。（後世疑古派認爲所謂上古聖人根本不存在，皆是蒙昧時期的傳說或是後人的杜撰。因爲上古聖人神通廣大幾非人類所能及，創造了很多曠世發明，實爲人類所不可思議，故多以爲「聖人」之說不可信，其實所謂的偉大文明

進步是經歷了許多年、許多代人的實踐得出的，所謂聖人，是對於多個時代
的理想集合。）

《易·說卦》：

帝出乎震，齊乎巽，相見乎離，致役乎坤，說言乎兌，戰乎乾，勞
乎坎，成言乎艮。

皇、帝之引申義相近，其本義也應類同。皇爲日爲天，帝亦當有此意。
歷史學家張舜徽於《鄭學叢書·演釋名》指出：「《易經》中的『帝出乎震』
一名，帝當指太陽，所以『帝出乎震』是日出東方之意，因爲震主東方。
『帝』之字源爲日，在故訓也能講通。拿聲韻來說，『日』字古讀當爲舌頭
音，和『帝』音本近。今南人小孩學語，尚時時讀日爲舌頭音，和『帝』音
相似，便是一個證明。」

筆者以爲張說不通，將「帝出乎震」解釋爲「日出東方」似能說通，但
後文「齊乎巽」等文意又如何解說，孔子在《易·說卦》中緊隨該句話解釋
到：

萬物出乎震，震，東方也。齊乎巽，巽，東南也；齊也者，言萬物
之絜齊也。離也者，明也，萬物皆相見，南方之卦也。聖人南面而
聽天下，嚮明而治，蓋取諸此也。坤也者，地也，萬物皆致養焉，
故曰：「致役乎坤」。兌，正秋也，萬物之所說也，故曰：「說言乎兌」。
戰乎乾，乾，西北之卦也，言陰陽相薄也。坎者，水也，正北方之
卦也，勞卦也，萬物之所歸也，故曰：「勞乎坎」。艮，東北之卦也。
萬物之所成終而所成始也，故曰：「成言乎艮」。

很明顯，這段文意重在言八卦的各卦方位，以及每卦代表的季節。而太
陽的運動軌跡始終爲東昇西落，並不存在四面八方的方位，所以此『帝』不
指代『日』甚明；再者，從聲韻學角度來分析，『帝』與『日』字音韻也難通，
南人的地域範圍很廣，語言也多不通，古音當與今南方何地同音？今河南南
部、湖北、湖南、四川讀「日」多與「俄」音通，而這一讀音恰與伏羲的羲
字古音相通，前文已論證「羲」、「和」連讀聲韻與「俄」通，這又進一步證
明「日」與「皇」、「昊」通。而「帝」當另有音義。

根據「帝」與「皇」的同等天文學地位，以及「帝」隨季節的不同而環
繞八方，參之《尚書·堯典》：

日中，星鳥，以殷中春。

《尙書集解》：孔安國曰：「日中謂春分之日也。鳥，南方朱雀七宿也。殷，正也。春分之昏，鳥星畢見，以正仲春之氣節。轉以推孟、季，則可知也。」按：南方朱雀七宿，二十八宿中南天七宿，以日中處於南天七宿來正春分，源自北斗紀時之法，其源甚古。

筆者認爲，「帝」實與北斗之「斗」相通，與「皇」爲太陽神一樣，「帝」在上古時爲北斗神（後文關於「黃帝爲北斗神」的論據，可證），且從語音學角度分析，「帝」與「斗」易通轉；又根據大量的文獻與考古發現，證明在上古時期，「觀象授時」的重要參照物即日、月與北斗（見《中國天文考古學》），古代以北斗爲建時法則由來久矣。根據《尙書》的記載可知，至少在堯時期，北斗的季節方位與太陽的分至格局已經建立了統一的關聯。

（二）天文在古代文化中的意義

古人通過長期的觀測發現，在諸多天體星座中，北斗星相對於周圍的星座（二十八星宿），其相對位置總是固定的，隨著一年四季季節的不同，北斗星的斗柄做環型旋轉運動，且北斗的斗柄所指與太陽的季節方位變化有著統一的對應關係。《鶡冠子·環流》：

斗柄東指，天下皆春；斗柄南指，天下皆夏；斗柄西指，天下皆秋；斗柄北指，天下皆冬。斗柄運於上，事立於下……

《禮·夏小正》：

正月，斗柄懸在下。六月，初昏斗柄正在上。七月，斗柄懸在下則旦。

太陽的周年運動恰好與北斗的旋轉在時間上吻合，並且太陽在分至時節，北斗的斗柄正好指向正四向（正東、正西、正南、正北）。後人在此基礎上，結合一年十二月的太陽曆，使斗杓在十二月中分別指向十二個不同方向，將北斗旋轉一周分成十二等份，形成完整的北斗建時體系。《淮南子·天文訓》：

帝張四維，運之以斗，月徙一辰，復反其所。正月指寅，十二月指丑，一歲而匝，終而復始……。日冬至則斗北中繩……日夏至則斗南中繩。……兩維之間，九十一度十六分度之五而升，日行一度，十五日爲一節，以生二十四時之變。斗指子，則冬至。……指報德之維，則越陰在地，故曰距日冬至四十六日而立春。……指卯中繩，故曰春分。……指常羊之維，則春分盡，故曰有四十六日而立

夏。……指午，則陽氣極，故曰有四十六日而夏至。……指背陽之維，則夏分盡，故曰有四十六日而立秋。……指酉中繩，故曰秋分。……指蹠通之維，則秋分盡。故曰有四十六日而立冬。

圖 2-3：北斗周天運行方點陣圖

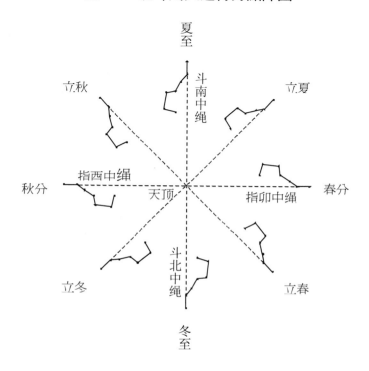

上文中「帝張四維，運之以斗」表明，「帝」已經成為運轉北斗的神。這在《史記・天官書》中更有所體現：

用昏建者杓，夜半建者衡，平旦建者魁，斗為帝車，運於中央，臨制四鄉。分陰陽，建四時，均五行，移節度，定諸紀，皆繫於斗。

司馬貞《索隱》引宋均注曰：「言是大帝乘車巡狩，故無所不紀也。」北斗的建時作用在中國古代紀時體系中已完全佔據了核心的地位，古人可以根據玉衡（北斗第五星）之所處決定夜半時間，也可據斗的指向決定平旦的時間。不僅如此，陰陽、四時、八節、五行等都為北斗所主宰，北斗的作用已由紀時轉而成為天帝之乘車，成為天帝的象徵。也成為主宰萬物的象徵，《易・說卦》中解釋「帝出乎震」曰「萬物出乎震」。如古代黃帝駕帝車揮斗圖：

圖2-4：東漢北斗帝車石刻畫像（山東嘉祥武梁祠）

「帝」為北斗神，「運於中央」，而這正與《淮南子》關於黃帝「執繩而制四方」的方位之意同。《淮南子・天文訓》：

> 何謂五星？東方，木也，其帝太皞，其佐句芒，執規而治春；其神為歲星，其獸蒼龍，其音角，其日甲乙。南方，火也，其帝炎帝，其佐朱明，執衡而治夏；其神為熒惑，其獸朱鳥，其音徵，其日丙丁。中央，土也，其帝黃帝，其佐后土，執繩而制四方；其神為鎮星，其獸黃龍，其音宮，其日戊己。西方，金也，其帝少昊，其佐蓐收，執矩而治秋；其神為太白，其獸白虎，其音商，其日庚辛。北方，水也，其帝顓頊，其佐玄冥，執權而治冬；其神為辰星，其獸玄武，其音羽，其日壬癸。

既然帝已為北斗神，那黃帝之黃做修飾又作何修飾？

黃帝在《尚書》、《呂氏春秋》、《莊子》等先秦典籍中又被記作「皇帝」，皇與黃古代通用，《說文》指出黃從古文「光」字，也讀光聲。《風俗通》：「黃，光也。」《釋名》：「黃，晃也，日光也，猶晃晃象日光也。」日光本色為黃色，《易傳》：「日煌煌似黃。」以上皆證黃、煌、皇、光在古代音義共通，可以互用。所以黃帝的原本意義是「日與斗」，其後演變為太陽神與北斗神的合神，這一名稱的演變意味著古人對於天文崇拜的逐步深化，也說明古代天文學觀測對象的進一步複雜與進步。

後世文獻中的黃帝也多與北斗相關，如：

(1) 黃帝名軒轅，北斗黃神之精。母地北抵之女附寶，之郊野，大電繞斗，樞星耀，感附寶，生軒。胸文曰黃帝子。（《河圖始開圖》）

(2) 黃帝含樞紐之府，而名曰神斗。斗，主也，土精澄靜，五行之
主，故謂之神主，周曰太室。（《尚書帝命驗》注）

(3) 帝軒提象，配永循機，天地休通，五行期化。（《尚書中侯》）注
曰：軒，軒轅，黃帝名。永，長也。循，順也。黃帝軒轅觀攝
提之象，配而行之，以長為順，斗機為政。休，美也。天地美
氣相通行，應四時之期而變化。

(4) 黃帝龍顏，得天庭陽，上法中宿，取象文昌，戴天履陰，數制
剛（《春秋元命苞》）。

(5) 大電光繞北斗樞星，照郊野，感附寶而生黃帝。（《詩含神霧》）

(6) 中央神黃帝案坤艮，執繩以司下土（《漢書·魏相傳》）

(7) 黃帝含樞紐之精，其體漩磯，中宿之分也。（《史記索引》引《文
耀鉤》）

(8) 北極星其一明大者，太乙之光，含元氣以斗佈常開，命適節序，
神明流精，生一以立黃帝（《春秋緯》）

黃帝既是北斗之精，其治理天下也取北斗為法則，二者神格具有同一性，
黃帝本質上是星空神話的產物，「蒼龍連蜷於左，白虎猛據於右，朱雀奮翼於
前，靈龜圈首於後，黃神軒轅於中」。北斗是天空中具有中心地位的星宿，其
對應的黃帝神格因此也具有至高無上的大神地位，黃帝即皇天上帝之別名。
需注意，須將這種作為主神的黃帝與後來戰國以後被歷史化的黃帝區分開。
前者是星空神、天文神，與北斗崇拜有關，是古代具有至高無上統治地位的
大神，和北斗在星空中位於天象旋轉之中心，眾星宿繞其運轉一樣，黃帝是
支配北斗運轉、天地造物的主宰大神。而在古代帝王的傳說中，他們也都具
有和北斗相關的神秘標記，作為其神聖身份的象徵：

禹身長九尺，有虎鼻河目，駢齒鳥緣，耳三漏，戴成鈴，懷玉斗。
（《尚書帝命驗》）注曰：禹胸有墨如北斗。

帝嚳戴干，是謂清明，發節移度，蓋象招搖。（《春秋元命苞》）

握機矩，是法北斗以成七政。（《易坤靈圖》）鄭玄注：矩，法也。言
遂皇持斗機運轉之法，指天以施政教。

遂皇始出，握機矩，表計宜，其刻白蒼牙通靈。（《易緯通卦驗》）鄭
注：矩，法也，遂皇，謂遂人，在伏羲前，始王天下，但持斗運機
之法，指天以施教令。

天子法斗，諸侯應宿。(《春秋佐助期》)

天覆地載，謂之天子，上法斗極。(《孝經援神契》)

黃帝治，景星現於北斗。(《河圖》)

主德大，則斗極明，甘露下。(《孝經緯》)

王者德至天則斗極明。(《孝經授神契》)

也即是說，黃帝的名稱雖是日神與北斗神的合神，但在神話領域北斗神逐漸佔據了統治地位，這種上古文化信仰的變遷反映了北斗在天文中地位的變化，它取得了天文本體的地位而成爲中國上古文化中的本體神，成爲日月的主宰。(後文將要討論北斗神的至上地位對於《易》、古代地理學產生的至關重要的影響)

從日神、月神再到北斗神，在漢代磚畫中的圖像即顯示了這種以黃帝爲中心的三位一體神觀念，乃是「斗爲帝車，分陰陽」的人格化表現，《老子》：「道生一，一生二，二生三，三生萬物。」根據古代神話中以天文學爲背景的特徵，如此三位一體理論，不僅是一種宗教觀念，更是一種宇宙方法論理念。

這些神話在後世被歷史化，作爲北斗神乃至宇宙至上神的黃帝演變成古帝王的名號，而羲和與常儀也由日神與月神而轉變成主掌天文曆法的兩種職官名。

何新先生認爲，這種三位一體神的觀念，在人類早期文化和宗教思想中，卻是一普遍的觀念。(何新：《諸神的起源》，北京：北京工業大學出版社，2007 年)

圖 2-5：早期文化崇拜的「三位一體」

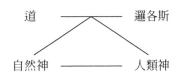

從人類對於日、月的觀測進而到北斗的觀測，發展到對於各天體的人格化創造——伏羲、女媧、黃帝，可以看出，古代先民在對於天文現象的觀測一直有探詢宇宙起源「本體」的傾向，一直由近及遠逐步思索宇宙核心的主宰，並將這個本體最終演變成神話中的神。這種神的層級遞進即反映了古人

天文觀測的深化，又使得高一層的神與低一層的神在事蹟、功能上發生了重疊。從後世道家的一些文獻中也能看到這種思路的延續，《太上老君中經》卷上：

> 八卦天神下游人間，宿位太一，爲八方使者，主八節日。乾神，字仲尼，號曰伏羲；坎神，字大曾子；艮神，字照光玉；震神，字小曾子；巽神，字大夏侯；離神，字文昌；坤神，字楊翟，王號曰女媧；兌神，字一世。常以八節之日存念之，其神皆在臍中，令人延年。（轉引自詹石窗：《易學與道教符揭秘》，2001 年）

在道家的文獻裡，孔子及其門徒已上陞成和伏羲、女媧一樣的神，且與八卦各卦司掌之命相對應，表面上，人與神之並列而論似顯不倫，然其所指代之意之間又秩序井然，上述八卦神的順序與《易‧說卦》「帝出乎震」的卦序完全一致，這種人神構築方式正反映了隱藏在神話藝術中的文化實在性。《淮南子‧天文訓》「何謂五星」一節正體現了這一點，各神的人本原型在歷史中的順序本不同，在此也都並列成神。這種文化思維的表現模式正是導致後世關於諸神的記載多發生混同而導致諸家考究聚訟紛紜的原因，例如關於伏羲畫八卦的記載就與黃帝事蹟多有重合。

附：《易‧繫辭》：「河出圖，洛出書，聖人則之。」高亨注《易》說：

> 伏羲時有龍馬出於河，身有文如八卦，伏羲取法之，以畫八卦。夏禹時有神龜出於洛，背上有文字，禹取法之，以作書，即尚書洪範之起源。

《漢書‧五行志》劉歆曰：

> 伏羲氏繼天而王，受河圖，則而畫之，八卦是也。禹治洪水，賜名德書，法而陳之，洪範是也。

《尚書‧顧名》引僞孔安國傳：

> 伏羲氏王天下，龍馬出河，遂則其文，以圖八卦，謂之河圖。

又僞《洪範傳》：

> 洛出書，神龜負文而出，列於背，有數至於九九，禹遂因而第之，以成九類。

而典籍中關於黃帝之事亦與此說類似。《太平御覽》引《龍魚河圖》：

> 黃帝游於洛，見鯉魚長三尺，青身無鱗，赤文成字。

《開元占經》：

黃龍負圖，鱗成字，從河中出，付黃帝，令侍臣寫之示天下。

《黃帝本紀》注：

神龍負圖文，遁其甲，故曰遁甲。

《煙波掉叟歌》：

軒轅黃帝戰蚩尤。涿鹿經年戰未休。偶夢天神授符訣。登壇致祭謹虔修。

神龍負圖出洛水。彩鳳銜書碧雲裡。因命風后演成文。遁甲奇門從此始。

第三節　總　結

綜合對上古時期關於三皇五帝的考察，可以引申出以下幾個重要的論點：

（一）《易》是由古代崇拜天文的文明族群創造，他們將天文中日、月、北斗定位成至高無上的「神」，源於這些天體的運動對於先民重要的授時作用，這可從《尚書·堯典》中得到證明。而對於天文的崇拜又是源於對天文的深刻觀測，並發現天體之間的精確規律，「聖人有以見天下之賾」，這一崇拜的偉大意義在於古人對於天文已經初步完成了愛因斯坦意義上的「對驚奇的擺脫」，也正說明上古先民在圖騰崇拜一開始就滲入了比較完整的理性因素，天文曆法成為華夏文明族群發展並佔據整個大文明集團的主導的源動力因素，這也是孔子在修訂《尚書》時將《堯典》作為首篇的深意所在。華夏在上古時期，嚴格來說至少在「《易》之興也，其於中古乎」時期，流傳、淘汰並積澱下來的神話更多已經具備了以下三種功能：解釋系統、禮儀系統、作業系統。作為第一位的解釋系統功能，神話是遠古先民的「哲學」和「科學」，它用來解釋各種自然現象、人際關係以及人類與自然物的關係，並解釋他們的來源和歷史。而到了周易時期，已經突破了神話而上陞到哲學的層面（周易全文對於上古神話人物僅提過伏羲一次，其它均以聖人指代），周易更繼承並昇華了古代神話的哲學內涵的理性意識，這一意識的形成是基於發展了的天文學。李約瑟指出：「顯然，中國天文學在整個科學史上所佔的地位，應該比單純的科學史家通常所給予它的重要得多。」（在古代，即使是其它類型的崇拜，也以天文為前提。如上古對「堯」的崇拜，《初學記》引《春秋說

題辭》云:「斗星時散精爲彘,四月生,應天理。」《大戴禮‧易本命》:「孔子曰:『六九五十四,四主時,時主豕,故豕四月而生。』」北斗主四時,豬四月出生,故豬象徵北斗。《說文》:「豕祠司命」,《風俗通義》謂祭司命「皆祠以豬」,司命本爲北斗之神,故上古新石器時代文化中有大量以豬爲母題的原始藝術品)

　　(二)先民通過對日、月、北斗等天體的觀測,發現其中之間的嚴密對應關係規律,將其提升到天文觀測的核心層次,並人爲創造了主宰諸天體運動的「神」,這些神的人格化,被古人稱爲「皇、帝」,可以證明,上古其它「三皇五帝」如高陽、帝俊、帝嚳等皆是日神或北斗神的人格化。這一人格化的創造,使天體的範疇與人的範疇兩者之間很自然地對應起來,因爲天由神來創設,而神的人格化勢必會摻入人的外象與意識,神又常常被稱爲聖賢。事實上,上古典籍中關於三皇五帝的記載也多呈現「天神」與「聖賢」蕪雜的情況,「神」與「人」的關係是含混的,其有關事蹟的記述既有「神」的一面,也有「人」的一面,如《三皇五帝本紀》與《淮南子》、《山海經》等記載。甚至在古代壁畫中伏羲、黃帝等也被塑造成人神合一的形象,而「神」的原本外象實際上仍是天的運行節律,根據「神」的貫穿於兩者的關係,必定會使「天」和「人」之間建立起對應關係。這對於古代思維的形成與發展影響至巨。在古人的思維領域,天與人的對應關係是無需證明的、自然而然的,這種天與人的對應後來成爲中國文化的核心內涵,《周易》全文洋溢著這種思維模式(見後文)。從認識論的角度論,古人的認識邏輯序列是天→神→人,但「神」的概念的第二次構造,又上陞成主宰天人的更高的範疇,即「神」來源於「天」又超越於「天」,其形式邏輯序列又變成神→天→人,所以,上古神話中「神」與「天」的關係互爲前提,可資以互證,如此,三者的關係就變成天→人的邏輯,「天」是古代神話中所隱含之哲學深意的核心。

　　(三)《風俗通》中釋「皇」云:「皇者天,天不言,四時行,百物生焉。三皇垂拱無爲,設言而民不違。道德玄泊,有似皇天,故稱曰皇。」這一說法與孔子所謂「天何言哉,四時行焉,百物生焉,天何言哉」的論述近乎一致。《說文》:「神,天神,引出萬物也。」天神爲何,無有下文,許慎釋「神」義似同義反覆。而在《易》中,關於「神」的論述甚多:「陰陽不測之謂神」;「神也者,妙萬物而爲言者也」;「非天下之至神,其孰能與於此……,

惟神也，故不疾而速，不行而至」。凡此讚頌都在試圖說明「《易》與天地準，故能彌綸天地之道」的思想。可見，此「神」意指易道之「自然」，這應是《說文》關於「神」的原本含義，因爲，在神→天→人的形式邏輯下，隨著對「天」的認識的逐步加深，無疑，會使「神」的神話幻想成分逐漸變少，使其更一步向「天」靠近，最終使神話中的「神」的概念從這個邏輯系統中被剝離，演變成爲完整的天→人邏輯。而《說文》對於「神」的釋義的邏輯重複正反映了古人思維中對起源尊崇的本體論情結，在各民族的史前神話系統中，其所關聯的原始母題都是對「起源」的本體論思索，包括文明族群始祖起源與宇宙的起源。在中國文化中，在對「天」的認識逐步深化後，使「天」背後的本體──「天神」只能是「天」本身，這與《老子》所謂「道法自然」旨趣相通，老子以「道」來指代這個本體，但他強調：「道可道，非常道；名可名，非常名……，吾不知其名，強字之曰道……，天法道，道法自然。」西漢揚雄以「玄」來指代，《太玄》：「玄者，幽摶萬物而不見形者也。」故《易》中之「神」的意義與神話中之「神」不同，它說明《易》作爲「天下至道」的本體論意義。這也說明，《易》已經超越了上古神話，以理性意識貫穿於其中，但對於「皇、帝」的推崇使《易》又繼承了神話中的人本意識（聖賢意識）。這一點，與古希臘神話、哲學的思維發展路徑存在著明顯的不同。

　　（四）《易》起源於上古時期先民對於天象的觀測，其中日、月、北斗是觀測的核心天體。通過觀測發現三者之間的對應關係，基於此而發展出陰陽、四時、五行學說。最初的陰陽爲日月，《易·繫辭》：「陰陽之義配日月……日往則月來，月往日來，日月相推而明生焉。寒往則暑來，暑往則寒來，寒暑相推則歲成。」又曰：「一陰一陽之謂道。」四時對應於北斗斗勺所指示的四個方位，加上中央北斗之所共成五行。所謂五行（金木水火土）的起源是春夏秋冬四時加中央組成，也就是說五行一開始是與氣候、方位是合爲同一的，且五行的方位對應源於北斗斗勺的季節性斗柄指向。五行的順序依據斗勺的旋轉而來，木→火→土→金→水→木……。結合《史記》所謂北斗「建四時，均五行」，可以很直觀的看出四時與五行是相對應的，春與木、夏與火、秋與金、冬與水對應，而土在中央制四方。尤需注意的是此五行不僅與四時對應，而且還對應了各自的方位：東與木、南與火、中與土、西與金、北與水對應。它說明一個很關鍵的事實是，古人通過空間來認識時間，時間的流

轉必定要通過在空間上周期性立體地表現出來，這種時、空耦合方式與現代地理學的方法論是不同的。據後文亦可知，這種思維是古代地理學說的理論根本，亦是古代地理學理論的一系列準則的前提。結合《易‧說卦》「帝出乎震」節，很顯然，八卦的方位分佈與五行中除中央土以外的四行分佈有直接的關係，再結合《淮南子》十二月斗勺旋轉時空對應關係可知，八卦就是曆法上的八節。《易緯‧乾鑿度》：

孔子曰：「《易》始於太極，太極分而爲二，故生天地。天地有春秋冬夏之節，故生四時。四時各有陰陽、剛柔之分，故生八卦。……震生物於東方，位在二月；巽散之於東南，位在四月；離長之於南方，位在五月；坤養之於西南方，位在六月；兌收之於西方，位在八月；乾制之於西北方，位在十月；坎藏之於北方，爲在十一月；艮終始之於東北方，位在十二月。八卦之氣終，則四正四維之分明，生長收藏之道備。……萬物各以其類成，皆《易》之所包也，至矣哉，《易》之德也。」

孔子曰：「歲三百六十日，而天氣周。八卦用事，各四十五日，方備歲焉。故艮漸正月，巽漸三月，坤漸七月，乾漸九月，而各以卦之所言爲月也。……四維正紀，經緯仲序度畢矣。」

綜合上文，根據日、月、北斗的至上神地位，而《易》與三者的關係至爲密切，可推知《易》是古代科學、哲學的最高精華，《易》作爲群經之首的深刻原因也就在於此。如此，八卦、五行對於認識時間、空間的核心作用也就自不待言。

第三章　五行、八卦的文化本體論意義

第一節　五行學說的時空體系

一、五行學說的理念

前已指出，五行及其運行順序源於日月運行軌跡的年變化與北斗斗柄指示方位的四時轉移運動，而關於四時劃分的理論最早見於《尚書》首篇《堯典》，故對其深入探討於五行學說體系的認知確有裨益。試解析之。《堯典》云：

> 曰若稽古，帝堯曰放勳。欽明文思安安。允恭克讓，光被四表，格于上下。克明俊德：以親九族，九族既睦；平章百姓，百姓昭明；協和萬邦，黎民於變時雍。乃命羲、和：欽若昊天，曆象日月星辰，敬授人時。分命羲仲，宅嵎夷，曰暘谷。寅賓出日，平秩東作；日中、星鳥，以殷仲春。厥民析；鳥獸孳尾。申命羲叔，宅南交。平秩南訛；敬致。日永、星火，以正仲夏。厥民因；鳥獸希革。分命和仲，宅西，曰昧谷。寅餞納日，平秩西成；宵中、星虛，以殷仲秋。厥民夷；鳥獸毛毨。申命和叔，宅朔方，曰幽都。平在朔易；日短、星昴，以正仲冬。厥民隩；鳥獸氄毛。帝曰：「諮！汝羲暨和，期三百有六旬有六日，以閏月定四時成歲。」允釐百工，庶績咸熙。

《五經正義》：尚書考靈耀云：「主春者，張昏中，可以種稷。主夏者，火昏中，可以種黍菽。主秋者，虛昏中，可以種麥。主冬者，昴昏中，可以

收斂也。」天子視四星之中，知民緩急，故云敬授民時也。

按：張、火、虛、昴四星為古代二十八宿之四宿，佈於東西南北四方。

《尚書集解》：嵎夷，孔安國釋曰：「東表之地稱嵎夷。日出於暘谷。羲仲，治東方之官。」《淮南子・天文訓》：「日出于暘谷，浴于咸池，拂于扶桑。」《說文》：湯，熱水也。《山海經・海外東經》：「湯谷上有扶桑，十日所浴。」郭璞注曰：「湯谷，谷中水熱也。」湯、暘通假，甲骨文中象日出於雲中高升之形狀。暘谷者，日出東方前所出之地，曰陽明之谷。在《山海經》中為十日所浴。《說文》：浴者，飛乍高乍下也。九日居於下支，一日居於上支，一日方出，皆載於鳥。

按：《左傳・昭公五年》：「明夷，日也，日之數十，故有十時，亦當十位。」《周禮・春官・馮相氏》：「馮相氏掌十有二歲，十有二月，十有二辰，十日，二十有八星之位，辨其敘事，以會天位。」賈公彥《疏》：「十日者，謂甲乙丙丁之等也。」《淮南子・天文訓》：「日之數十。」故十日者，十天干也。古代紀日用十天干、紀月以十二地支。十天干者，甲、乙、丙、丁、戊、己、庚、辛、壬、癸。

寅賓出日，平秩東作。

鄭玄《注》：「寅賓出日，謂春分朝日。」蔡沈《集傳》：「寅，敬也。賓，禮接之如賓客也。蓋以春分之旦朝方出之日，而識其初出之景也。」《國語・周語上》：「古者先王既有天下，又崇立上帝明神而敬事之，於是乎有朝日夕月，以教民事君。」韋昭《注》：「以春分朝日，秋分夕月。」《禮》：「天子以春分朝日，示有尊也。」《尚書正讀》：「平與辨通，秩，察也，平秩，辨秩，辨別秩序也。」東作者，《五經正義》云：「三春主東，故言日出。耕作在春，故言東作。命羲仲恭勤道訓萬民東作之事，使有程期。」

按：三春主東者，古代觀日，春分時日出在正東，故以東主三春。然東作之意作農事解者，似不合文義。清人陳壽祺云：「東作者，當訓為始也，言日月之行於是始，羲仲辨次之也。」意指羲仲於春分之日迎祭東方日出，辨日月星辰之初出行次，春分之日，日出正東，晝夜平分，斗勺東指。其始明，其後之曆數亦當可明瞭，與前文「敬順昊天，數法日月星辰，敬授民時」之說合。故孔穎達《五經正義》之說謬也。

其民析，鳥獸孳尾。

《尚書集解》：孔安國曰：「春事既起，丁壯就功，言其民老壯分析也。」

乳化曰字。「微」作「尾」，尾，交接也。

按：孔氏「析」解似迂曲難通。甲骨文卜辭中有關於四方風之說：

東方曰析，風曰協；

南方曰因，風曰微。

東方神名，卜辭做「析」，與《尚書・堯典》同。《山海經》作「折」，《山海經》：「有人名曰折丹，東方曰折，來風曰俊，處東極以出入風。」《說文》：「析，折也。」《廣雅・釋詁一》：「析，折，分也，中分也。」故析之義與「日中」春分之義同，卜辭東方曰析，意為春分之時晝夜平分。

東方風名，卜辭作「協」。《說文》：「協，同力也，同眾之合也。」《國語・周語下》：「朕夢協朕卜。」韋昭《注》：「協，合也。」《周禮・秋官・鄉士》：「協日刑殺，肆之三日。」鄭玄《注》：「協，合也，和也。」合有交合之意，《詩・大雅・大明》：「天作之合。」合，配也。《國語・楚語下》：「於是乎合其州鄉朋友婚姻。」韋昭《注》：「合，會也。」《呂氏春秋・論威》：「才民未合。」高誘《注》：「合，交。」《禮記・月令》：「虎始交。」鄭玄《注》：「交猶合也。」春分恰適陰陽交合之時。《周禮・地官・媒氏》：「中春之月，令會男女，於是時也，奔者不禁。……司男女之無夫家者而會之。」鄭玄《注》：「得偶為合。中春陰陽交，以成婚禮，順天時也。」《淮南子・時則訓》：「仲春之月，祭不用犧牲。」高誘《注》：「是月尚生育，故不用犧牲也。」

後文「鳥獸孳尾」者，《尚書集解》：孔安國曰：「乳化曰孳，交接曰尾。」孔穎達《五經正義》：「於是鳥獸皆孕胎卵孳尾匹合。產生曰乳，胎孕為化。」此亦是交配之意，與前述文義一貫。故「其民析」當以「其時正是民人交合婚配之時」解。

按：古時中國存在廣泛的生殖崇拜，並有相關的重要儀式，仲春之時，在古代祭祀之地——社的周圍的桑木，即社木、桑林之中，未成婚的男女可自由選擇配偶，自由性交。這種儀式叫「春社」或者「社會」，即聚社狂歡之意（見郭沫若《甲骨文研究・釋祖妣》中關於《詩經・溱洧》的注釋）。故「桑林、桑間」多成為中國語言中表示淫逸之所的隱語，然此交合僅限於萬物當春發生之時，以表示順應天時，所以後人亦多將男女情愛之思隱晦為「思春」，交合之所亦稱「春宮」。

筆者如此拖沓冗長地對《尚書・堯典》進行考究式解釋，表面上似與五

行八卦的內容不相牽涉。其實，對於《尚書·堯典》中關於「觀天授時」的重大意義無論怎麼估計都不過分，它奠定了中華文化的基調，即「敬天、法天」的思想理念，而這種思維是以天文曆法的成熟為基礎的。

二、五行體系的時空內涵

《尚書·堯典》後文：

> 申命羲叔，居南交。便程南為，敬致。日永，星火，以正中夏。其
> 民因，鳥獸希革。申命和仲，居西土，曰昧谷。寅餞納日，平秩西
> 成；宵中、星虛，以殷仲秋。其民夷易，鳥獸毛毨。申命和叔；居
> 北方，曰幽都。平在朔易。日短，星昴，以正中冬。其民燠，鳥獸
> 氄毛。歲三百六十六日，以閏月正四時。帝曰：諮！汝羲暨和，期
> 三百有六旬有六日，以閏月定四時成歲。允釐百工，庶績咸熙。

其中涉及到仲夏、中秋、中冬，加之仲春，即曆法上的「二分二至」——春分、秋分、冬至、夏至。並指明其各自對應的太陽位置、星宿、物候與相關的祭祀禮儀，以及一歲的天數與閏月法則。這一述作範式尤需注意，即純粹的天文規律、日月運行軌道的節點與位於其時的物候嚴格對應起來，與其時人事之禮儀、祭祀也相應，即是說，《堯典》中的關鍵內容在於通過敘四時而終至人事，由天象而及地文而及人事，如《老子》「人法地，地法天，天法道」之謂也。《堯典》關於四時的相關曆法理論對於後來之五行學說的發展定了思維方法的規範與基調，《尚書·洪範》曰：

> 惟十有三祀，王訪于箕子。王乃言曰：「嗚呼，箕子！惟天陰騭下民，
> 相協厥居，我不知其彝倫攸敘。」……天乃錫禹鴻範九疇，彝倫攸
> 敘。初一曰五行；次二曰敬用五事；次三曰農用八政；次四曰協用
> 五紀；次五曰建用皇極；次六曰乂用三德；次七曰明用稽疑；次八
> 曰念用庶徵；次九曰嚮用五福，威用六極。五行：一曰水，二曰火，
> 三曰木，四曰金，五曰土。水曰潤下，火曰炎上，木曰曲直，金曰
> 從革，土爰稼穡。潤下作鹹，炎上作苦，曲直作酸，從革作辛，稼
> 穡作甘。五事：一曰貌，二曰言，三曰視，四曰聽，五曰思。貌曰
> 恭，言曰從，視曰明，聽曰聰，思曰睿。恭作肅，從作乂，明作智，
> 聰作謀，睿作聖。……五紀：一曰歲，二曰月，三曰日，四曰星辰，
> 五曰曆數。皇極：皇建其有極，……

這是將四時曆衍化出五行學說最早的典籍記載，文中所言是武王伐紂後向殷商遺老箕子請教治理天下的道理，箕子首言五行，次而五事，次而八政，五論皇極。據天文而涉及人事，此與《堯典》之精神本於一貫，祇是《堯典》以四時起首，而此處以五行代之，本質無異。所不可同日而語者，此處以五行爲統攝，除必要之天象人文外，又延及五味、五事等細緻，可見，此時五行之內蘊也漸爲拓展。

《黃帝內經・素問・金匱眞言》：

> 東方青色，入通於肝，開竅於目，藏精於肝，其病發驚駭，其味酸，其類草木，其畜雞，其穀麥，其應四時，上爲歲星，是以春氣在頭也，其音角，其數八，是以知病之在筋也，其臭臊。南方赤色，入通於心，開竅於耳，藏精於心，故病在五藏，其味苦，其類火，其畜羊，其穀黍，其應四時，上爲熒惑星，是以知病之在脈也，其音微，其數七，其臭焦。中央黃色，入通於脾，開竅於口，藏精於脾，故病在舌本，其味甘，其類土，其畜牛，其穀稷，其應四時，上爲鎮星，是以知病之在肉也，其音宮，其數五。其臭香。西方白色，入通於肺，開竅於鼻，藏精於肺，故病在背，其味辛，其類金，其畜馬，其穀稻，其應四時，上爲太白星，是以知病之在皮毛也，其音商，其數九，其臭腥。北方黑色，入通於腎，開竅於二陰，藏精於腎，故病在谿，其味鹹，其類水，其畜彘，其穀豆，其應四時，上爲辰星，是以知病之在骨也，其音羽，其數六，其臭腐。

作爲古代醫家的聖經《黃帝內經》不祇是關於醫學方面的內容，其中涉及大量關於天地、日月、陰陽、五行等方面的內容，略不同者，《黃帝內經》所言五行爲五運，五運更直觀描述天地四時節律的往復運動。根據一般認識論範疇而論，四時五運似與醫學無涉，然這正是中華文化的精髓與特點。中醫認爲，人處天地之中，受天地之節律左右，故欲識人，需先識天，天人其實一也。即宰天人運行之道，實五行之道。故五行學說自然亦由天及人，其涉及內容也必然隨之擴充。

以揚雄《太玄・玄數》爲例，他綜合了《禮記・月令》、《管子・幼官》、《呂氏春秋・十二紀》、《黃帝內經》等開列成表，諸多品彙，合算五系列，所羅列者依次是：生數成數，五行、五方、五時、五音、五色、五味、五臭、五形、五行相生、五行相勝、五時（五主）、五臟等。《玄數》：三八，爲

木，爲東方，爲春日，聲角，色青，味酸，臭殖，生火，勝土，時生，藏脾；四九，爲金，爲西方，爲秋日，聲商，色白，味辛，臭腥，形革，生水、勝木、時殺、藏肝；二七，爲火，爲南方……。

《黃帝內經・素問・天元紀大論》：

> 夫五運陰陽者，天地之道也，萬物之綱紀，變化之父母，生殺之本始，神明之府也，可不通乎。故物生謂之化，物極謂之變，陰陽不測謂之神，神用無方謂之聖。夫變化之爲用也，在天爲玄，在人爲道，在地爲化。……故在天爲氣，在地成形，形氣相感，而化生萬物矣。然天地者，萬物之上下也；左右者，陰陽之道路也；水火者，陰陽之徵兆也……鬼臾區曰：臣積考《泰始天元冊》文曰：太虛寥廓，肇基化元，萬物資始，五運終天，布氣眞靈，總統坤元，九星懸朗，七曜周旋，曰陰曰陽，曰柔曰剛，幽顯既位，寒暑弛張，生生化化，品物咸章。

此系統論述作爲形而上之陰陽對於行而下之多種徵象，而這一論點與《周易・繫辭》對於易、天地、陰陽等之論說極爲相似，兩者比較，可知陰陽、五行哲學對於上古文化的總括意義。《周易・繫辭上》：

> 天尊地卑，乾坤定矣。卑高以陳，貴賤位矣。動靜有常，剛柔斷矣。方以類聚，物以群分，吉凶生矣。在天成象，在地成形，變化見矣。……鼓之以雷霆，潤之以風雨，日月運行，一寒一暑，……一陰一陽之謂道，繼之者善也，成之者性也。……生生之謂易，成象之謂乾，爻法之謂坤，極數知來之謂占，通變之謂事，陰陽不測之謂神。

至兩漢，六經儒學盛行，其學說之核心五行學說爲其時官方主導之學，陰陽、五行、八卦學說的內容也至爲龐雜，以至於「方外之爐火亦能援易以爲說」，其中關於儒家正統之學辯論較多，思想也多顯博雜，爲此，東漢初於白虎觀由皇帝親自主持修訂儒學，校考諸家長短，廣爲吸收西漢董仲舒春秋公羊學之五行學說，使儒學漸至一貫，其修訂後的文籍稱爲《白虎通義》，其本體論思想仍以陰陽五行學說爲核心。

《白虎通義》中關於五行學說的內容被後世儒、道甚至佛諸家視爲聖典，它甚至成爲整個漢學研究方向的主導，至玄學成爲中國學術主流之前，東漢以至後世的經學家分別從不同角度對五行之義作出相關的闡釋。至隋代，蕭吉「博采經緯，搜窮簡牒，略談大義」，作《五行大義》，對前代關於五行學

說的典籍進行了系統的總結，將五行與五色、五音、五味、臟腑、五常、五事、律呂、七政、八卦、八風、情性、治政、五方神、五帝、諸官、人形、禽蟲、五靈、三十六禽等全面對應了起來，基本形成了比較完整的對於世界籠括的認識體系。

歷史學家侯外廬等指出：「陰陽五行的宇宙圖式，本來就具有極度的寬廣性……從空間的系統而言，可以由四方推至八隅六合；從五行的系統而言，可以囊括一切事物的對應屬性及其相互關係，在每一系統的相應性上含有無限的比附性的可能。……就可以在自然時空的系統以外，另闢倫理道德以至政治法制等等的系統，而與其他的系統並列對應起來。」（侯外廬：《中國思想通史》，1957 年）歷代易學家對該系統都做出不少必要的補充與整理，清人江永的概括有代表性，詳見其著《河洛精蘊》。

第二節 八卦時空的「象」思維

一、兩類符號的差異

前已論證，在空間方位上，八卦是對於五行的四正和中央的進一步均等分化，在時間運行上，八卦也是對於四時的進一步再等分。表面而言，兩者似同一，其中關於對世界概括之內容無非是簡與繁、略與細的關係，然需注意，整本《周易》一書中，涉及太極、陰陽、四象、八卦，惟獨不論五行，雖然前文通過對《尚書》、《淮南子》、《易緯》等研究可判知五行於八卦之關係極為密切，但只論陰陽、八卦而略五行的理論表達，必定有著內在的深刻原因，故尤需細究其妙。

八卦者，《易·繫辭》曰：「古者庖羲氏之王天下也，仰則觀象於天，俯則觀法於地，觀鳥獸之文，與地之宜，近取諸身，遠取諸物，於是始作八卦，以通神明之德，以類萬物之情，……兼三才而兩之，故六畫而成卦。」其中「兼三才而兩之，故六畫而成卦」是「卦」與「五行」在符號表現上之差異的關鍵。又《五行大義·論八卦八風》云：

因八方之通八風，成八節之氣，故卦有八，其配五行者，乾兌為金、坎為水、震巽為木、離為火、坤艮為土，各以方位言之。

此說八卦所以有八者，因八節之風而成八節之氣，故「風」與「氣」對於八卦之形成關係甚大。

《淮南子・天文訓》：「何謂八風？距日冬至四十五日，條風至；條風至四十五日，明庶風至；明庶風至四十五日，清明風至；清明風至四十五日，景風至；景風至四十五日，涼風至；涼風至四十五日，閶闔風至；閶闔風至四十五日，不周風至；不周風至四十五日，廣莫風至。條風至，則出輕繫，去稽留；明庶風至，則正封疆，修田疇；清明風至，則出幣帛，使諸侯；景風至，則爵有位，賞有功；涼風至，則報地德，祀四郊；閶闔風至，則收縣垂，琴瑟不張；不周風至，則修宮室，繕邊城；廣莫風至，則閉關梁，決刑罰。」

高誘《注》：「條風乃艮卦之風，主立春；明庶風乃震卦之風，主春分；清明風乃巽卦之風，主立夏；景風乃離卦之風，主夏至；涼風乃坤卦之風，主立秋；閶闔風乃兌卦之風，主秋分；不周風乃乾卦之風，主立冬；廣莫風乃坎卦之風，主冬至。」前部分實指八節，而後言及各風至時對應之人事。

高誘此注解並沒有指明「風」、「節」與各「卦」的邏輯推導關係，將「各風」、「各節」與「各卦」的視為同一，三者可互證，屬於同語反覆。

《淮南子》進而論述道：

東北方曰蒼門，生條風；東方曰開明門，生明庶風；東南方曰陽門，生清明風；南方曰暑門，生景風；西南方曰白門，生涼風；西方曰閶闔門，生閶闔風；西北方曰幽都門，生不周風；北方曰寒門，生廣莫風。蒼門者，東北木將用事，春之始，故曰蒼門；開明門者，明，陽也，日之所出，故曰開明門；陽門者，月建在巳，純陽用事，故曰陽門；暑門者，盛衰之時，故曰暑門；白門者，月建在申，金氣之始，故曰白門；閶闔門者，八月建在酉，萬物將收，閶，大，闔，閉，收閉之時，故曰閶闔門；幽都門者，幽，暗也，玄冥將始用事，陰聚故幽也，故曰幽都門；寒門者，積寒所在，故曰寒門。

此八極之方，是八風之所起也。

這裡需要注意，《淮南子》在解釋「門」、「風」、「節」、「月」的關係與聯繫時，運用了「陰陽」的概念表述，「東北木將用事，春之始」，東北方為臘月北斗斗柄所指之「丑位」，緊接「寅」位。《易緯・通卦驗》：「艮，東北，主立春；震，東方，主春分；巽，東南，主立夏；離，南方，主夏至；坤，西南，主立秋；兌，西方，主秋分；乾，西北，主立冬；坎，北方，主冬至」。

「明，陽也，日之所出，故曰開明門；陽門者，月建在巳，純陽用事，故曰陽門」，此「陽」之意在於「月建在巳，純陽用事」，而何以在「巳」月爲純陽用事？純陽又爲何，何以在五行概括空間、時間、人事等諸多時空層次體系中又引入「陰陽」的概念，這一概念符號的功能與五行又存在何種差異？

《易緯‧通卦驗》中對於十二地支和陰陽、八卦的關係進行了詳細的論證，如：

> 坎居北方者，冬至之日，陽氣動於黃泉之下，子雖大陰之位，以陽氣動其下，故其卦外陰內陽，象水內明，中懷陽也，故居子位以配水；艮在東北者，其卦一陽在上，象立春之時，陽氣已發，在於地上，下有重陰，象陰氣猶厚，陽氣尚微，艮既爲山，以其重陰在下，積土深，故卦復在丑，丑爲未沖，故以配土……

對於「陰、陽」的運用，重在體現「象」的思維，「艮在東北者，其卦一陽在上，象立春之時」。而「象」的應用，比之於「五行」的具象而言，更具有抽象、類比的特徵以及可以擴充的優勢。五行體系概括了節氣、物候的年變化，而用陰陽的符號描述其變化卻具有更爲直觀的抽象概括優勢。「十二月闢卦圖」即體現了陰陽的「象」思維模式，如下圖：

圖 3-1：十二月**闢卦**

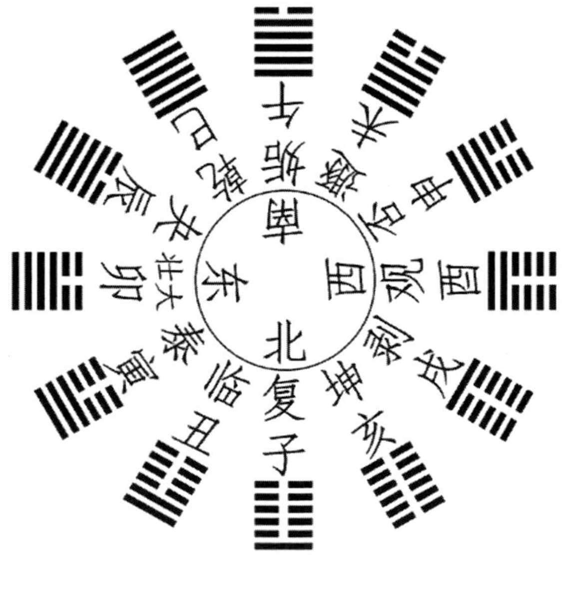

　　《周易三極圖貫》曰:「考一歲,陰陽數各六。自子月一陽生,至四月六陽方盡;自午月一陰生,至十月六陰方盡,而其實皆由太極分。太極左屬陽,陽外有陰,即復、臨、泰、大壯、夬、乾象;右屬陰,陰外有陽,即姤、遯、否、觀、剝、坤象。中原地面在赤道北三十六緯度下,太陽南下赤道外二十四緯度,止而復起,是謂陽生。故仲冬為一陽月,因太陽降極復昇也。歷一百八十二轉零,進赤道內二十四度,止而復南,行將下令,是謂陰生,故仲夏為一陰月,因太陽昇極復降也,一昇一降,謂之一歲。仲冬一陽,宜為歲首,至三陽開泰,宜為年首。」

二、《易》象的表述

　　《周易尚氏學》有云:「周易之理,十二消息卦,周也;元亨利貞,周也;大明終始,六位時成,周也;……循環往來,無不周之理。」《易緯·乾鑿度》曰:

> 孔子曰:「《泰》者,正月之卦也,陽氣始通,陰氣執順。故因此以見湯之嫁妹,能順天地之道,立教戒之義也。至於《歸妹》,八月卦也。陽氣歸下,陰氣方盛,故復以見湯妹之嫁……。」

　　長沙馬王堆帛書《易》之《要》篇亦云:

> 孔子讀易至於《損》、《益》,則喟然而歎:「……《益》之為卦也,春以授夏之時也,萬物之所出也,長日之所至也,生之時也,故曰《益》。《損》者,秋以授冬之時也,萬物之所老衰也,長夕之所至也,故曰《損》。《損》、《益》之道足以觀天地之變,而君者之事已。」
>
> (轉引自李學勤:《周易溯源》,2006年)

　　按:《易緯·稽覽圖》:「《益》卦在寅,值夏正正月;《損》卦在申,值夏正七月。」

　　不但一歲之氣象可以陰陽符號來表示,甚至日、月的月變化、日變化皆可借助於陰陽。《周易參同契》云:

> 月節有五六,經緯奉日使,兼併為六十,剛柔有表裡。朔旦屯直事,至暮蒙當受,晝夜各一卦用之依次序。即未至晦爽,終則復更始,日月為期度,動靜有早晚。春夏據內體,從子到辰巳,秋冬當外用,自午訖戌亥。賞罰應春秋,昏明順寒暑,爻辭有仁義,隨時發喜怒,如是應四時,五行得其理。

　　此是以六十卦分列三十日，一日兩卦分朔旦與晝夜，從屯、蒙起至既濟、未濟止。卦象倒轉，晝夜反覆，一月有六節，一節有五日，五日正好是六十時，一歲是由三百六十日積成，一月是由三十日積累，由此可知，歲月均因日辰積累所成。非但歲月如此，月的虧盈仍奉日光而顯圓缺。一月三十日，每天分晨昏各一卦，合併有六十卦，卦有陽有陰，爻有奇有偶，陽卦奇爻爲剛，陰卦偶爻爲柔，外卦爲表，內卦爲裡。每月初一的晨以屯卦當值，昏用蒙卦當值。屯卦卦象倒轉恰爲蒙卦。屯卦代表陽，陽從內生爲白晝，應時令爲春夏，蒙卦代表陰，陰從外降爲夜晚，應時令爲秋冬。一月三十日，晝夜各用一卦，六十卦合併恰應一月之數。循環輪流一周，六十卦從頭開始又一新的周期。一年十二月，一日十二時辰，春夏二季，陽氣由下向上散發，從一日來講，由子時而順行至辰巳六個時辰爲陽長之時。秋冬二季由外向內收斂，一日之時即爲由午時順行至戌亥六個陰長陽消之時。一日之內，晝夜各用一卦，一卦六爻，兩卦十二爻配十二辰，如早用屯卦，晚用蒙卦。自然之運化之道亦如是矣。歷四季、八節、二十四氣，萬物生長、收藏是由陰陽之體的乾坤、陰陽之用的坎離而統攝。《周易參同契》又云：

> 天符有進退，屈伸以應時。故易統天心，復卦建始萌，長子繼父體，因母立兆基。消息應中律，昇降據斗樞。三日出爲爽，震庚受西方。八日兌受丁，上弦平如繩。十五乾體就，盛滿甲東方。……十六轉受統，巽辛見平明，艮直於丙南，下弦二十三，坤乙三十日，東北喪其朋。節盡相禪與，繼體復生龍，壬癸配甲乙，乾坤括始終。七八數十五，九六亦相應，四者合三十，陽（氣）索滅藏。

《周易參同契釋義》注曰：「天符順陰陽進退屈伸，其寒暑隨日月之出入而往來，萬物應其時節而自然而然，天地萬物無不以此爲信驗，四時八節、二十四氣均自然有序，故謂之天心。」震卦的初爻一陽生於下，象徵萬物的出生，因其從乾卦來，乾爲父，震卦主長男，故曰長子繼父體。每月初三，月始出於西方，西方爲庚辛金，震卦一陽生於下，故震納庚於西。初八黃昏時，月在正南丁位，陰陽各半，故兌卦納丁於南。十五日黃昏時，月出東方甲位，陰盡純陽，故乾卦納甲於東方。由初三起，歷初八到十五爲午前三候。自十六起，午後三候，陽極生陰，月盈則虧，日中則昃，是自然之勢，故每月十八日月之下弦始虧，巽卦一陰始生於下，故巽納辛於西方，二十三日月在正南，下半部虧缺，艮卦陰長消陽，陰大於陽，故艮納丙於南方。至三十

日月在東方，月形幾全無，故以坤卦三陰爲指，納癸於東方。天道循環，周而復始。

圖3-2：月體納甲

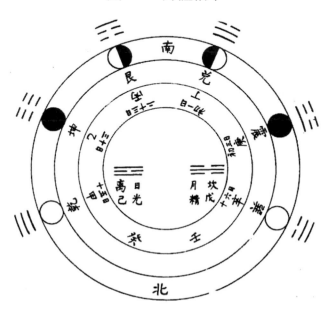

據上述「月體納甲」之說，亦可將十二闢卦應用至月象之弦晦朔望的變化旋回，起去初一、二日，明尚未生。如初三、四日，有《復》象，初五、六日，有《臨》象，初七、八日，有《泰》象，初九、十、十一日，有《大壯》象，十二、三四日，有《夬》象，十五日，有《乾》象，十六、七至三十日，又有《姤》、《遁》、《否》、《觀》、《剝》、《坤》象，此十二卦統領一月。《易》中凡一陰一陽卦各六，皆自復、姤生；二陰二陽各十五，皆自臨遁生；三陰三陽卦各二十，皆自否泰生；四陰四陽卦各十五，皆自大壯、觀生；五陰五陽卦各六，皆自夬、剝生；六陰六陽，則爲乾、坤本卦。

因此，相較而言，以陰陽的表徵方法比以五行的表徵方法具有類象描述的直觀優勢，《易·繫辭》曰：「懸象著明，莫大乎日月。」且易學家自來有「日月爲易」之說，日月爲陰陽之象中之變化最著者。宋人陸秉曰：「易字，篆文日下從月。日，實也。太陽精不虧，從口一，象天無二日。故於文，口一爲日，篆作⊙。月，虛也。陰不可抗陽，於文闕者爲月，篆作𝖮，合之做𝖾。」（《周易三極圖貫》）

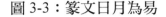

圖 3-3：篆文日月為易

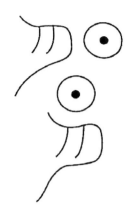

　　清人胡渭亦曰：「日中有一奇也，月中有二偶也。」其中，日月相互運行的變化規律也可與《易》的變化規則相對應，馮道立曰：「余謂日月既成易，則月東日西，象納加，在月十五。日上月下爲易，象合朔，在月初一。且朔望交會，即交易理；圓缺明晦，即變易理；東昇西沒，奇偶亙古不變，又不易理。觀乾、坤居《易》首，上下《經》皆以坎離終篇，乾卦《象》云『與日月合其明』，可見《易》之爲書，效法乎乾坤，實取象乎日月也。《上經》終坎、離，《下經》終既濟、未濟。然既濟日下月上，與『易』字不合，未濟日上月下，方成『易』字，此以示天下事無十全，欲人知補其不足，以人事代天工也。」

三、《易》學理論的本體地位

　　從認識論的角度而言，上古先民必然是首先注意到日月運動的年、月、日的周期變化，進而觀察到萬物生長與日月運動相和諧的規律，並通過一系列的「陰、陽」的符號對日月運行規律進行具象到抽象的描述，再將這些抽象符號運用到對天地萬物運行規律的描述，以陰陽變換的法則籠罩空間萬有，抽象出天地萬物的共同秩序。這一認識方法論表明，《易》起源於日、月，然其抽象的表徵方法又實現了對日、月的超越，其應用於時間與空間中的萬象。《易·繫辭》曰：「聖人有以見天下之賾，而擬諸其形容，象其物宜；是故謂之象。聖人有以見天下之動，而觀其會通，以行其禮。繫辭焉，以斷其吉凶；是故謂之爻。」故《說卦》有：「乾，健也。坤，順也。震，動也。巽，入也。坎，陷也。離，麗也。艮，止也。兌，說也。乾爲馬，坤爲牛，震爲

龍，巽爲雞，坎爲豕，離爲雉，艮爲狗，兌爲羊。乾爲首，坤爲腹，震爲足，巽爲股，坎爲耳，離爲目，艮爲手，兌爲口。……乾爲天、爲圜、爲君、爲父、爲玉、爲金、爲寒、爲冰、爲大赤、爲良馬、爲老馬、爲瘠馬、爲駁馬、爲木果。坤爲地、爲母、爲布、爲釜、爲吝嗇、爲均、爲子母牛、爲大輿、爲文、爲眾、爲柄、其於地也爲黑。」

　　與第一章關於上古神話中「『神』既源於天而又超越了『天』」相對應的是，《易》取得了在哲學中至爲崇高的「神」的地位，故《易·繫辭》有云「陰陽不測之謂神」。由此，在關於中華文化、傳統哲學的本體論層面，《易》與上古之「神」的界限也漸次模糊，《易》所蘊含的哲學與上古中的神話傳說之間彼此滲透，形成以易之陰、陽內涵爲本底，而賦予其相應的人、神格化的色彩，這也就是在《山海經》、《淮南子》、諸《緯書》等典籍中古代傳說與日月氣象混融的原因。這也說明，上古時期的神話、傳說並非是先民蒙昧的表現，而恰恰反映了中華文明源頭中深刻的天文學底蘊。《山海經·海內西經》云：

> 崑崙之虛，方八百里，高萬仞。……面有九井，以玉爲檻。面有九門，門有開明獸守之。

《淮南子·地形訓》曰：

> 中有增城九重，其高萬一千里百一十四步二尺六寸。……旁有四百四十門，門間四里，里間九純，純丈五尺。旁有九井，玉橫維其西北之隅。北門開，以納不周之風。……河水出崑崙東北陬，……赤水出其東南陬，……弱水出自窮石，……洋水出其西北陬，……凡四水者，帝之神泉，以和百藥，以潤萬物。

《河圖括地象》曰：

> 天有五行，地有五嶽；天有七星，地有七表；天有八氣，地有八風；天有九道，地有九州。天有四維，地有四瀆；天有九部八紀，地有九州八柱。

> 崑崙者，地之中也。地下有八柱，柱廣十萬里，有三千六百軸，互相牽制名山大川，孔穴相通。崑崙之虛，有五城十二樓，河水出焉，……崑崙山，廣萬里，高萬一千里，……出五色雲氣，五色流水。……其泉東南入中國，名曰河水。其山中應於天，最中，八十城布繞之。

易有太極，是生兩儀，兩儀未分，其氣混沌，清濁既分，伏者爲天，偃者爲地。

……天左動起於牽牛，地右動起於畢。天有四表以布精魄，地有四瀆以出圖書。

有民食桑二十七年而化，九年生翼……

上述引文中涉及到的數字，多能與天文曆法的相應資料統一，如五尺、九井、天有「四表」、「五行」、「七星」、「九部八紀」對應於四時、五方、北斗、九宮八卦，三千六百軸對應於一年周期 360 天。「天地精通，神明列序」對應於「陰陽之義配日月，日月相推而明生」。「二十七」年乃「五十四」年周期之半，九年對應於九運之數（詳見後文）。「五城十二樓」，五對應於十天干數的一半，十二爲地支周期，亦爲十二月一年的周期，五乘十二爲六十年周期數。

《河圖始開圖》云：

天地開闢，元曆名月首甲子冬首，日月五星俱起牽牛……

《洛書甄耀度》云：

周天三百六十五度四分度之一……，黃帝曰：『凡人生日，天帝賜算三萬六千，又賜紀二千……，一紀主一歲，聖人加七百二十。

「三萬六千」是年周期三百六十的擴大，「七百二十」是一年七十二候的擴大，而六十年又有七百二十個朔望月（不計閏月）。「三百六十五度四分度之一」，對應於回歸年的日數。

《春秋緯・命歷序》曰：

自開闢至獲麟……分爲十紀，……一曰九頭紀，二曰五龍紀，……十曰流訖紀。

……天體始於北極之野，地形起於崑崙之虛。日月五緯俱起牽牛。四萬五千年日月五緯一輪轉。

天地初立，有天皇氏十二頭，……兄弟十二人立，各一萬八千歲。

地皇十一頭，……亦各萬八千歲。

人皇九頭，乘雲車，駕六羽，出谷口，兄弟九人，分長九州，凡一百五十世，合四萬五千六百年。

天皇出焉，號曰防五，兄弟十二人繼相治，乘風雨，夾日月以行，

定天之象，法之以儀，作干支以定日月度，共治一萬八千歲……。

文中以北極爲天之中心，崑崙爲地之中心，「日月五緯俱起牽牛」者，指的是上古以「丑」月爲正月的正朔。數字中涉及十、九、五、六、十二等，均與五行、八卦、十二地支等相關，也說明了上古神話基於對日月運行規律的崇拜。

同時也表明，上古神話的藝術表達在一開始就給予科學觀測充分的發揮空間，是科學與藝術融合的起源的基礎層面，這也奠定了後來易學研究的科學性與藝術性的復合特性，在後文的論述中我們可以看到，這種復合特性即反映了《易》學研究、應用的侷限性，同時也與五行學說一樣，正爲《易》學的包容性和開放性帶來了天然的優勢。

至此，就可以理解了前述所謂「八風」中「風」即是八卦時空各自對應的氣候，以八卦符號來表示是對於各氣候條件下物象的抽象描述。此「風」並非現代氣象學意義上的「風」，是代表日月運行中自然界與之對應的最高秩序。《河圖帝通紀》曰：「風者，大地之使。」《龍魚河圖》亦曰：「風者，天之使也。」《白虎通・八風篇》曰：「風之爲言萌也，養物成功。」且在表徵上，八卦各符號中陰與陽的多寡、上下位置的組合反映了各個時節中天地物象的基本特點，這也就說明，在對時節、物候的描述中，五行學說需要以八卦符號的配合方能完善的原因。用八卦各自對應的「象」對於物候的描述，如《逸周書・周公時訓》則更體現了《易》以「象」像「候」的本體功能。《周公時訓》於《屯》曰「雁北鄉」，以《屯》上互艮爲雁。於《巽》曰「鴻雁來」，亦以巽爲鴻雁。於《復》曰「麋角解」，震爲鹿，艮爲角，此有角覆在地之象，故曰解。於《鼎》下曰「半夏生」，離爲夏，巽爲草，初、二半離，故曰半夏。凡諸如此類者，皆所準於卦象。西漢孟喜、京房七十二侯「卦氣」圖，也皆一本於易象，如下圖：

圖 3-4：七十二物候

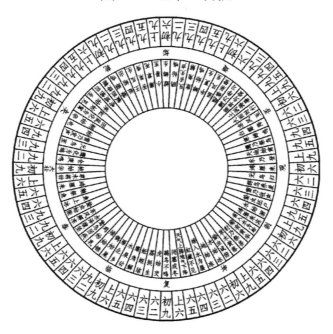

　　綜上所論，五行學說體系體現了日月、北斗運行的時間、方位序列，而陰陽、八卦及其各種組合則抽象出時間的變化序列中空間的各種物象的變化。所謂「八卦以象告」。現代大易學家尚秉和特別指出：「《易》之為書，以象為本，《易》，象外無辭。」《易·繫辭》曰：

> 古者包羲氏之王天下也，……。作結繩而為網罟，以佃以漁，蓋取諸《離》。包羲氏沒，神農氏作，斲木為耜，揉木為耒，耒耨之利，以教天下，蓋取諸《益》。日中為市，致天下之貨，交易而退，各得其所，蓋取諸《噬嗑》。神農氏沒，黃帝、堯、舜氏作，通其變，使民不倦，神而化之，使民宜之。易窮則變，變則通，通則久。是以自天祐之，吉無不利，黃帝、堯、舜，垂衣裳而天下治，蓋取諸《乾》、《坤》。……是故易者象也，象也者像也……。

《周易尚氏學》注曰：「離中爻巽為繩。離主重目，故為網罟，網罟皆目也。以網罟取獸於陸曰佃，取魚於澤曰漁。益之上卦巽為木，震為足，故為耜，耜，耒頭金也。震為耕，故為耒。耒，耕具也。中爻艮手，故曰斲、曰揉。耜所以刺地，故斲木使銳。……噬嗑上離，故曰日中。互艮為市。坎為聚，為眾，為民。震為貨、為歸，故曰交易而退。乾為衣，坤為裳。上衣下

裳，乾上坤下，故曰取諸乾坤……。」

四、小　結

　　卦爻符號是古人用以描繪世界，反映事物的符號工具。八卦所重在「象」，「象」是對萬物的動靜形態的一種歸類和抽象，以八卦來表示。也就是說，《易》把世界萬事萬物都歸爲八類，八種意象、八種狀態等等，一切複雜都可以經細分用八卦來表象。《易緯・乾鑿度》中有八卦爲古文字之說，☰（乾）古天字，☷（坤）古地字，☴（巽）古巽字，☶（艮）古山字，☵（坎）古坎字；☲（離）古火字，☳（震）古雷字，☱（兌）古澤字。《易緯・乾鑿度》：

> 古文天字，今爲乾卦。重，聖人重三而成立，位得上下，人倫王道備，亦川字覆萬物。……古風字，今巽卦。風散萬物，天地氣　不通，由風行之，逐形入也，風無所不入。古山字。外陽内陰，聖人以山含元氣，積陽之氣成石，可感天，雨降石潤然，山澤通元氣。古坎字。水情内剛外柔，性下不上，恒附於氣也。大理在天潢篇。古火字。爲離，内弱外剛，外威内暗，性上不下，聖人知炎光不入於地。古雷字。今爲震，動雷之聲形，能鼓萬物，息者起之，閉者啓之……

　　由是可證，八卦符號與文字同類，仍可用象形會意，轉注假借，諧聲指事六法作爲八卦取象之原理，此既不違古義，而又得此取象之廣闊思路。這種抽象的理念與方法貫徹於《易》學研究的始終，《京氏易積演算法》：

> 夫子曰：「八卦……加乎星宿局於六十四所，二十四氣分天地之數。定人倫之理，驗日月之行，尋五行之端。災祥進退，莫不因茲而兆矣。故考天地、日月、星辰、山川、草木、蟲魚、鳥獸之情狀，運氣、生死、休咎，不可執一隅，故曰《易》含萬象。」

　　現代考古發掘出的帛書《易》中爲《周易》、《十翼》的歷史真實提供了最令人信服的證據（見李學勤《周易溯源》）。

> 帛書《易》之《要》：「子曰：故《易》有天道焉，而不可以日月星辰盡稱也，故爲之以陰陽；有地道焉，不可以水火金土木盡稱也，故律之以柔剛；有人道焉，不可以父子君臣夫婦先後盡稱也，故要之以上下；有四時之變焉，不可以萬物盡稱也，故爲之有八卦。

故《易》之爲書也，一類不足以極之，變以備其情者也，故謂之《易》。」

第三節　易法卜筮的原理

一、左傳案例解析

基於對《易》「象」思維的認識，也就比較容易理解本書開篇所例舉的《左傳》中的占卜案例的推理過程了。《左傳・莊公二十二年》：「陳厲公，蔡出也，故蔡人殺五父而立之。生敬仲。其少也，周史有以《周易》見陳侯者，陳侯使筮之，遇《觀》之《否》。曰：『是謂「觀國之光，利用賓于王。」此其代陳有國乎？不在此，其在異國；非此其身，在其子孫。』……及陳之初亡也，陳桓子始大於齊。其後亡也，成子得政。」清人毛奇齡注曰：

夫巽坤何以名觀也？巽坤者，兼畫之艮，即大艮也。《說卦》：艮爲門闕，又名觀門，《傳》所稱兩觀者……，互艮闕門之內，恰是觀象。觀象者，觀光也……。今觀下有坤，坤爲國，又名國光，其觀國光而至者。《書》云觀光，《詩》云休有烈光，皆有國之人，大抵不越諸侯來朝。……其在來朝稱大賓客，……完雖公子，或當嗣君，而無知其變爲否也，既變否，則似不在陳，而在他國，且不再其身，而在其子孫，其故何也？

光遠而自他有耀者也。坤，土也。巽，風也。乾，天也。風爲天於土上山也，有山之材而照之以天光，於是乎居土上。則以光者遠而不近，光在此而耀在彼……，特巽上坤下，有風土而獨無天。今以巽之六四，變乾之九四，是觀外之風，變而爲否處之天，天下濟而地上承……，然且艮從巽變，巽爲山木，有山之材，而照之以乾之大赤，三陽輝輝，尚猶是國光也乎。……以天光而加國上，光雖遠而國已殊也，而自他者也，異國也……。

故賓王有說諸侯來賓，……而今天之物既美且備，此其賓王爲何如者，故曰利也。猶有觀焉，故曰其在後乎，然而未逮也。夫否之二四而成互艮也，山也，實觀也。前即爲觀，則朝廟之外，豈當更復有觀者，故曰其在異國乎？若在異國，必姜姓也，姜，大嶽之後也，山嶽則配天，物莫能兩大。陳衰，此其昌乎。

……觀以大艮，合互艮而否，則又以互艮而仍合大艮，則以一大山而領諸眾山之小，北大嶽也。大嶽者，姜姓，則必姜姓之國，……及陳之初亡也，陳桓子始大於齊……。

後驗，昭八年，楚滅陳。哀十七年，楚覆滅陳，故有前後亡。陳桓子，即無字。成子，田常也。敬仲至田常，約七世，又三世滅齊，已十世矣。十者，陰數之盡，繫辭曰：地數十。觀否皆內坤，故與數合。

毛氏判《傳》之筮例，即用到了《易》中卦象、占法的諸多原則，如變易、交易、反易、對易、移易，筮法中又涉及到卦名、卦義、卦象、卦位、卦次、順逆、互體、時氣、數目、大小禮、乘承敵應等等。

二、《周易》卦辭之由來

清末，尚秉和對前人關於易卦、易象的諸多研究成果進行了全面的總結而著《周易尚氏學》、《焦氏易詁》等，系統地闡明了《周易》六十四卦卦辭、象辭、爻辭無不是根據各種卦象的組合而來，「象者，像也」是《易》的核心，無卦不然，茲舉一例可窺其餘。如《豐》卦卦辭：

豐，亨，王假之，勿憂，宜日中。《彖》曰：豐，大也，明以動，故豐。王假之，尚大也，勿憂宜日中，宜照天下也。日中則昃，月盈則食，天地盈虛，與時消息，而況於人乎！況於鬼神乎！

《說文》曰：「豐，豆之豐滿也，從豆象形」。豐卦上卦為震，震為雷，雷聲震天，其聲最響；下卦離，離為日，日光射地，光熱最烈。合之為豐，卦形與豐字相似。《象傳》與《序卦》皆曰「豐，大也」；《雜卦》曰：「豐，多故也」。皆有豐富和豐收之意。

《繫辭》曰：「天垂象，見吉凶，聖人象之」。爻辭中有「日中見斗」之句，鮮明地涉及有關天文知識。豐卦下離為日，上震為動，是主太陽運動之象。上互兌卦，下互巽卦，巽與兌本是一卦相綜，體現出描繪時空統一於八月秋收豐收之景象。用《說卦》「帝出乎震」一節組成的八卦方點陣圖與天文黃道十二宮相結合說明：正月太陽在亥宮，二月太陽在戌宮，三月太陽在酉宮，四月太陽在申宮，五月太陽在未宮，六月太陽在午宮，七月太陽在巳宮，八月太陽在辰宮。辰巳屬巽卦。辰宮為北斗斗柄所在之宮。八月為太陽與北斗同宮之象。爻辭中「日中見斗」之辭，即八月秋收時之寫照。豐即豐

收之時，八月建酉，兌卦屬之。豐卦之義備也。

「亨」者，通也。古「亨」「烹」「享」皆一字，義有相通，用有確旨，豐收之後，始得烹飪熟食以祭天地，烹飪熟食以養人，人與神皆樂得享受，故豐收自有亨通之象。

「王假之勿憂，宜日中」者，王為君王，指極高貴之賓客，假，至也。「日中」，其時正午，極度光明，宜進豐盛的午餐。

可以看出，卦象所指「至大無外，至小無內」，遠之則與天地相合，近之則與生活相聯繫。「其稱名也小，其取類也大」，並將時間空間事物融為一體。

> 象曰：雷電皆至，豐，君子以折獄致刑。

豐卦卦象上卦為震，震為雷，雷表天威，下卦為離，離為電，以示明察，即執行嚴正判決而不留獄，給以刑事處決。故曰「折獄致刑」。因豐為八月秋金殺伐之氣，古代處決囚犯規定於此時故也。

甚而至於，民間所謂流傳的《推背圖》、《燒餅歌》等古代預言之書，也是對於易象及易法的廣泛運用。如《燒餅歌》云：

> 明太祖一日身居內殿，方啖之時，內監忽報，國師劉基求見，太祖即以碗覆物，召基入。禮畢，帝問曰：先生深明數理，可知碗中是何對象？基掐指輪算，對曰：「半似日兮半似月，曾被金龍咬一缺，此食物也」，開視果然。

劉基的推演也是基於對《易》之《需》之《夬》卦卦象的判斷：

圖3-5：《燒餅歌》卦象示意

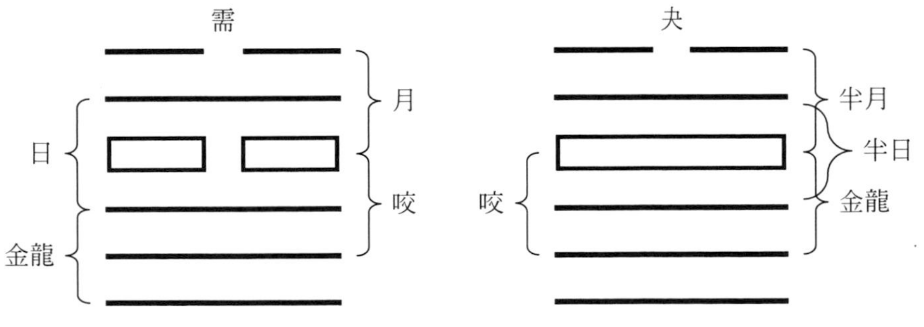

「需」之象，食物也。如以上卦象圖所示，離為日，坎為月，六四爻動變陽爻，成半日半月之象；互卦之兌為口，與上爻之動成一體，故曰「咬」（口

動爲咬）；乾爲天爲龍，故曰「金龍」；水天需變澤天夬，夬者決也，剛決柔也，故曰「咬一缺」；《易曰》「需者飲食之道也」，故曰：「此食物也」。全兩眞可說是卦象之活繪也，也可見其依據卦象之推斷方法與《左傳》的案例幾乎是完全相同的。

三、小　結

　　雖然「卦」本身表徵的是抽象的符號，而在易卜運用中，它具有無限的具象表現功能，這是周易占卜的基本特點，這種思維模式後來逐漸得到易學家的強化，經過兩漢時期的蓬勃發展以及後世的持續推動，最終形成了易學領域的最大流派，即象數學派。這在根本上決定了中華文化的思維基本面，也必然深刻地影響著中國後世的地理學。

　　需要指出，因爲卦「象」本身的抽象性和對於物態描述的延展性，在對卦象的暗示與事物眞實發展兩者之間的對應判斷上，也就是對於卦的解釋，必然存在著見仁見智的情況，因爲由抽象的層面進入到具體的領域，必然存在著主觀對於抽象符號理解方面的「各爲取用」現象。也就是說，雖然源於對日月運行規律的準確描述，但由《易》的符號「卦」來對世界抽象後，並將這種抽象又返用於具體世界的思維過程中，必然會滲入主觀、藝術的因子，即使在外部有關約束條件週知的情況下，也難免產生對於抽象意義的誤用，因此，像本書開篇所引述的《左傳》中的案例，在歷史上也祇是少數，卜筮者不可能都可達到如彼之精妙，且「卦」本身的抽象性還是基於《易》在本體論的意義上的確反映了日月、宇宙的自然秩序，而這一秩序仍是有待於自然科學的進一步論證的，因此對於卦象所隱含的指示即所謂「鬼神」的指示必然因人的解釋而產生歧義。無疑，這也是周易占卜的非科學性的根本甚至爲人誣爲迷信之所在。因此，在後來周易卜筮的運用方面，後世的易學家在這方面做了大量的工作，發明、發展了很多的占卜方式，蔚爲大觀，力求在判卦中多引入些參數，使結果更能接近於眞實。其實傳統風水學的運用，也都屬這個範疇。反過來講，也正是因爲「易象」本身的抽象性，它能夠在對具象的反映中存在較大的自由度，給自身外在的功效意義上提供較多的靈活性與合理性，這也是《易》被民間世俗推崇而流行經久的原因，甚至爲某些人奉若神明（周易、風水在中國港澳臺以及東南亞甚爲流行）。在完成了《易》的起源後，本書將就此相關的問題進行多維度的探究。

第四節 「易」與「禮」制精神的統一

一、王夫之的易禮互證觀

　　不僅在於對某些具體事物吉凶的占卜，且《易》「象」發揮之「辭」也蘊藏著古人對於自然、社會深刻的哲學思考，如《周易》在整體內容的編排上，就體現了古人對於天地、日月、父母、夫婦、天道、人事等方面的總體哲學理念及其各自之間邏輯發生序列的認識以及對待天和人的態度，這也從根本上確立了《易》在古代經學領域的「群經之首」的地位。

　　《易緯・乾鑿度》曰：

> 孔子曰：「易卦六十四，分而爲上下，象陰陽也。夫陽道統而奇，故上篇三十，所以象陽也。陰道不純而偶，故下篇三十四，所以法陰也。乾坤者，陰陽之根本，萬物之祖宗也，爲上篇始者，尊之也。離爲日，坎爲月。日月之道，陰陽之經，所以終始萬物，故以坎離爲終。咸恒者，男女之始，夫婦之道也。人道之興必由夫婦，所以奉承祖宗，爲天地主也。故爲下篇始，貴之也。既濟、未濟爲最終者，所以明戒慎而存王道。」

　　《漢書・藝文志・六藝略》也強調了《易》在《六經》中的本源地位：

> 《樂》以和神，仁之表也；《詩》以正言，義之用也；《禮》以明體，明者著見，故無訓也；《書》以廣聽，知之術也；《春秋》以斷事，信之符也。五者，蓋五常之道，相須而備，而《易》爲之原。故曰「《易》不可見，則乾坤或幾乎息矣」，言與天地爲終始也。

　　大思想家王夫之在《周易內外傳》中系統地論述了《易》「象」與大道之「理」的關係，他說：

> 道盛而不可復加者，其惟《周易》乎！《易》者，象也，天地自然之撰也。……卦者、爻者、變也、辭也，皆象之所生，非象無以見《易》。若夫《易》之爲道，即象以見理，即理之得失以定占之吉凶，即占以示學，切民用，合天理，……會以言、以動、以占、以製器於一原。

　　並且又深刻論述「易」與「禮」的關係，《船山全書》：

> ……聖人之教，有常有變，禮樂，道其常也，……《書》者，禮樂之宗也。《詩》、《春秋》兼其變者，《詩》之正變，《春秋》之是非，

善不善俱存，而易準之於《易》，《易》者，正變、是非之宗也。……
天下之情，萬變而無非實者，《詩》、《春秋》志之，天下之理，萬變
而無非實者，《易》志之。……《春秋》之紀事也，……與《易》為
表裡，故張子所謂「《易》言其理，《春秋》見諸行事」，「守經事而
知宜」，以極深也，「遭變事而知權」，以研幾也，而固早已合於《易》
之神也。

在論及《易》之象、理與「禮」的關係時，船山先生更進一步，不僅以
為《易》是《禮》之源，而且指出，《禮》中所宣揚的天地人的最高秩序，恰
是《易》象與《易》理的關鍵體現，《易》之最高理念與功用都一貫於《禮》。
他強調說：

《易》全用而無擇，禮慎用而有則。禮合天經地緯以備人事之吉
凶，而於《易》則不敢泰然盡用之，於是而九卦之德著焉，《易》兼
常變，《禮》惟貞常，《易》道大而無慚，禮數越而守正。……禮之
興也於中古，易之興也亦於中古，《易》與禮相得以章，而因《易》
以生禮。故周以禮立國，而道肇於《易》。……《六經》之大，化民
成俗之大，而歸之於《禮》，以明其安上治民之功不可廢。蓋《易》、
《詩》、《書》、《禮》、《樂》、《春秋》皆著其理，而《禮》則實見於
事。則《五經》者，禮之精義，而《禮》者，五經之法象也。六經
皆聖人之教而尤莫尚於《禮》，以使人之實踐於行。

他認為《易》之所以能包括禮的種種原則，在於「易兼常變，禮維貞常」。
《易》作為「彌綸天地之道」的書，自然涵蓋了禮的基本原則。在王夫之看
來，「禮」是《易》中天、地、人之道具體而微的人道原則的表現。《易》作
為道的大全，是普遍的，是禮的一般的原則，禮的精神含蘊其中；禮則是具
體的，《易》所揭示的吉凶，在人事方面的體現，與禮的節度相同。所以說，
中國文化的核心精神在於「禮」的信念，而「禮」的精神與《易》的思想是
同一的。

二、「禮」的天人合一哲學

需要注意的是，儒家本原的「禮」並非後世學者所批判的吃人的封建禮
教的「禮」，而是對於天道、日月運行的讚美以及表達了對於這種宇宙天然的
和諧秩序的順應與踐行。故子貢欲去告朔之餼羊，夫子有「爾愛其羊，我愛

其禮」之歎（見《論語‧八佾》，所謂告朔之禮，指古者天子常以季冬頒來歲十二月之朔於諸侯，諸侯受而藏之祖廟。月朔，則以特羊告廟，請而行之）。後世的綱常禮教作爲對於人的禁錮，即違背了《禮》之「天經、地義、民行」的內在秩序的合理性，也是對於《易》之「一陰一陽之謂道，繼之者善也，成之者性也」這種生生不息精神的褻瀆，說到底，它是政治統治的產物，用歷史唯物主義的觀點來說，其所表達的是統治階級的家國制度，是「儀」也，不可謂「禮」。《左傳‧昭五年》：

> 公如晉，自郊勞至于贈賄，無失禮。晉侯謂女叔齊曰：「魯侯不亦善於禮乎？」對曰：「魯侯焉知禮？」公曰：「何爲？自郊勞至于贈賄，禮無違者，何故不知？」對曰：「是儀也，不可謂禮。禮所以守其國，行其政令，無失其民者也。今政令在家，不能取也。有子家羈，弗能用也。奸大國之盟，陵虐小國。利人之難，不知其私。公室四分，民食於他。思莫在公，不圖其終。爲國君，難將及身，不恤其所。禮之本末將於此乎在，而屑屑焉習儀以亟。言善於禮，不亦遠乎？」君子謂叔侯於是乎知禮。

《左傳》中曾就「禮」的精神內核做過精闢的論述，「約其文辭而指博」地闡述了禮的來源、內涵、功能及意義，與當時的《周禮》、《禮記》、後世的《大小戴禮》及對中國文化影響至深的「漢學」遙相呼應，也說明了兩漢五行學說、天人感應學說以及當時風靡天下的象數易學的學理根源。《左傳‧昭二十五年》：

> 子大叔見趙簡子，簡子問揖讓、周旋之禮，對曰：「是儀也，非禮也。」簡子曰：「敢問，何謂禮？」對曰：「吉也聞諸先大夫子產曰：『夫禮，天之經也，地之義也，民之行也。』天地之經，而民實則之。則天之明，因地之性，生其六氣，用其五行。氣爲五味，發爲五色，章爲五聲，淫則昏亂，民失其性。是故爲禮以奉之：爲六畜、五牲、三犧，以奉五味；爲九文、六采、五章，以奉五色；爲九歌、八風、七音、六律，以奉五聲；爲君臣上下，以則地義；爲夫婦外內，以經二物；爲父子、兄弟、姑姊、甥舅、昏媾、姻亞，以象天明，爲政事、庸力、行務，以從四時；爲刑罰威獄，使民畏忌，以類其震曜殺戮；爲溫慈惠和，以效天之生殖長育。……哀樂不失，乃能協于天地之性，是以長久。」簡子曰：「甚哉，禮之大也！」對曰：

「禮，上下之紀，天地之經緯也。……」

而《禮記》中的「天──人」的秩序規範，無論從其涵蓋的內容，抑或是其所遵循的層次遞進，都與《左傳》之說相統一。《禮記·月令》：

孟春之月，日在營室，昏參中，旦尾中。其日甲乙，其帝大皞，其神句芒，其蟲鱗，其音角，律中大蔟，其數八，其味酸，其臭膻，其祀戶，祭先脾。東風解凍，蟄蟲始振，魚上冰，獺祭魚，鴻雁來。天子居青陽左个，乘鸞路，駕倉龍，載青旂，衣青衣。……是月也，以立春。……立春之日，天子親帥三公……是月也，天氣下降，地氣上騰，天地和同，草木萌動。王命布農事，……是月也，命樂正入學習舞，乃修祭典，命祀山林川澤，犧牲毋用牝。禁止伐木，……是月也，不可以稱兵，……毋變天之道，毋絕地之理，毋亂人之紀。孟春行夏令，則雨水不時，草木蚤落，國時有恐。行秋令，則其民大疫，猋風暴雨總至，藜莠蓬蒿並興。行冬令，則水潦為敗，雪霜大摯，首種不入。

由此也可以推知，「禮」起源於對「天文」的祭祀典禮，「天文」是禮制體系的基礎理論內核，這種祭奠的存在本身就說明，禮制精神、禮制體系逐步構建的過程表達了古人對於客觀世界與主觀世界達成統一的意願，對於客體的運動規律的推崇也暗示了古人的價值觀起源。故《禮記·禮運》曰：「故聖人作則，必以天地為本，以陰陽為端，以四時為柄，以日星為紀。月以為量，鬼神以為徒，五行以為質，禮義以為器，人情以為田，四靈以為富。」《禮記·喪服四制》：「凡禮之大體，體天地，法四時，則陰陽，順人情，故謂之禮。」

前述《尚書·堯典》所謂「寅賓出日，平秩東作」與「寅餞納日，平秩西成」，即是上古春分迎日出、送日入的祭奠。其後發展到對於秋分、冬至、立春、夏至的完整的祭典。《尚書·舜典》：

正月上日，受終於文祖。在璿璣玉衡，以齊七政。肆類於上帝，禋於六宗，望於山川，遍於群神。輯五瑞，既月乃日，覲四嶽群牧，班瑞於群后。歲二月，東巡守，至於岱宗，柴；望秩於山川，肆覲東后。協時、月，正日；同律、度、量、衡。修五禮、五玉、三帛、二生、一死贄。如五器，卒乃復。五月，南巡守，至於南嶽，如岱禮。八月，西巡守，至於西嶽，如初。十有一月，朔巡守，至於北嶽，

如西禮。

這種太上時期的祭典是與古代的紀時法相聯繫的，後世的典籍不僅保留了這種對於時空的祭奠制度，並對其進行了細緻化，如《淮南子》中即有對太陽視運動十五個時段的祭奠。

《淮南子·天文訓》曰：

> 日出于暘谷，浴于咸池，拂于扶桑，是謂晨明。登于扶桑，爰始將行，是謂朏明。至于曲阿，是謂旦明。至于曾泉，是謂蚤食。至于桑野，是謂晏食。至于衡陽，是謂隅中。至于昆吾，是謂正中。至于鳥次，是謂小還。至于悲谷，是謂餔時。至于女紀，是謂大還。至于淵虞，時謂高春。至于連石，是謂下春。至于悲泉，爰止其女，爰息其馬，是謂縣車。至于虞淵，是謂黃昏。至于蒙谷，是謂定昏。

及至後世由天文推及人文，終而形成浩瀚博大的宇宙秩序體系，並在古人心目中產生深沉的敬畏與崇拜，《禮》的內容即是對於這種祭典的全面擴充。他們認為，在「天文」支撐下的禮制，是最高級、最完美的秩序，一切社會活動，特別是政治活動，必須合乎這種秩序原則，只有如此方能國泰民安，否則必將民貧國危。因為秩序源於天文，故而「天」就成了中國哲學中最高的元始範疇。而「天文」與「卦」的天然聯繫，也就決定了「卦」、「陰陽」哲學在上層建築中的決定地位。後世如兩漢時期，士大夫關於治國之所本的政治哲學，也即體現了「順天而行」、「天人感應」的理念。這即是禮制精神的進一步發展，也是禮制精神對於《易》的回歸。

《漢書·魏相傳》：

> 又數表采《易陰陽》及《明堂月令》奏之，曰：「……天地變化，必繇陰陽，陰陽之分，以日為紀。日冬夏至，則八風之序立，萬物之性成，各有常職，不得相干。東方之神太昊，乘《震》執規司春；南方之神炎帝，乘《離》執衡司夏；西方之神少昊，乘《兌》，執矩司秋；北方之神顓頊，乘《坎》執權司冬；中央之神黃帝，乘《坤》、《艮》執繩司下土。茲五帝所司，各有時也。東方之卦不可以治西方，南方之卦不可以治北方。……明王謹於尊天，慎於養人，故立羲和之官以乘四時，節授民事。君動靜以道，奉順陰陽，則日月光明，風雨時節，寒暑調和。三者得敘，則災害不生，……上下亡怨，

政教不違，禮讓可興。夫風雨不時，則傷農桑；……則亡廉恥，寇賊姦宄所繇生也。臣愚以爲陰陽者，王事之本，群生之命，自古賢聖未有不繇者也。天子之義，必純取法天地。

反之，國家的治理狀況即「人」的行爲也對「天」的秩序即《易》卦、陰陽運動產生相應的影響。如《左傳》所云「聖人在上，無雹，雖有，不爲災」。

《漢書・谷永傳》：

谷永曰：「王者躬行道德，承順天地，……籍稅取民不過常法，宮室車服不踰制度，事節財足，黎庶和睦，則卦氣理效，五徵時序，百姓壽考……。失道妄行，逆天暴物，窮奢極慾，……則卦氣悖亂，咎徵著郵，上天震怒，災異婁降，日月薄食，五星失行，山崩川潰，水泉踊出，妖孽並見，茀星耀光，饑饉薦臻，百姓短折，萬物夭傷。」

因此，漢初惠帝曾問及宰相陳平有關其職權時，陳平乾脆以「宰相者，上佐天子理陰陽，順四時，下育萬物之宜」來作答。繼魏相之後的宰相丙吉更以實例體現了對於這種精神原則的堅實貫徹。《漢書・丙吉傳》：

吉又嘗出，逢清道群鬥者，死傷橫道，吉過之不問，掾史獨怪之。吉前行，逢人逐牛，牛喘吐舌，吉止駐，使騎吏問：「逐牛行幾里矣？」掾史獨謂丞相前後失問，或以譏吉，吉曰：「民鬥相殺傷，長安令、京兆尹職所當禁備逐捕，歲竟丞相課其殿最，奏行賞罰而已。宰相不親小事，非所當於道路問也。方春少陽用事，未可大熱，恐牛近行，用暑故喘，此時氣失節，恐有所傷害也。三公典調和陰陽，職（所）當憂，是以問之。」掾史乃服，以吉知大體。

此「路有喘牛，宰相不安；道有傷民，宰相不問」的不可思議，卻被譽爲「知大體」，不能不說明，早期禮制精神中對「陰陽」本體的尊崇，也說明古人認爲「敬天法祖」哲學中「敬天」是核心，「法祖」是「敬天」理念的人文延伸，其詳在《尚書》諸篇。從官學正統與學術研究的角度論，漢學是對於上古以來中華學術的總結與中興，因而漢代的哲學與上古哲學具有很強的統一性。

第五節　總　結

　　哲學家文德爾班（Windelband）在《哲學史教程》中論述哲學發展問題時指出：「決定性的問題是什麼東西對人類宇宙概念的發展和人生判斷的概念的發展作出了貢獻。在哲學史中，我們研究的對象是這樣一些思想結構——這些思想結構作為認識形式與判斷規範堅持不變，充滿活力，並在這些思想結構中人類理性的內部結構就清楚地被認識出來。」（文德爾班：《哲學史教程》，1997 年）

　　而中國哲學的傳統，在宇宙概念的本體層面上生成論和人生判斷層面上的價值論的區分是不明確的，甚至兩者是統一的。《易·繫辭》所謂「生生之謂易」，孔子所說「天何言哉，四時行焉，萬物生焉」，北宋張載總結為「天地之大德曰生」（《橫渠易說·復卦》）。此「生」即所謂後來宋明理學家所說的「天地之心」，也即道家所尊崇的「道」、「玄」。老子所謂「道生一，一生二，二生三，三生萬物，……同謂之玄，玄而又玄，眾妙之門」。在中國哲學中，這種「生生之道」被視為宇宙萬物的本質屬性，其造化陰陽含藏天地之中，即「藏諸用」，功用顯發，化生萬物，即「顯諸仁」。注意這兩者之間的過渡，從宇宙的功用直接導出人生觀的價值判斷，而且在中國數千年文化中，這種直接過渡是很自然的，是不需要反思的。在價值規範層面，就是所謂的「明體達用」；在價值取向層面上，尤其是「體用」關係上講，以一種入世的文化價值理想，即期望以社會的人倫秩序、現實制度、文化教育，能夠成為與本體意義上的「天道自然」一樣的存在而共鳴。這種本體觀與價值觀的同一與西方哲學中純思辨意義的邏輯本體觀是不同的。西方哲學中的本體不是一種真際的存有而是實體被抽象剝離完後的絕對本體，是不具價值意義的客體，主體的價值判斷源於自身而不是客體的本體。而中國哲學強調的是「體」即「用」，「用」即「體」，即佛教《般若無知論》所云：「用即寂，寂即用，用寂體一。」

　　《中庸》曰：「天命之謂性，率性之謂道，修道之謂教。」此《緯史論微》所謂「聖人之知，始於象天，終於取身，而其行則始於修身，終於配天」。經學大師董仲舒曾就「孝」道與「五行」學說進行比附，正《中庸》「率天命之性為道」的最佳體現，「孝」於人文和「五行」於天文處同等地位，故孝道也成為禮制中的最核心思想而為儒家所尊崇備至。

《春秋繁露·五行之義》曰:

天有五行:一曰木,二曰火,三曰土,四曰金,五曰水。木,五行之始也,水,五行之終也,土,五行之中也,此其天次之序也。木生火,火生土,土生金,金生水,水生木,此其父子也。木居左,金居右,火居前,水居後,土居中央,此其父子之序,相受而布。是故木受水,而火受木,土受火,金受土,水受金也。諸授之者,皆其父也;受之者,皆其子也。常因其父以使其子,天之道也。是故木已生而火養之,金已死而水藏之,火樂木而養以陽,水剋金而喪以陰,土之事火竭其忠。故五行者,乃孝子忠臣之行也。……聖人知之,故多其愛而少嚴,厚養生而謹送終,就天之制也。以子而迎成養,如火之樂木也;喪父,如水之剋金也;事君,若土之敬天也;可謂有行人矣。五行之隨,各如其序;五行之官,各致其能。……使人必以其序,官人必以其能,天之數也。

東漢大科學家張衡認爲「卜筮」是古代聖人達成經天緯地功業之必備,《後漢書·張衡傳》:

衡上疏云:臣聞聖人明審律曆以定吉凶,重之以卜筮,雜之以九宮,經天驗道,本盡於此。或觀星辰逆順,寒燠所由,或察龜策之占,巫覡之言,其所因者,非一術也。立言於前,有徵於後,故智者貴焉。

可見,聯結「天」與「人」的紐帶在於「巫」、在於「卜」、在於《易》」,故後人甚至認爲羲和、堯舜等三皇五帝皆爲當世之大巫。《易·文言》曰:「夫大人者,與天地合其德,與日月合其明,與四時合其序,與鬼神合其吉凶。先天下而天弗違,後天而奉天時。天且弗違,而況於人乎?況於鬼神乎?」既如此,作爲《易》之餘緒、以探討空間地理之學的古代風水學也必然當爲中國古代儒家文化的重要組成部分。也說明,那種認爲周易占卜、陰陽風水是中國文化的糟粕,是與儒家文化的精神相違背的說法,是值得商榷的,在否定風水學的基礎上討論儒家文化是不全面的,必然難以觸及到儒家文化的最深層面。賈生曰:「臣聞古之聖人,不在朝堂,必爲卜醫。」

第四章　古代「數」的崇拜及根源

　　前文已說明，八卦符號中的「陰」與「陽」符號在表徵事物物態上，具有「象」思維的優點，與五行中的「五」一樣，「八」卦、「六十四」卦、「六」爻中的相關數字所代表的意義必定有其特定的含義，這必然對於構建八卦學說、天人學說體系起著重要的支撐作用。需注意，古人對於天文的崇拜和祭奠必然要賦予與天文相關的數字以神秘意義，也必然發展到對數字本身的崇拜，這種文化發生學的過程屬自然的進化。

第一節　先天卦的「先天」意義

一、邵雍的先天卦模式

　　《易‧繫辭》曰：「是故，闔戶謂之坤；闢戶謂之乾；一闔一闢謂之變；往來不窮謂之通，……是故，易有太極，是生兩儀，兩儀生四象，四象生八卦，八卦定吉凶，吉凶生大業。……八卦成列，象在其中矣，因而重之，爻在其中矣。」

　　邵雍《皇極經世‧觀物內篇》云：「太極既分，兩儀立矣。陽下交於陰，陰上交於陽，四象生矣。陽交於陰、陰交於陽而生天之四象；剛交於柔、柔交於剛而生地之四象，於是八卦成矣。八卦相錯，然後萬物生焉。是故一分為二，二分為四，四分為八，八分為十六，十六分為三十二，三十二分為六十四。故曰『分陰分陽，迭用柔剛，故易六位而成章』也。十分為百，百分為千，千分為萬，猶根之有干，幹之有枝，枝之有葉，愈大則愈少，愈細則愈繁，合之斯為一，衍之斯為萬。……陽中有陰，陰中有陽，天之道也。」

圖 4-1：太極生六十四卦

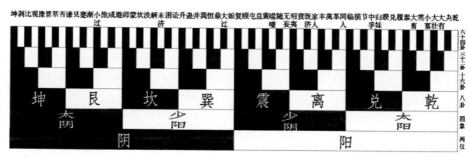

太極

此程子所謂邵子的「加一倍法」，即是「八卦相錯，然後萬物生」的六十四卦卦變方法。邵雍曰：「一變而二，二變而四，三變而八卦成矣。四變而十有六，五變而三十有二，六變而六十四卦備矣。」呂思勉於《理學綱要》，列黑白之位小橫圖，解釋道：「以圖之白處代《易》之一畫，黑處代《易》之一畫。是為一分為二，二分為四，四分為八。如是推之，八分為十六，十六分為三十二，三十二分為六十四，即成《伏羲先天六十四卦橫圖》，規而圓之，則成圓圖，割而疊之，則成方圖。」

圖 4-2：六十四卦方圖

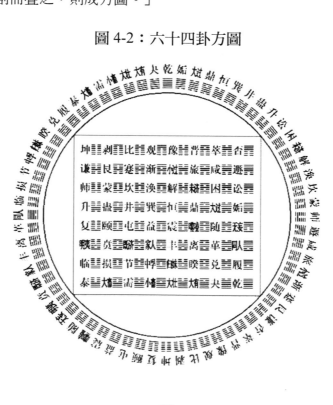

　　朱熹於《周易本義》釋《繫辭》「易有太極」一節之義曰：「一每生二，自然之理也。《易》者，陰陽之變。太極者，其理也；兩儀者，始為一畫以分陰陽；四象者，次為二畫以分太少；八卦者，次為三畫而三才之象始備。此數言者，實聖人作《易》自然之次第，有不假絲毫智力而成者。畫卦揲蓍，其序皆然。」朱熹言「伏羲畫卦自然次第」，是「從兩儀、四象加倍生來底」。《易學啟蒙》：

> 太極、兩儀、四象、八卦，此乃易學綱領，開卷第一義。孔子發明
> 伏羲畫卦自然之形體，孔子而後數千年不載，惟康節、明道二先生
> 知之。……明道以為加一倍法，其發明孔子之言，可謂最切要者
> 也。

　　《文公易說・雜問答・答袁樞》曰：「乾則三位皆白，三陽之象也；兌則下二白而上一黑，下二陽而上一陰也；離則上下二白而中一黑，上下二陽而中一陰也；震則下一白而上二黑，下一陽而上二陰也，巽之下一黑而上二白、坎之上下二黑而中一白、艮之下二黑而上一白、坤之三黑，皆其三爻陰陽之象也。蓋乾、兌、離、震之初爻皆白，巽、坎、艮、坤之初爻皆黑，四卦相間兩儀之象也；乾、兌、巽、坎之中爻皆白，離、震、艮、坤之中爻皆

圖 4-3：六十四卦圓圖

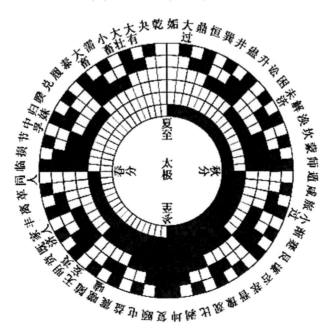

黑，兩卦相間四象之象也；乾、離、巽、艮之上爻皆白，兌、震、坎、坤之上爻皆黑，一卦相間八卦之象也。」又曰：「一畫為儀，二畫為象，三畫則為卦，則八卦備矣。此上若旋次各加陰陽一畫，則積至三重再成八卦者，方有六十四卦之名。若徑以八卦遍就加乎一卦之上，則亦如其位而得名焉。方其四畫、五畫之時未成外卦，故不得而名之耳。」

根據邵雍的理論可知，所謂卦變即是以爻的變化而得到新卦。先有乾，一變上爻得兌，是為「一變而二」，再變乾、兌之中爻，得離、震，是為「二變而四」，再變乾、兌、離、震初爻，得巽、坎、艮、坤，是為「三變而八卦成矣」。

圖4-4：太極生八卦

八	七	六	五	四	三	二	一	
坤	艮	坎	巽	震	離	兌	乾	卦八
太陰		少陽		少陰		太陽		象四
陰				陽				儀兩

太極

以卦數言，一變得二，一、二變得三、四，一、二、三、四變得五、六、七、八。一乾變得五巽，四震變得八坤。可見，巽與乾及坤與震之間有變化的主從關係。如果把兩列之圖首尾連接並展開作圓圖，就得邵雍所謂「乾坤縱而六子橫」圖，亦即「伏羲八卦」圖：

圖4-5：伏羲八卦

　　這樣的八卦方位圓圖，上乾下坤，艮與兌相對，震與巽相對，坎與離相對，恰好與《說卦》所言「天地定位，山澤通氣，雷風相薄，水火不相射」相符。邵雍曰：「天地定位一節，明伏羲八卦也。」這恰是「加一倍法」的橫圖在空間上方位的表示，即乾南、坤北、離東、坎西等。再以六畫純卦乾為「祖」，經過六變即可「六十四卦備」。一變乾上爻，得夬，是為「一變而二」。二變乾、夬五爻，得大有、大壯，是為「二變而四」。三變乾、夬、大有、大壯之四爻，得小畜、需、大畜、泰，是為「三變而八卦成」，四變乾至泰八卦三爻，又得履至臨八卦，是為「四變而十有六」。五變乾至臨十六卦之二爻，得同人至復十六卦，是為「五變而三十有二」。六變乾至復三十二卦之初爻，得姤至坤三十二卦，是為「六變而六十四卦備」。

圖4-6：八卦生六十四卦

　　此圓圖八個「一貞八悔」，「貞」卦是以一乾、二兌、三離、四震、五巽、六坎、七艮、八坤為次序。一貞為內卦，八悔為外卦。在一貞之上錯以八經卦，亦是以一乾、二兌、三離、四震、五巽、六坎、七艮、八坤為次序。圖內之方圖，則是把圓圖分作八段，自下向上疊成，亦是以一乾、二兌、三離、四震、五巽、六坎、七艮、八坤為次序。

　　《觀物外篇》曰：「數往者順，若順天而行，是左旋也，皆已生之卦也，故云數往也；知來者逆，若逆天而行，是右旋也，皆未生之卦也，故云知來

也。夫《易》之數，由逆而成矣。」《注》曰：

> 震初冬，至離兌中春分，乾末交夏至。已上陽日進，而次第順生。
> 易而夏至後，陽乃逆行，右陰中而漸消矣。巽初夏，至坎艮中秋
> 分，坤末交冬至。已上陰日進，而次第順生。易而冬至後，陰乃逆
> 行，左陽中而亦消矣。

朱子《易學啓蒙》曰：

> 以橫圖觀之，有乾一而後兌二，而後離三、震四、巽五、坎六、艮
> 七、坤八，以次第生焉。此《易》之所以成也。而圓圖之左方自震
> 之初爲冬至，離兌之中爲春分，以至於乾之末而交夏至焉。皆進而
> 得其已生之卦，猶自今日而追數昨日也，故曰「數往者順」。其右方
> 自巽之初爲夏至，坎艮之中爲秋分，以至於坤之末而交冬至焉，皆
> 進而得其未生之卦，猶自今日而逆計來日也，故曰「知來者逆」。

《朱子語類》又云：

> 此皆自已生以得未生之卦。圓圖如此，方見陰陽消長次第。震一陽，
> 離兌二陽，乾三陽，巽一陰，坎艮二陰，坤三陰……

可以看出，邵子「陰陽順逆相生」之說與第一章關於「十二闢卦卦氣」、
《周易參同契》月象變化之說有似，此中之陰陽之消長仍是對於「日、月」
運動的最直觀的表現，以陰陽之間的消長與對稱恰當地表現出了一年四季周
期性的晝夜長短及變化趨勢，「陽爻晝數也，陰爻夜數也。天地相銜，陰陽相
交，故晝夜相雜，剛柔相錯。春夏陽多也，故晝數多夜數少；秋冬陰多也，
故晝數少夜數多」。它更加直觀地表現了「日月爲易」。而這也是邵子稱之爲
先天學的「先天而天弗違」的原因，《觀物篇》中涉及大量關於「易乃眞天文
也」的內容，屬於古人爲學的「格物」層面，屬天人之學的「天」的內容。

《觀物外篇》：

> 體有三百八十四而用止於三百六十，何也？以乾、坤、坎、離之不
> 用也。乾、坤、坎、離之不用，何也？乾、坤、坎、離之不用所以
> 成三百六十之用也。……用止於三百六十而有三百六十六，何
> 也？……乾坤不用者，何也？獨陽不生，寡陰不成也。離、坎用半，
> 離東坎西，當陰陽之半，爲春秋晝夜之門也。……主陽而言之，故
> 用乾也，主贏分而言之，則陽侵陰，晝侵夜，故用離、坎也。……
> 陽侵陰，陰侵陽，故離、坎用半也。……陽主進，是以進之爲三百

六十日：陰主消，是以十二月消十二日也。

卦有六十四而用止於六十者，何也？六十卦者，三百六十爻也，故甲子止於六十也，六甲而天道窮矣。

復至乾，凡百有十二陽，姤至坤，凡八十陽；姤至坤，凡百有十二陰，復至乾，凡八十陰。

乾坤定上下之位，離坎列左右之門，天地之所闔闢，日月之所出入，是以春夏秋冬、晦朔弦望、晝夜長短、行度盈縮，莫不由乎此矣。

人之四肢各有脈也。一脈三部，一部三候，以應天數也。四肢各一脈，四時也。一脈三部，一時三月也，一部三候，一月三旬也。四九三十六，乾之策，天之極數也。《素問》曰：「十二節，皆通乎天氣。」

《觀物內篇》：

天渾渾於上而不可測也，故觀斗數以占天也。斗之所建，天之所行也。魁建子，杓建寅，星以寅為晝也。斗有七星，是以晝不過乎七分也。

天行所以為晝夜，日行所以為寒暑。夏淺冬深，天地之交也。左旋右行，天日之交也。

日以遲為進，月以疾為退，日月一會而加半日減半日，是以為閏日也。日一大運而進六日，月一大運而退六日，是以為閏差也。

日行陽度則盈，行陰度則縮，月去日則明生而遲，近日則魄生而疾，……陽消則陰生，故日下而月西出也。陰盛則敵陽，故月望而東出也。

月晝可見也，故為陽中之陰。星夜可見也，故為陰中之陽。

極南大暑，極北大寒，故南融而北結，萬物之死地也。夏則日隨斗而北，冬則日隨斗而南，故天地交而寒暑和，寒暑和而物乃生焉。

……陽中有陰，陰中有陽，天之道也。陽中之陽，日也，暑之道也。陽中之陰，月也，以其陽之類，故能見於晝。陰中之陽，星也，所以見於夜。陰中之陰，辰也，天壤也。

二至相去東西之度凡一百八十，南北之度凡六十。冬至之月所行如

夏至之日，夏至之月所行如冬至之日。冬至之子中，陰之極；春分之卯中，陽之中；夏至之午中，陽之極；秋分之酉中，陰之中。凡三百六十，中分之則一百八十。此二至二分相去之數也。

《易》有三百八十四爻，眞天文也。

……《堯典》期三百六旬有六日，夫日之餘盈也，六則月之餘縮也，亦六，若去日月之餘十二，則有三百五十四，乃日行之數，以十二除之，則得二十九日。

這樣，邵子先天之學與《易》的布卦方法有著同樣的意味，《易·繫辭》云：

大衍之數五十，其用四十有九。分而爲二以象兩，掛一以象三，揲之以四以象四時，歸奇於扐以象閏，故再扐而後掛。乾之策，二百一十有六。坤之策，百四十有四。凡三百有六十，當期之日。

朱熹答葉永卿書寫道：「須先將六十四卦作一橫圖，則震、巽、復、姤正在中間，先自震、復卻行以至於乾，乃自巽、姤順行以至於坤，便成圓圖。而春、夏、秋、冬、晦、朔、弦、望、晝、夜、昏、旦皆有次第，此作圖之大指也。又左方百九十二爻，本皆陽；右方百九十二爻，本皆陰，乃以對望交相博易而成此圖。」

邵雍先天易學的重要意義在於，以最簡單的「加一倍法」來完成了以六十四卦對整個「天」學的構建與模擬。以陰陽、六爻、六十四卦、三百八十四爻、三百六十爻等數字、方位、左旋右旋及著占過程來描述了天地日月的變化。他將上古先民創造八卦、六十四卦的原動力又一次展現於世人，可以說，三百八十四爻等於一閏年的天數（這說明「加一倍法」只至「六變而六十四卦備」而無七變八變的原因）就已經決定了《易》是對「天」的最簡單和諧的展現，而這正是《易》從上古以來一直作爲官學至崇的最基本的原因，而這也與上古以來形成的對「天文」、「日月北斗」的崇拜相契合，同時也說明，這種崇拜是對於生命理性的深沉覺悟。根據前文，禮制精神源於對「天」的崇拜與祭奠，而此「天」即是《易》，這也是朱子在構建其龐大的學術體系中汲汲然以先天易學作爲其奠基的內在原因，朱子學說對先天易中也留意甚多，對邵子先天之學也推崇備至，視邵子「加一倍法」爲天地之「心」。（其實，程子稱邵子先天學之精髓在於「加一倍法」，邵子亦驚歎程子如何「恁地聰明」）

又，朱熹答袁樞曰：「來喻又曰以一畫增至四畫為一奇一偶，又於四畫之上各增一奇一偶為八畫，此亦是於熹圖中所說發生次第有所未明而有此語。蓋第四象第一畫本祇是前兩儀圖之隨之而分為四段耳，非是以一畫增成四畫，又以四畫增成八畫也。此一節正是前所謂自然契合，不假安排之妙。孔子而後，千載不傳，……蓋易之心髓全在此處。」

二、「奇偶一二」的認識論

而現代易學家多認為朱熹所理解的邵雍的卦畫方式以及奇偶加一倍的理論有違於邵雍的先天卦理論，邵雍所謂的「加一倍法」是於「八卦相錯，然後萬物生」之後說六十四卦的卦變之法，八卦相錯而得之六十四卦，是萬物之象。邵雍強調的是質變模式，是觀物而得的「唯物」模式，而朱熹的「一分為二」量變模式則是「唯理」模式，也即唯心模式。有易學家以為，朱熹的「一分為二」，不是分「太極」一理為二，而是自「兩儀」始各「一分為二」。初以一白塊為「陽儀」，分二後其上疊加一陽一陰為「象」，此時有二「陽儀」，以一黑塊為「陰儀」，分二後其上疊加一陽一陰為「象」，此時有二「陰儀」。待分成六十四卦時，則有三十二「陽儀」和三十二「陰儀」。的確是「黑白之位猶不可曉」。「四分為八」，是分「兩儀為八」、「四象為四」。分到「四畫、五畫」時則不成卦。的確是「四畫、五畫者無所主名」。

圖4-7：朱熹「一分為二」模式

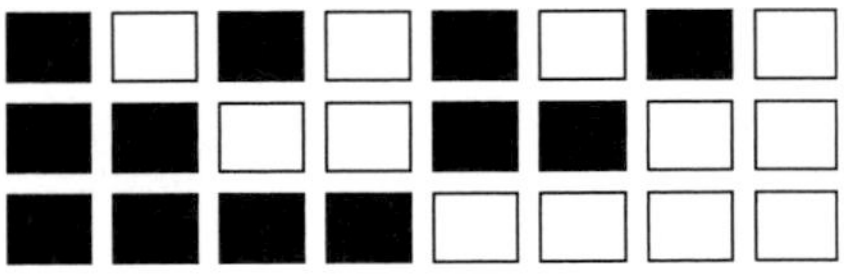

易學家郭彧根據邵雍《觀物內篇》有「天之大陰陽盡之矣，地之大剛柔盡之矣……太陽為日，太陰為月，少陽為星，少陰為辰，日月星辰交而天之體盡之矣。太柔為水，太剛為火，少柔為土，少剛石，水火土石交而地之體盡之矣」、「本乎天者，分陰分陽之謂也；本乎地者，分柔分剛之謂也」之說，認為是以太極為一氣，兩儀為天地，四象為陰陽、剛柔相交（含八卦之「天之四象日月星辰」與「地之四象水火土石」），八卦相錯而生六十四卦以象萬物。這並不是「加一倍法」的爻畫疊加的模式如此簡單，而是一個「道生一，一生二，二生三，三生萬物」的模式。而《易學啟蒙·原卦畫第二》釋「易

有太極，是生兩儀」卻曰：「太極者，象數未形而其理已具之稱，……太極之判，始生一奇一偶，而爲一畫者二，是爲兩儀。」釋「兩儀生四象」曰：「兩儀之上各生一奇一偶，而爲二畫者四，是謂四象。」釋：「四象生八卦」曰：「四象之上各生一奇一偶，而爲三畫者八，於是三才略具，而有八卦之名矣。……八卦之上各生一奇一偶，而爲四畫者十六，……四畫之上各生一奇一偶，而爲五畫者三十二。……五畫之上，各生一奇一偶，而爲六畫者六十四，……於是六十四卦之名立，而易道大成矣。」朱熹對所謂邵雍「加一倍法」的解釋，卻是卦畫「一分爲二」的層纍疊加。「兩儀之上各生一奇一偶」就是一陽爻能生一陰一陽，與一陰爻能生一陰一陽，也就是獨陽能生、獨陰能生，是與邵雍「獨陽不生、寡陰不成」說相違悖的。

　　本書以爲，過分強調《易》中唯物與唯心的界限，是難以深化到《易》的核心層面，因爲即使強調《易》中有關的唯物成分，也衹是在「太極生兩儀」的學理體系下尋求其唯物的理念而已，所謂「聖人仰觀俯察以畫八卦」，其畫卦的歷史過程《易》中並無交待，其唯物者，也只在於「仰觀俯察」而已，是上古聖人對於天文地理的觀測與考察。然即使承認其唯物論，也仍需遵循「太極、兩儀、八卦」的思維路線的框架來討論《易》，而「太極」學說作爲對於萬物的抽象，其本身也是一種唯理的表達，它本身也並不是對於存在世界的客觀、眞實的描述，也並未交待其自身對於客觀世界的認識界限。這一點在邵雍的先天學說裡關於天地世界的理論裡體現得尤爲明顯。邵雍《皇極經世》云：

> 天生於動者也，地生於靜者也，一動一靜交，而天地之道盡之矣。動之始則陽生焉，動之極則陰生焉，一陰一陽交而天之用盡之矣。靜之始則柔生焉，靜之極則剛生焉，一柔一剛交而地之用盡之矣。動之大者謂之太陽，動之小者謂之少陽。靜之大者謂之太陰，靜之小者謂之少陰。……靜之大者謂之太柔，靜之小者謂之少柔。動之大者謂之太剛，動之小者謂之少剛。……有日日之物者也，有日月之物者也，有日星之物者也，有日辰之物者也。有月日之物者也，有月月之物者也，有月星之物者也，有月辰之物者也。有星日之物者也，有星月之物者也，有星星之物者也，有星辰之物者也。有辰日之物者也，有辰月之物者也，有辰星之物者也，有辰辰之物者也……

　　所謂日日之物、日月之物和日星之物等，完全是邵雍根據「太極生兩儀」的八卦生成理論來應用於日月星辰的宇宙體系的構建而已，衹是體現了「陰中有陽，陽中有陰」的思想而已，它本身成為認識事物的一種分析方法，也即如朱熹所說「一間物到邵子那裡就自然變成四體」，很難說所謂「日日之物」之類的唯物性通過《易》本身來體現出來。《易緯・乾鑿度》：

　　　孔子曰：「易始於太極。太極分而爲二，故生天地。天地有春秋冬夏之節，故生四時。四時各有陰陽剛柔之分，故生八卦。八卦成列，天地之道立，雷風水火山澤之象定矣。」

《洛書靈準聽》：

　　　太極具理氣之原，兩儀交媾而生四象，陰陽位別而定天地，其氣清者乃上浮爲天，其質濁者乃下凝爲地。

　　北宋諸儒解《易》仍然是本著漢唐以來儒者的見解，多是以太極爲一氣，兩儀爲天地，四象爲四時（配以五行及七八九六之數），並遵從《說卦》本義而謂六十四卦由「八卦相錯」而生。《春秋穀梁傳・莊公三年》曰：「獨陰不生，獨陽不生，獨天不生，三合然後生。」五代彭曉《周易參同契分章通眞義》曰：「陰得陽而生，陽得陰而成，一陰一陽之謂道。」劉牧《易數鉤隱圖遺論九事》曰：「孤陰不生，獨陽不發。」周敦頤《太極圖易說》曰：「陰變陽合……二氣交感，化生萬物。」邵雍《觀物外篇》則曰：「陽不能獨立，必得陰而後成，故陽以陰爲基；陰不能自見，必待陽而後見，故陰以陽爲唱。」又曰：「陽得陰而立，陰得陽而成。」又曰：「獨陽不生，寡陰不成也。」胡瑗《周易口義》釋《繫辭》「一陰一陽之謂道」曰：「夫獨陽不能自生，獨陰不能自成，是必陰陽相須，然後可以生成萬物。」釋《繫辭》「兩儀生四象」曰：「言天地之道陰陽之氣自然而然生成四象。四象者，即木金水火是也。」朱震《漢上易傳》以「老陽」、「少陽」、「老陰」、「少陰」爲「四象」，並曰：「太極動而生陰陽。陽極動而生陰，陰極復動而生陽。始動靜者少也；極動靜者老也。」周敦頤《太極圖易說》亦是以木水金火爲「四象」。

　　朱熹《易學啓蒙・原卦畫》：

　　　古者包羲氏之王天下也……。蓋盈天地之間，莫非太極、陰陽之妙，聖人於此仰觀俯察，遠求近取，固有以超然而默契於其心矣。故自兩儀之未分也，渾然太極，而兩儀、四象、六十四卦之理已粲然於其中。自太極而分兩儀，則太極固太極也，兩儀固兩儀也。自兩儀

而分四象，則兩儀又爲太極，而四象又爲兩儀矣。自是而推之，由四而八，由八而十六，由十六而三十二，而至六十四，以至于百千萬億之無窮，雖其見於摹畫者，若有先後而出於人爲，然其已定之形、已成之勢，則固已具于渾然之中，而不容毫髮思慮作爲于其間也。程子所謂加一倍法者，可謂一言以蔽之。而邵子所謂畫前有易者，又可見其眞不妄矣。世儒于此或不之察，往往以爲聖人作《易》，蓋極其心思探索之巧而得之。甚者至謂凡卦之畫必由著而後得，其誤益以甚矣。

朱熹通過對於邵雍關於先天八卦生成過程的理解認爲，兩儀、四象的理念應貫乎天人，天人世界本乎自在，正所謂程子「雷自是起於自起處」，天地、四時、雷風山澤是古人對世界發生過程的抽象而已，並非代表天地萬物的眞實生成序列。也就是說，天地四時一本乎宇宙之「理」而已，此「理」即是先天八卦之「理」，而太極、兩儀、四象也並非一物，它僅代表著六十四卦的畫卦的思維過程。故孔子「天地有春秋多夏之節，故生四時。四時各有陰陽剛柔之分，故生八卦」，以「有」與「生」爲文，此二字，恰體現了存在與思維的對應關係，「有」者，意在於自在，「生」者意在於思維。八卦生成的過程是基於「理」的思維結果，又是「理」的體現，一陰一陽疊加生卦是思維的過程，也是「天心」的過程，是認識論，也是本體的自在。故曰「易有太極，太極生兩儀」。

其實，朱子也注意卦畫的「奇偶」與陰陽的區分，卦畫最終是要生成八卦，所以太極、兩儀的奇偶畫最後祇是卦畫的初、二爻，即在卦畫成前爲太極，畫成後成爲八卦的初、二爻。也正在於此，朱子的理論常爲明清尊漢易學者們如黃宗羲、胡渭等所指摘，而這也是朱子就「出於天理之自然」在《易學啟蒙》一篇中三致意焉的原因。事實上，朱子也從來都強調陰陽的相輔相成與相錯交感。《文公易說》：袁樞問：「兩儀、四象、八卦、節節推去，固容易見。就天地間著實處，如何驗得。」朱子答曰：一物上又各自有陰陽，如人之男女，陰陽也。逐人身上，又各有血氣，血陰而氣陽也。如畫夜之間，畫陽而夜陰也。而畫自午後又屬陰，夜自子後又屬陽，便是陰陽各生陰陽之象。

又《朱子語類》云：

陰陽有個流行底，有個定位底。一動一靜互爲其根，便是流行底，

寒暑往來是也。分陰分陽，兩儀立焉，便是定位底，天地上下四方
是也。易有兩義：一是變易，便是流行底；一是交易，便是定位
底。

　　此是說，朱子對於《易經》的「易」字理解有兩個意思：一個是變易，
一個是交易。變易就是流行，交易就是對待。所謂流行，就是「一陰一陽」、
「一動一靜」，相互推移，而又相互轉化，即「互爲其根」；所謂對待，就是
陰陽兩個對立面的相互依存和相互滲透。

　　因此說，朱子的陰陽理氣學說挖掘了孔子、漢易、邵雍等學說的思想共
性，是對《易》中「象」思維的進一步貫徹。不僅將「兩儀四象」貫徹於天
地萬物，且將「陰」與「陽」提升到思維本體的高度，並將這種對立以「加
一倍」的「數」的觀念主導於其中。同時，朱子反覆強調，陰陽、兩儀、四
象、八卦是「天地之自然」，意在說明，一、二——奇、偶對於《易》學的基
礎支撐最爲至要，其中蘊含著天地萬物的自然之「理」。前文已論證五行起源
於四時，「四時各有陰陽剛柔之分，故生八卦，」將四象比之於四時，也就必
然使五行運行之理脫離四時的時空框架而可大亦可小地貫徹於萬物，這樣也
爲「一物一太極」的哲學觀開闢了理論基礎。

　　《朱子語類》：

祇是一動一靜，便是陰陽，伏羲只因此畫卦以示人。……伏羲畫卦
皆是自然，不曾用些子心思智慮。……伏羲當時畫卦，只如擲珓相
似，無容心。《易》祇是陰一陽一。……方伏羲畫卦之時，止有奇
偶之畫。……伏羲當時偶見得一便是陽，二便是陰，從而畫放那
裡。……伏羲畫八卦，只此數畫，該盡天下萬物之理……。

　　《文公易說・雜問答・答袁樞》：

若要見得聖人作《易》根源，直截分明，不費辭說，於此看得，方
見六十四卦全是天理自然挨排出來。聖人祇是見得分明，便只依本
畫出，元不曾用一毫智力添助。蓋本不煩智力之助，亦不容智力得
以助於其間也。及至卦成之後，順逆縱橫，都成義理……。蓋自初
未有畫時說道六畫滿處者，邵子所謂先天之學也。卦成之後各因一
義推說，邵子所謂後天之學也。

　　朱熹視其爲易之心髓，古人未曾「用一毫智力添助」，直至六十四卦排除
也不過是自然而然。既然是至簡之理，它也必定蘊含著「天文」中的精華。

先天學中，陰陽雖源於晝夜之數，然不僅在此，可以肯定，陰陽上陞爲思維理論化的過程中，「奇偶、一二」的意義也產生了嬗變，其中也必然被賦予了神秘的意義。也只有這樣，方可理解《老子》「道生一，一生二，二生三，三生萬物」中將「數字」視爲萬物本體的意義。

第二節　古代天文中的神秘數字

一、「七衡六間圖」的數字關係

筆者以爲，要深刻理解數字對於《易》，對於中國哲學的內在意義，須發掘古代天文學的基礎內容，分析日月之間的運動關係來探尋其中的「數」的含義。在這方面，古代「渾蓋說」能給予很多啓發性的思考。

《晉書·天文志上》：

> 古言天者有三家，一曰蓋天，二曰宣夜，三曰渾天。……《周髀》者即蓋天之說也。其本庖犧氏立周天曆度，其所傳則周公受於殷高，周人志之，故曰《周髀》。……其言天似蓋笠，地法覆槃，天地各中高外下。北極之下爲天地之中，其地最高，而滂沲四隤，三光隱映，以爲晝夜。天中高於外衡冬至日之所在六萬里。北極下地高於外衡下地亦六萬里，外衡高於北極下地二萬里。天地隆高相從，日去地恒八萬里。

《周髀算經》：

> 凡日月運行四極之道，極下者其地高人所居六萬里，汾沱四潰而下。天之中央亦高四旁六萬里。天象蓋笠，地法覆盤。天離地八萬里。冬至之日雖在外衡，常出極下地上二萬里。……凡徑二十三萬八千里，此夏至日道之徑也，其周七十一萬四千里。……凡徑四十七萬六千里，此冬至日道徑也，其周百四十二萬八千里。……凡徑三十五萬七千里，周一百七萬一千里。……內一橫，徑二十三萬八千里，周七十一萬四千里。……次四橫，徑三十五萬七千里，周一百七萬一千里。……次七橫，徑四十七萬六千里，周一百四十二萬八千里。

後人根據此說設計了一個「七衡六間圖」，圖中有七個同心圓。採用七個大小不同的同心圓來標示太陽運行軌跡。各個不同節令太陽都沿不同的「衡」運動。在「七衡圖」上，環繞天極有九條同心圓，中間的七條，是等間距的

同心圓，描述了太陽在 12 個中氣日的視運動軌道，其中夏至日太陽的軌道半徑為 119 千里，稱為「內衡」；春、秋分日太陽的軌道半徑同為 178.5 千里，稱為「中衡」，春分點在婁宿，秋分點在角宿；冬至日太陽的軌道半徑為 238 千里，稱為「外衡」。在內衡與外衡之間，除中衡外，還有四條同心圓，它們分別表示一年中除兩分與兩至外其他 8 個中氣日太陽的運行軌道。以此類推，處暑日在第三衡，秋分日在第四衡，即中衡上，霜降日在第五衡，小雪日在第六衡，冬至日在第七衡，即外衡上。從冬至開始，日又往內衡方向運行，於大寒、雨水、春分、穀雨、小滿，分別經過第六、五、四、三、二各衡，日又回到內衡軌道上。這就是日在七衡六間的軌道上運行，與二十四節氣相應的。由於「七衡圖」中表示太陽在 12 個中氣日視運行的軌道是等間距的，這些軌道的半徑可據內衡與外衡半徑推算出來，見趙爽《注》。

圖 4-8：七衡六間圖

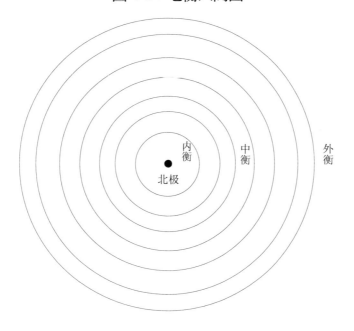

內衡、中衡、外衡三者可構成兩組關係：

外衡直徑＝2×內衡直徑，即 476000＝2×238000，即外衡直徑等於內衡直徑的二倍。

外衡直徑－中衡直徑＝中衡直徑－內衡直徑，即 476000－357000＝357000－238000，即三衡直徑呈等差數列。

實際上，三環直徑之間還有另一種關係：內環直徑／中環直徑＝中環直徑／2 內環直徑，外環直徑／中環直徑＝中環直徑／內環直徑＝$\sqrt{2}$。

三環直徑構成$\sqrt{2}$的倍數關係，而這個數字又是被開方數爲正整數的情況下的最小的無理數。一個單位正方形，其對角線的長度爲邊長的$\sqrt{2}$倍。而這一特殊的勾股數可以通過連續使用正方形的外接圓或內切圓完成這樣的比例關係的構造。就一個正方形而言，在邊長作爲這個正方形內切圓直徑的同時，它的對角線正充當這個正方形外接圓的直徑，而這種關係的直觀形象化的表達即三方兩圓圖，這恐怕就是「天圓地方」學說的眞正本義與來源。

圖 4-9：勾股「天圓地方」

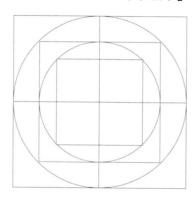

同時，在「七橫圖」中，古人以「青圖」與「黃圖」相疊交的辦法，來標明太陽運行軌道與觀測者的觀測範圍相交而顯示太陽的寒暑晝夜變化。趙爽注「七衡圖」曰：

> 七衡圖青圖畫者，天地合際，人目所遠者也。天至高，地至卑，非合也，人目極觀而天地合也。日入青圖畫內謂之日出，出青圖畫外謂之日入。青圖畫之內外皆天也。北辰正居天之中央。人所謂東西南北者，非有常處，各以日出之處爲東，日中爲南，日入爲西，日沒爲北。黃圖畫者，黃道也。二十八宿列焉，日月星辰躔焉。……內第一，夏至日道也。中第四，春秋分日道道也。外第七，冬至日道也。皆隨黃道。日冬至在牽牛，春分在婁，夏至在東井，秋分在角。冬至後從南而北，夏至後從北而南，終而復始也。

蓋天說認爲，七衡就是日運行的軌道，內衡和外衡之間這一環帶塗上黃色，就是所謂黃道。日只在黃道內運行。觀測者的範圍即青圖的大圓。下圖

中 O 點表示北天極，AO 爲外衡半徑，A 爲冬至日太陽所在位置；BO 爲內衡半徑，B 爲夏至日太陽所在位置。c 點爲周城（周朝的都城）所在，也即觀測點，r 爲人目光所能達到的範圍。也就是說，人站在 c 點觀測，半徑爲 r 的區域內爲可視空間（即青晝圖），內即是白晝，而此外則爲黑夜。

圖 4-10：蓋圖之夏至、冬至點

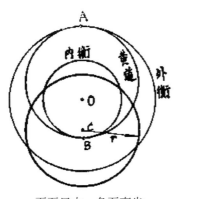
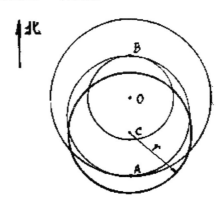

夏至日中，冬至夜半　　　　　　　　　　夏至夜半，冬至日中

就左圖而言，A 表示冬至夜半，B 表示夏至日中；右圖中，A 表示冬至日中，B 表示夏至夜半。假設以 C 爲圓心，r 爲半徑的圓圈從左圖與右圖上拿走，那麼，剩下的就是內衡、外衡，和以 AB 爲直徑的黃道圈，這些都是刻寫在同一張恒星背景圖上的圓，它們的相對位置是固定的，而它們的旋轉（以 O 爲心），便演示了某一天（比如說夏至或冬至）晝夜更替的天象。所謂「南至夏至之日中（左圖 B），北至冬至之夜半（左圖 A）」與「南至冬至之日中（右圖 A），北至夏至之夜半（右圖 B）」，事實上，給出的是同一個圓（黃道）的同一條直徑 AB。

錢寶琮據《周髀算經》解釋蓋圖說，如下圖，以 C 爲觀測點，爲圓心，以 167000 里爲半徑做圓，則與內衡交於 L、L'兩點，內衡是蓋天家描述的夏至日道，因而 CL 是人們所見夏至日的日出方向，CL'則是夏至日的日入方向，太陽在 LDL'弧上運動正處於人的視野範圍之內，是白天，相反的弧即是黑夜。中衡與外衡的道理一樣。青圖晝又交於中衡 M、M'，交外衡於 N、N'，則 CM、CN 分別爲春秋分日和冬至日的日出方向，CM'、CN'分別爲此時的日入方向，太陽在 MEM'弧、NFN'弧上運行是白天，不在這兩段弧上則是黑夜。

圖 4-11：蓋圖

黃圖畫

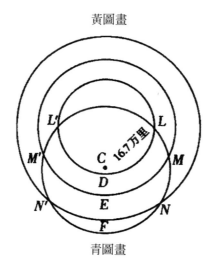

青圖畫

　　同時，青圖畫所分割的黃圖內衡的兩弧之比就必然等於外衡兩弧之比的倒數，這可用來表現春秋分日晝夜平分以及冬夏至日晝夜之比構成反比的關係。以下圖表示：

圖 4-12：冬夏至日晝夜呈反比

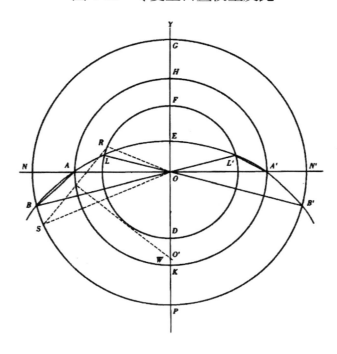

1. 在外、中、內衡上做直徑 NON'，交中衡於 A、A'。

2. 過圓心 O 垂直於 NON'做 Y 軸，並於 Y 軸任選 P 點。復以 P 為圓心，以 PA（PA'）為半徑做 BEB'弧平分中衡，即 AKA'弧等於 A'HA 弧，並交內衡於 L、L'，交外衡於 B、B'。

求證可得，OA／OL'＝OB／OA'＝AB／L'A'＝$\sqrt{2}$。

故：△OL'A'∽△OAB

同理可得：△OLA∽△OA'B'

所以：∠L'OA'＝∠OAB，∠LOA＝∠A'OB'

固有：∠L'OA'＝∠A'OB'，∠LOA＝∠OAB

如此可有：L'FL 弧／LDL'弧＝BPB'弧／B'GB 弧，即被 BEB'弧所分割的內衡與外衡的兩部分構成反比關係。

因此，在中衡被平分的前提下，青圖畫所分割的內、外衡的兩部分即形成反比關係。這種關係恰恰說明冬至與夏至的晝夜之比是相反的，其結果與實際的天象符合。（詳見馮時《中國天文考古學》）

二、「天圓地方」數的本體附義

不僅在古代典籍有大量記載，如《雲夢秦簡·日書》、《論衡·說日》等就有對於上述比例關係的論述。且在考古發掘中，也存有不少與此直接相關的證據。如牛河梁紅山文化圓丘與方丘、安徽含山凌家灘出土三環玉璧、河南濮陽龍虎北斗圖：

圖 4-13：紅山文化圓丘與方丘

圖4-14：新石器時代三環玉璧　　　圖4-15：濮陽龍虎北斗圖

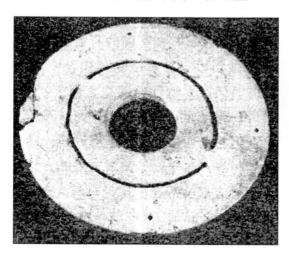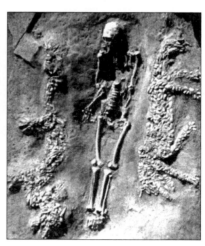

（據馮時先生考證，紅山文化三環石壇非常合乎這樣的比例關係，內環直徑＝11 米，中環直徑＝15.6 米，外環直徑＝22 米，三環直徑：外環直徑＝2 倍內環直徑，內環直徑／中環直徑＝中環直徑／外環直徑，即 11／15.6＝15.6／22。內、中、環直徑之比恰構成等比數列。濮陽龍虎圖、凌家灘玉璧也都呈現這種對應關係。）

而這種互為倒數的比例關係恰與邵子先天八卦、六十四卦圖中，左部陽卦與右部陰卦陰陽爻數之間的比例關係，也合乎晝夜比例關係的年周期變化，《觀物外篇》：「復至乾，凡百有十二陽，姤至坤，凡八十陽；姤至坤，凡百有十二陰，復至乾，凡八十陰」，又曰：「卦之反對皆六陰六陽也。在《易》則六陽六陰者，十有二對也，去四正，則八陽四陰、八陰四陽者，各六對也，十陽二陰、十陰二陽者，各三對也」，「冬至之子中，陰之極；春分之卯中，陽之中；夏至之午中，陽之極；秋分之酉中，陰之中。凡三百六十，中分之則一百八十。此二至二分相去之數也」。

《周髀算經》亦云：

> 夏時陽氣多陰氣少，陽氣光明，與日同暉，故日出即見，無蔽之者，故夏日長也。冬天陰氣多陽氣少，陰氣暗冥，掩日之光，雖出猶隱不見，故冬日短也。……冬至晝極短，日出辰而入申，陽照三不覆九。夏至晝極，日出寅而入戌，陽照九不覆三。故冬至從坎陽在子，日出巽而入坤，見日光少，故曰寒。夏至從離陰在午，日出艮而入

乾，見日光多，故曰暑。

另據研究，根據內、中、外衡的關係以及內衡 167000 里的資料，能推導出天體直徑 d＝810 千里的前提假設（曲安京，1994 年）。

據七橫圖所說，設 r_0、r_1、r_2、r_3 分別表示蓋天說宇宙結構中的北極璿璣、內衡、中衡與外衡半徑。令內衡周長 $c＝6r_1$（按當時的約定成俗，取 $\pi＝3$）為周天 $s＝365.25$ 度的總長度，取 $\varepsilon \approx 24$ 度，為黃赤大距，則兩分與兩至點的去極度分別為：

兩分點去極度：$(r_2 / c) \cdot s＝s / 4$ （1）

冬至點去極度：$[(r_3－r_0) / c] \cdot s＝(s / 4)＋\varepsilon$ （2）

夏至點去極度：$[(r_1＋r_0) / c] \cdot s＝(s / 4)－\varepsilon$ （3）

由（1）式可得 $r_2＝3r_1 / 2＝c / 4$；聯合（2）與（3）可得 $r_3＝2r_1$。令 $r＝r_2－r_0$ 表示日照半徑，由 $d / 2＝r＋r_3＝r_2＋(r_3－r_0)$，可得

$d＝6r_1(1＋2\varepsilon / s)$ （4）

所以 $r_1＝sd / 6(s＋2\varepsilon)＝119.32$ 千里，當資料的取值精度標准定為千里時，即得內衡半徑 $r_1＝119$ 千里。於是有：

中衡半徑 $r_2＝3r_1 / 2＝178.5$ 千里；

外衡半徑 $r_3＝2r_1＝238$ 千里；

日照半徑 $r＝(d / 2)－r_3＝167$ 千里；

璿璣半徑 $r_0＝r_2－r＝11.5$ 千里。

這些資料恰是《周髀算經》中所設計的「七橫六間圖」各太陽軌道的半徑數。所有資料都是基於 $\sqrt{2}$ 的比例關係與 810 千里的宇宙半徑假設，而這兩個特別的數字又與「1」、「9」相關（1 的勾股弦為 $\sqrt{2}$，9 的平方數為 81），這樣，「1、9」和「2、8」就成為《周髀》中方圓圖中的關鍵數位。這些數字對於天地運動描述的支柱作用，也必定使「數字」在古代文化中的地位大為提升。

在這些數字中起著中樞作用的是 $\sqrt{2}$ 中的「2」，而這又正是先天卦中「加一倍法」的數字，《易》以「加一倍法」至三爻、六爻形成的八卦、六十四卦體系卻能將這些數字所反映出來的深刻複雜關係很直觀地體現出來，這種通過數字的巧妙安排，說明作為先天卦生成的核心支撐即陰、陽的「加一倍法」，此時遠非僅是簡單地對晝夜的描述而已，而是已被抽象至思想本體的高度。其理論最基礎的抽象層次僅以「1、2」兩個數字構建起複雜的體系，這

樣，在上古天文崇拜的文化背景下，體現天文這種簡單、和諧、對稱關係的數字也被賦予了神聖崇拜的意義，數字本身成了最高的哲學。也正基於此，《易》與數字又建立起統一和同一的聯繫。

因而古人在對數位釋義中，融入了深刻的人文色彩。認為 1 和 9 是分別代表「始」與「極」兩個意義的數字，而「2」與「8」又代表與兩儀、八方的意義。《說文》：「一，惟初太極，道立於一，造分天地，化成萬物。二，地之數也。從耦一。」《易緯・乾鑿度》曰：「昔者聖人因陰陽，定消息，立乾坤，以統天地也。……易無形畔，易變而為一，一變而為七，七變而為九。九者，氣變之究也，乃復變而為一。一者，形變之始。」《說文通訓定聲》：「古人造字以紀數，起於一，極於九，皆指事也。」《楚辭・九辨序》：「九者，陽之數，道之綱紀也。」劉向《說苑・辨物》：「夫占變之道二而已矣。二者，陰陽之數也。」古人認為偶數屬陰，因以「二」指地數之始，或指卦中的陰爻（－－）。《易・繫辭上》：「天一，地二。」孔穎達《疏》：「此言天地陰陽自然奇偶之數也。」《漢書・律曆志上》：「地之數始於二。」《大戴禮記・本命》：「八者，維綱也。」謂八方四正四隅也，八卦之方也。

作為 $\sqrt{2}$ 的來源的「1」，其起始之數的意義更是被提升到了最核心的哲學本始地位，成為萬物之源「太極」的別名，即「太一」，孔穎達疏：「太極謂天地未分之前，元氣混而為一，即是太初，太一也。」「一」者至高至極，「太」者至高無上。《孔子家語・禮運》：「夫禮必本於太一，分而為天地，轉而為陰陽，變而為四時，列而為鬼神。」孫希旦集解云：「大者，極至之名。一者，不貳之意。大一者，上天之載，純一不貳，而為理之至極也。」《老子》：「是以聖人抱一，為天下式。……天得一以清，地得一以寧，神得一以靈，谷得一以盈，萬物得一以生，王侯得一以為天下貞。」《說文》曰：「惟初泰始，道生於一，造分天地，化成萬物。《史記・封禪書》曰：『亳人謬忌奏祠太一方，曰：『天神貴者太一，太一佐曰五帝。』」《莊子・天下》稱老子之學「主之以太一，……大一，天也」。「太一」是老子「道」的別名。《呂氏春秋・大樂》曰：「太一出兩儀，兩儀出陰陽。陰陽變化，一上一下，合而成章。……道也者至精也，不可為形，不可為名，強之為名，謂之太一。」《鶡冠子・泰鴻》：「中央者，太一之位，百神仰制焉。」《淮南子・詮言訓》：「一也者，萬物之本也。……洞同天地，渾沌為樸。未造而成萬物，謂之太一。」《本經訓》曰：「帝者體太一……。秉太一者，牢籠天地，彈壓山川，含吐陰陽，伸曳四

時，紀綱八極，經緯六合，覆露照導，普泛無私，寰飛蠕動，莫不仰德而生。」《史記・天官書》：「中官天極星，其一明者，太一常居也。」郭店楚簡《太一生水》：「大一生水，水反輔大一，是以成天。天反輔大一，是以成地。天地〔復相輔〕也，是以成神明。神明復相輔也，是以成陰陽。陰陽復相輔也，是以成四時……。」君王也多以「余一人」自稱，《尚書・君奭》：「故一人有事於四方，若卜筮，罔不是孚。」

通過對於上述「七衡圖」的分析還可發現，孔子所謂的「天道曰圓，地道曰方」說並非指的是天地的外在的圓形、方形而已，而是天地其中的「道」，故馮道立在《周易三極圖貫》中云：「此所論者是勾股法，因方見圓，故云地方。其實天圓，地亦圓，……人首圓足方，因繫之天地。道曰方圓耳，非形也。」現在更進一步知道，這其中之「道」即是「數」，即是「太一」。

第三節　總　結

也可以推斷，以方圓圖的方法直觀簡單地又同時能夠在文字沒有出現之前（圖畫是完整文字出現之前的文明演進載體）表達這種數字的對應關係，應該會和《易》、天文、五行、「數」一樣也取得哲學上的至崇地位。

《大戴禮・曾子天圓》：

> 單居離問於曾子曰：「天圓而地方者，誠有之乎？」曾子曰：「離！而聞之云乎？」單居離曰：「弟子不察，此以敢問也。」曾子曰：「天之所生上首，地之所生下首，上首謂之圓，下首謂之方，如誠天圓而地方，則是四角之不揜也」且來！吾語汝。參嘗聞之夫子曰：『天道曰圓，地道曰方，方曰幽而圓曰明；明者吐氣者也，是故外景；幽者含氣者也，是故內景，故火日外景，而金水內景，吐氣者施而含氣者化，是以陽施而陰化也。陽之精氣曰神，陰之精氣曰靈；神靈者，品物之本也，而禮樂仁義之祖也，而善否治亂所由興作也。』」

在孔子看來，「方圓」之道是神靈、是禮樂仁義之祖，是關係國家天下善否治亂的根本。因此在古代禮制中，以「方圓」為象徵的圓丘、方丘祭祀之禮樂制度，亦《周禮》中祭奠天地的場所。

《周禮・春官・大司樂》云：

> 凡樂，圓鍾為宮，黃鍾為角，大蔟為徵，姑洗為羽，雷鼓雷鼗，孤

竹之管，雲和之琴瑟，雲門之舞，冬日至，於地上之圜丘奏之，若樂六變，則天神皆降，可得而禮矣。凡樂，函鍾為宮，大蔟為角，姑洗為徵，南呂為羽，靈鼓靈霆，孫竹之管，空桑之琴瑟，咸池之舞，夏日至，於澤中之方丘奏之，若樂八變，則地祇皆出，可得而禮矣。

鄭玄《注》曰：「天神則主北辰，地祇則主崑崙，……先奏是樂以致其神，禮之以玉而裸焉，乃後合樂以祭之。」《禮記・祭法》：「燔柴於泰壇，祭天也。瘞埋於泰折，祭地也。」馬晞孟云：「燔柴於泰壇，所謂『祭天於地上圜丘』；瘞埋於泰折，所謂『祭地於澤中方丘』。」孫希旦《禮記集解》曰：「《周禮》有『圜丘』、『方澤』之名，此南北郊祭天地之壇也。」有牛河梁紅山文化三環石壇為證（見「牛河梁考古發現」）。此正是明清天壇、地壇的來源。

而且在玉器、墓葬、冠帶、學制中都貫徹有「方圓」的理念，據《周禮・春官・大宗伯》載：「以玉作六器，以禮天地四方；以蒼璧禮天，以黃琮禮地。」《注》曰：「璧圓象天，琮八方象地。」另據馮時先生研究，河南濮陽龍虎墓中墓主的葬臥方向為首南足北，正是古代中國人的以首、以南屬天和以足、以北屬地的傳統，而墓穴恰恰又是於南部呈圓形，北部呈方形，象徵天圓地方。《內經・素問》有「頭圓象天，足方象地」之說。《莊子・田子方》云：「周聞之，儒者冠圓冠者，知天時；履句屨者，知地形；緩佩玦者，事至而斷；君子有其道者，未必為其服也。」《周禮》記載天子的明堂「有九室，一室有四戶八牖，凡三十六戶，七十二牖，以茅蓋屋，上圓下方。上圓法天，下方法地。」培養太學生的辟雍有「辟者，璧也，象璧圓以法天也。雍者，雍之以水象教化流行也。……外圓內方明德當圓，行當方也」。

第五章 「數位」時空的數理邏輯

第一節 河洛圖書數陣的時空觀

《周髀算經》云：

> 昔者周公問於商高曰：「竊聞大夫善數也，請問古者庖羲立周天曆
> 度，夫天不可階而升，地不可將尺寸而度，請問數安從出？」

> 商高曰：數之法出於圓方，圓出於方，方出於矩，矩出於九九八十
> 一。故折矩，以爲勾廣三，股修四，徑隅五。既方之外，半其一矩，
> 環而共盤，得成三四五，兩矩共長二十有五，是謂積矩。故禹之所
> 以治天下者，此數之所生也。

現代學者多認爲這是中國最早的畢氏定理，稱之爲商高定理。但細觀原
文可以看到，此「3、4、5」三數在文中的意義更多地在於「伏羲天地之數、
禹之所以治天下之數」，而這些數字的意義正與其哲學本體地位是相符的。杭
辛齋《易數偶得》曰：

> 勾三自乘九，股四自乘十六，弦五自乘二十五，皆正方。三數合
> 併共五十，適符大衍之數也。……勾三股四其較一，股四弦五其較
> 亦一。前之一本一也，後之一始一也。勾三弦五其較二，一生二
> 也。一二成三，仍得本數。奇偶相生，而一切數生生不窮。一切
> 數生一切象，而其始皆出於一，故一爲道之原也。……勾三股四
> 弦五之和爲十二，弦自乘爲二十五，二十五之方邊亦十二。而中數
> 爲九，以中九乘十二，得二百一十有六，乾之策也。以十二乘十

二，得一百四十有四，坤之策也。……勾弦之和八，八自乘六十四，八卦成六十四卦之數也。股四自乘十六，以四再乘亦六十四，以六十四再乘六十四得四千零九十有六，即六十四卦變卦之數也……

一、《河圖》、《洛書》之數

《易·繫辭》指出八卦起源的天地之數：

天一地二，天三地四，天五地六，天七地八，天九地十。天數五，地數五，五位相得而各有合。天數二十有五，地數三十，凡天地之數，五十有五，此所以成變化而行鬼神也。

此正是《易》之「河出圖、洛出書，聖人則之」的古河圖。《論語·子罕》：子曰：「鳳鳥不至，河不出圖，吾已矣夫。」（孔安國注：「聖人受命則鳳鳥至，河出圖，今無此瑞。吾已矣夫者，傷不得見也。」）《史記·孔子世家》：孔子曰：「河不出圖，洛不出書，吾已矣夫。」《管子·小匡》：「昔人之言受命者，龍龜假河出圖；洛出書，地出乘黃，今三祥未有見者。」

《漢書·五行志》曰：「天地之氣各有五，五行之次，一曰水，天數也；二曰火，地數也；三曰木，天數也；四曰金，地數也；五曰土，天數也。此五者，陰無匹，陽無耦，故又合之。地六為天一匹也，天七為地二耦也，地八為天三匹也，天九為地四耦也，地十為天五匹也。二五陰陽各有合，然後氣相得施化行也。」

孔穎達《禮記正義·月令》引鄭玄注曰：「《易》曰天一地二，天三地四，天五地六，天七地八，天九地十。而五行自水始，火次之，木次之，金次之，土為後。天地之數五十有五。天一生水在北，地二生火在南，天三生木在東，地四生金在西，天五生土在中。陽無耦，陰無配，未相成也。於是地六成水於北，與天一併（一、六在北）；天七成火於南，與地二並（二、七在南）；地八成木於東，與天三並（三、八在東）；天九成金於西，與地四並（四、九在西）；地十成土於中，與天五並（五、十在中）；而大衍之數成焉。」

揚雄《太玄·玄數》：「三八為木，為東方，為春，四九為金，為西方，為秋，二七為火，為南方，為夏，一六為水，為北方，為冬，五五為土，為中央。」此說的正是《河圖》。

圖 5-1：河圖

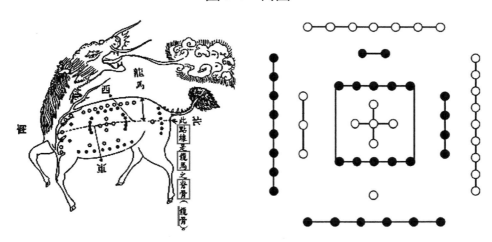

《洛書》是古代「明堂」制度的理論淵源。明堂即在於順天時以行政令，法天爲治。《三輔黃圖》：

> 明堂者，明天道之堂，所以從四時，行月令，宗祀先王，祭五帝，
> 故謂之明堂。

《大戴禮・感德》：

> 明堂所以通神靈，感天地，正四時，出教令，崇有德，章有道，褒
> 有行。上員象天，下方象地，八窗象八風，四達法四時，九室法九
> 州，十二座法十二月，三十六戶法三十六氣，七十二片牖法七十二
> 候。明堂陰陽，王者之所以應天也。

蔡邕《明堂論》中謂：「其制度之數，各有所依。堂方百四十四尺，坤之策也。屋徑二百一十六尺，乾之策也。……八闥以象八卦，九宮以象九州，十二宮以應十二辰。……通人屋高八十一尺，黃鍾九九之實也。二十八柱刊於四方，亦七宿之象也。……外廣二十四丈，應一歲二十四氣，四周以水，象四海，王者之大禮也。」

明堂圖的數位順序規定也同於《洛書》數位點陣方點陣圖。《大戴禮・明堂》：「明堂者，古有之也，凡九室，二九四、七五三、六一八。」

圖5-2：明堂九宮圖

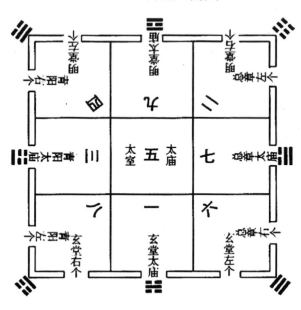

《黃帝九宮經》釋曰：「戴九履一，左三右七，二四爲肩，六八爲足，五居中央，總御得失，其數坎一，坤二、震三、翼四、中宮五，乾六，兌七、艮八，離九。」

圖5-3：洛書

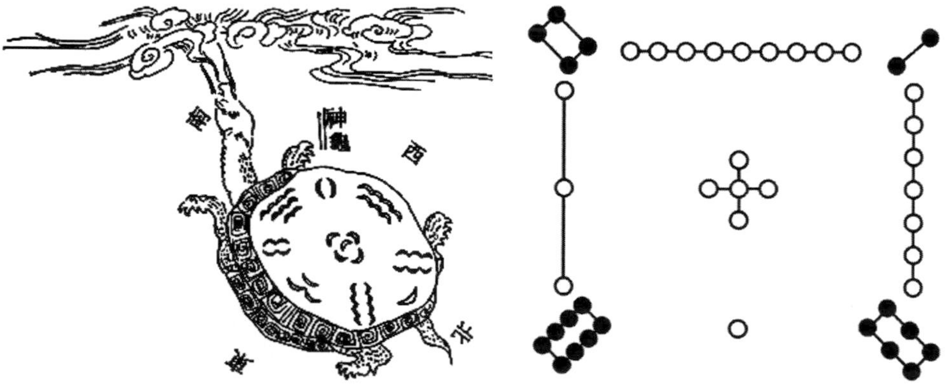

「加一倍法」是《易》完成卦畫的基礎，而《河圖》、《洛書》爲整個《易》的運動提供了完整的「數」的基礎。朱子《易學啓蒙・卷之一》釋「天一地二，……此所以成變化而行鬼神也」曰：

此一節，夫子所以發明《河圖》之數也。天地之間，一氣而已。分而爲二，則爲陰陽，而五行造化，萬物始終，無不管於是焉。故《河圖》之位，一與六共宗而居乎北，二與七爲朋而居乎南，三與八同道而居乎東，四與九爲友而居乎西，五與十相守而居乎中。蓋其所以爲數者，不過一陰一陽，一奇一偶，以兩其五行而已。所謂天者，陽之輕清而位乎上者也；所謂地者，陰之重濁而位乎下者也。陽數奇，故一、三、五、七、九，皆屬乎天，所謂「天數五」也。陰數偶，故二、四、六、八、十，皆屬乎地，所謂「地數五」也。天數地數，各以其類而相交，所謂「五位之相得」者然也。天以一生水，而地以六成之。地以二生火，而天以七成之。天以三生木，而地以八成之。地以四生金，而天以九成之。天以五生土，而地以十成之，此又所謂「各有合」焉者也。積五奇而爲二十五，積五偶而爲三十，合是二者而爲五十有五，此《河圖》之全數，皆夫子之意，而諸儒之説也。至於洛書，則雖夫子之所未言，然其象其説，已具於前，有以通之，則劉歆所謂經緯表裏者可見矣。

《易拇》曰：「蓋河圖外方而內圓，一、三、七、九爲一方，其數二十也；二、四、六、八爲一方，其數亦二十也；中十五，共五十五數，中十點作十方圓佈，包五數在內，此外方內圓，而五數方佈在中者。中一圈即太極圓形，外四圈分佈四方，爲方形，十包五在內，仍在圓中藏方、方中藏圓、陰中有陽、陽中有陰之妙也。而十五居中，即洛書縱橫皆十五之數，是又河圖包裹洛書之象。」「河圖已具洛書之體。洛書實有運用河圖之妙」。此圖六合一爲七，二合七爲九，三合八爲十一，四合九爲十三，五合十爲十五，總數爲五十五，皆爲陽數。與洛書對位相合，皆陰數相對，御之以中五，則皆爲陽數，説明陰陽相抱、陽生於陰、陰統於陽之理，是對《周易》扶陽抑陰思想的發揮。

杭辛齋《易楔》云：「其實《河圖》爲體，《洛書》爲用，《河圖》即先天。《洛書》爲後天，《河圖》爲體而體中有用，《洛書》爲用而用中有體，此即分圓分方、方含圓、而圓又含方之意也。」《洛書》外圓而內方。圓者黑白共四十數，圓布其外，一、三、七、九爲一方。二、四、六、八爲一方，仍然《河圖》之體，比又圓中藏方，《洛書》包裹河圖之象，而中五又方中有藏圓之妙，此圖對位相合皆爲十，一九合十，三七合十，二八合十，四六合十，

總數四十，皆爲陰數。而御之以中五，則縱橫上下交錯皆爲十五，總數四十五，《河圖》爲體而體中有用，《洛書》爲用而用中有體。此即方含圓，而圓又含方之意。

圖 5-4：河洛方圓互涵圖

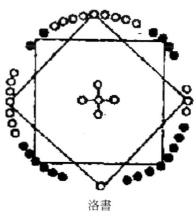

河圖　　　　　　　　　　　　　　　洛書

二、圖書數與卦畫的生成

朱子《啓蒙》曰：

《河圖》以生出之次言之，則始下，次上，次左，次右，以復于中，而又始于下也。以運行之次言之，則始東，次南，次中，次西，次北。左旋一周，而又始于東也。其生數之在內者，則陽居下左而陰居上右也。……《洛書》之次，其陽數則首北，次東，次中，次西，次南。其陰數則首西南，次東南，次西北，次東北也。合而言之，則首北，次西南，次東，次東北，次中，次西北，次西，次東北，而究于南也。其運行，則水克火，火克金，金克木，木克土。右旋一周，而土復克水也。是亦各有説矣。曰：其七、八、九之數不同何也？曰：《河圖》六、七、八、九，即附於生數之外矣，以陰陽老少進退饒乏之正也。其九者，生數一、三、五之積也。故自北而東，自東而西，以成于四之外。其六者，生數二、四之積也。故自南而西，自西而北，以成于一之外。七則九之自西而南者也，八則六之自北而東者也，此又陰陽老少互藏其宅之變也。《洛書》之縱橫十五而七、八、九、六迭爲消長。虛五分十而一含九，二含八，

三含七，四含六，則參五錯綜無適而不遇其合焉。

朱熹認為，所謂「此陰陽老少，進退饒乏之正」，就體現在《河圖》中的「六七八九」的變化上。「六七八九」分別代表老陰、少陽、少陰、老陽。就數的大小看，大者為「饒」（多），小者為「乏」（少）。就數的增減看，增者為「進」，減者為「退」。「六七八九」的大小和增減，就是「陰陽老少、進退饒乏」的變化規律（「正」）。所謂「陰陽老少，互藏其宅（位置）之變」，是指「六七八九」的變化，同生數（一二三四五）相關，陽數（老陽、少陽）在陰數的位置內生成，陰數（老陰、少陰）在陽數的位置內生成。如老陽之數九，是由生數一、三、五相加之和而成，所以，它經歷了由北而東、由東而西的變化。最後，生成於陰數四的位置之外。老陰之數六，是由生數二、四的相加之和而成，所以，它經歷了由南而西、由西而北的變化，最後，生成於陽數一的位置之外。少陽之數七，是由老陽之數九「自西而南」而變成，最後，生成於陰數二的位置之外。少陰之數八，是由老陰之數六「自北而東」而變成，最後，生成於陽數三的位置之外。由此可見，「六七八九」、「陰陽老少」的變化，完全是陰陽相即互涵而生變化的象數表現。朱熹以簡明扼要的語言表述了河圖進退互藏的原理陽由七而進九、陰由八而退六，此進退之正也。九饒於八、七饒於六；六乏於七、七乏於九，此饒乏之正也。老陽九數之成，不於其位之一，而於老陰之位四；老陰六數之成，不於其位之四，而於老陽之位一。此二老互藏之變也。九自西而南，以成少陽之七，是以陽而退也；六自北而東，以成少陰之八，是以陰而進也。又皆互易其位，而成此二少互藏之變也。

《易學啓蒙・本圖書第一》又云：

曰：然則聖人之則之者，奈何？曰：則《河圖》者虛其中，則《洛書》者總其實也。《河圖》之虛五十者，太極也。奇數二十偶數二十者，兩儀也。以一、二、三、四為六、七、八、九者，四象也。析四方之合以為乾、坤、離、坎，補四隅之空以為兌、震、巽、艮者，八卦也。《洛書》之實，其一為五行，其二為五事，其三為八政，其四為五紀，其五為皇極，其六為三德，其七為稽疑，其八為庶徵，其九為福極，其位與數尤曉然矣。

曰：《洛書》而虛其中五，則亦太極也。奇偶各居二十，則亦兩儀也。一、二、三、四而含九、八、七、六，縱橫十五而互為七八、九六，

則亦四象也。四方之正以爲乾、坤、離、坎，四隅之偏以爲兌、震、巽、艮，則亦八卦也。《河圖》之一、六爲水，二、七爲火，三、八爲木，四、九爲金，五、十爲土，則固《洪範》之五行，而五十有五者，又九疇之子目也。是則《洛書》固可以爲《易》，而《河圖》又可以爲《範》矣。且又安知《圖》之不爲《書》，《書》之不爲《圖》也耶？

朱熹認爲，《河圖》《洛書》之可以互易對換，就在於它們都是表達的「易有太極，是生兩儀，兩儀生四象，四象生八卦」（《易傳‧繫辭上》）這一不可分割之理。《河圖》中間的五與十，表示太極，而《洛書》中間的五，也表示太極；《河圖》四周的奇偶之和（1＋3＋7＋9）爲二十，四周偶數之和（2＋4＋6＋8）也是二十，這象徵兩儀（陰陽），而《洛書》除中五之外的奇數之和，也是二十，四隅的偶數之和亦爲二十，同樣象徵兩儀（陰陽），《河圖》的一、二、三、四爲生數，六、七、八、九爲成數，分別代表老陰、少陽、少陰、老陽「四象」，而《洛書》的一、二、三、四，分別對應九、八、七、六，《洛書》縱橫之數的和爲十五，可分解爲七與八之和或九與六之和，這同樣代表「四象」；《河圖》的南北東西，分別是乾坤離坎四卦，東南、東北、西南、西北，分別是兌震巽艮四卦，這就是八卦的方位；《洛書》的南北東西，分別也是乾坤離坎四卦，東南、東北、西南、西北，分別也是兌震巽艮四卦。《河圖》北方之一六生水，南方之二七生火，東方之三八生木，西方之四九生金，中央之五十生土，這又是《洪範》的五行；《河圖》的天數爲一、三、五、七、九，這些天數相加之和（1＋3＋5＋7＋9＝25）爲二十五，地數之和（2＋4＋6＋8＋10＝30）爲三十，天地之數的和爲五十五，這正好是「大衍之數」。

清人江永《河洛精蘊》以「陰陽即數字排列之縱橫」的角度分析了「聖人則河圖、洛書」畫卦過程：

以圖書觀之，陰陽之類有三：一以奇偶分陰陽，天數五地數五是也。一以生數成數分陰陽，一二三四，其卦爲坤巽離兌，六七八九，其卦爲艮坎震乾是也。一以縱橫分陰陽，九四三八橫列者爲陽，其卦爲乾兌離震。二七六一縱列者爲陰，其卦爲巽坎艮坤是也。聖人則圖畫卦，卻是以縱橫分陰陽爲主。其爲八卦橫圖，則橫列者在前，縱列者在後。爲圓圖，則橫列者居左，縱列者居右，是謂兩儀，是

乾兌離震之下一畫爲陽，巽坎艮坤之下一畫爲陰是也。……然則以
奇偶分兩儀，當就卦畫言之。雖成卦在後，而成卦之理在先，數亦
在先。若圖書數之奇偶，則與卦畫奇偶大不同。乾坤坎離居四正當
奇，兌震艮巽居四隅當偶，此又別是一理……

江永指出，八卦生成之理即在於天地之數的奇偶與縱橫，「圖與書通，卦
與數合」。太陽居一，藏於西方之九四，九減十爲一，四減五爲一，九爲太陽，
而四亦爲太陽。少陰居二，藏於東方之三八，八減十爲二，三減五爲二，八
爲少陰，而三亦爲少陰。少陽居三，藏於南方之二七，七減十爲二，二減五
爲三，七爲少陽，而二亦爲少陽。太陰居四，藏於北方之六一，六減十爲四，
一減五爲四，六爲太陰，而一亦爲太陰。

圖 5-5：江永「河圖生八卦」圖

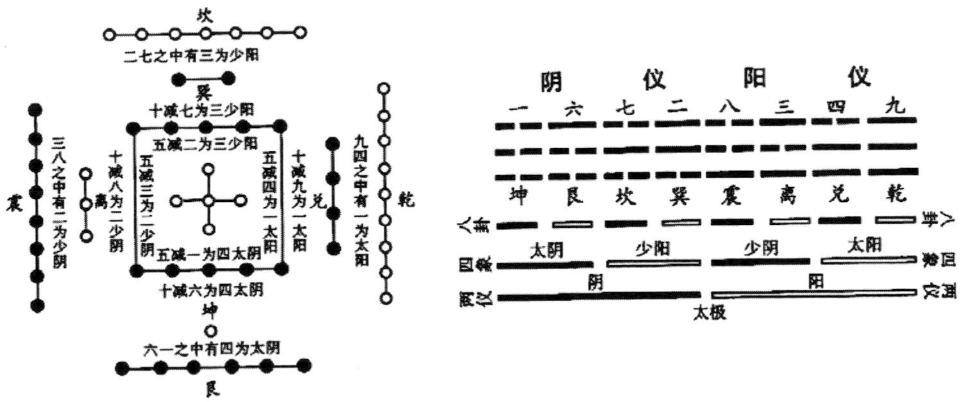

伏羲畫卦，變圖之圓點以爲橫畫。先畫一奇以象陽，則西東九四三
八之橫數在其中。次畫一偶以象陰，則南北二七六一之縱數在其
中。奇中加奇以象太陽，則九四在其中。奇上加偶以象少陰，則三
八在其中。偶上加奇以象少陽，則二七在其中。偶上加偶以象太陰，
則六一在其中。又於太陽之上加一奇，純陽也，九爲成數之最多當
爲乾，太陽之上加一偶，以偶爲主，陰卦，四爲生數之最多當之，
是爲兌卦。少陰之上加一奇，以中畫之偶爲主，陰卦，三爲生數之
次多當之，是爲離卦。少陰之上加一偶，以下畫之陽爲主，陽卦
也……。

而此說與「古太極圖」頗相仿：

圖 5-6：古太極圖

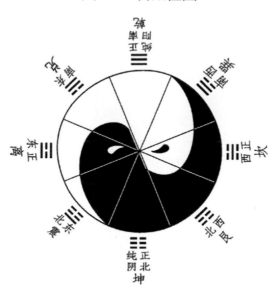

八卦橫列，一乾、二兌、三離、四震、五巽、六坎、七艮、八坤。其數之實，則為九乾、四兌、三離、八震、二巽、七坎、六艮、一坤。乾坤首尾以九一對，其次兌艮以四六對，其次離坎以三七對，其中震巽以八二對。橫圖既成，中判為二，規而圓之，則陽儀居左為乾兌離震，陰儀居右為巽坎艮坤。以數觀之，乾父坤母當九一，震長男巽長女當八二，坎中男離中女當七三，艮少男兌少女當六四，數與卦相配。洛書八方之位，正與先天八卦相符。

圖 5-7：洛書配先天八卦圖

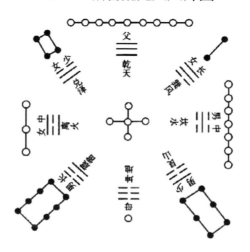

　　綜上所述，可以看出，江永之論比朱熹之說更合「數」的位置結構，在數位與卦的生成中充分體現了「5」與「10」的中樞作用（後文將做更深的探究），使數位與卦畫的關係來得更加自然。

三、《河圖》、《洛書》的數理圖式

　　北宋陳摶《龍圖序》中提出「龍圖三變說」，欲以說明《河圖》、《洛書》之數的形成過程。《龍圖序》認為一變為天地未合之數，二變為天地已合之位，三變為龍馬負圖之形。《龍圖序》曰：「且夫龍馬始負圖，出於羲皇之代，在太古之先也……，於夫子三陳九卦之義，控其旨，所以知之矣。」

　　第一變：「始龍圖之未合也，惟五十五數。上二十五，天數也。中貫三五九，外包之十五，盡天三天五天九並十五之位，後形一六無位，又顯二十四之為用也。茲所謂天垂矣。下三十，地數也，亦分五位，皆明五之用也。十分而為六，形地之象焉。」

圖 5-8：天五地六圖

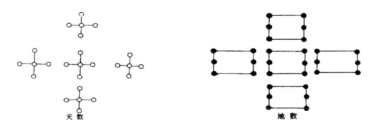

　　第二變：「六分而成四象，地六不配。在上則一不配，形二十四，在下則六不用，亦形二十四」。

　　第三變：「後既合也，天一居上為道之宗，地六居下為地之本，三天地二地四為之用，三若在陽則避孤陰，在陰則避寡陽」。

圖 5-9：天地生成河圖

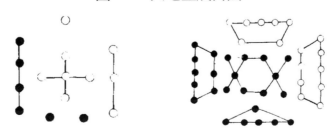

　　元人張理《易象圖說》釋曰:「以白圈為天數,以黑點為地數。第一變天數在上,地數在下,象天地之象,天數總合為二十五,地數總合為三十,天地之數各自分開。天數排列五個數為一組,共分五級,即『天五』;每組縱橫線之數為三,即「天三」;其縱橫線之數相加分別為九,即『天九』;橫縱點數分別為十五。天數一與地數六皆不配位,故天數起作用者為二十四。」地數每六個數為一組,共分五組。天數以五為單位,地數以六為單位。第二變上圖為天數所變圖,天數上五組,其上一之數不動,去四個數;其左五組,去一為四;右五組去二為三;下五組,去三為二;中五組不動。其上、中、右為一、五、三,共三個奇數;下、左為二、四,共兩個偶數,乃參天兩地之象。所去掉的十個數,則隱藏在下圖中十之中。下圖為地數所變圖。地數中六組,去一加於上六組為七;去二加於左六組為八;去三加於右六組為九;下六組不加任何數。其偶數組為六、八,奇數組為七、九,各居四方;中十亦為偶數組,來於天數去掉十。上圖中的五個組,即一二三四五之數,表示五行之生數;下圖中的五個組,即六七八九十之數,表示五行之成數。一說上圖天象中的五個數,各加以五數,則成下圖地象之數。兩圖之數之點合為五十有五,即天地之數。天象和地象中各有奇偶之組,為天地已合之序位。第三變為龍馬負圖,即《河圖》、《洛書》。由第二變上下兩圖相合而得,相合有二法:一是兩圖相重,即天一與地六相重,地二與天七相重,天三與地八相重,地四與天九相重,天五與地十相重。張理曰:

　　　　漢易所謂五行生成數相合,即《河圖》。一是兩圖相交,上圖中五不變動,下圖中十隱藏起來,奇數分別居四正位,偶數分別居四隅之位,成為九宮圖,即《洛書》。此二圖式除去中宮五或十五,餘為一二三四,六七八九,居於八位,皆可分別生成八卦之象。

　　清代大易學家李光地《周易折中‧啟蒙附論》提出《河》、《洛》陰陽動靜之說:

　　「《河圖》陽動陰靜」:原圖相鄰兩數(除五、十外)居同位,自天位而起,以左旋而定。陰數二、四、六、八不動,陽數一、三、七、九對換,即分別轉一百八十度而成河圖。因陽數動,陰數不動,故名「陽動陰靜」。《啟蒙附論》:「《大傳》言《河圖》,曰一二、曰三四、曰五六、曰七八、曰九十,則是以兩相從也。是故原《河圖》之初,則有一便有二,有三便有四,至五而居中。有六便有七,有八便有九,至十而又居中。順而布之,以成五位者

也」。「若以陽動陰靜而論，則數起於上。故《河圖》之一二本在上也，三四本在右也，六七本在下也，八九本在左也」。「陽動陰靜者，如乾生而坤藏也，君令而臣從也。夫行而婦順也，自上而下，以用而言者也」。這樣陽數動而交易，陰數靜而不遷，則成《河圖》之數位。

圖 5-10：《河圖》陽動陰靜變數圖

「《河圖》陰動陽靜」：自地位而起，以左旋而生。陽數一、三、七、九不動，陰數二、四、六、八對換，轉一百八十度而成《河圖》。因陰數動而陽數不動，故名「陽靜陰動」。《啓蒙附論》：「如以陽靜陰動而論，則數起於下。故《河圖》之一二本在下也，三四本在左也，六七本在上也，八九本在右也」。「陽靜陰動者，如乾主而坤役也，君逸而臣勞也，父安而妻子勤職也。自內而外，以體而言者也」。

圖 5-11：《河圖》陰動陽靜變數圖

「《洛書》陽動陰靜」：原圖相鄰三數為一組，自天位起，自上而下分三層排列。陰數二、四、八、六不動，陽數一、三、九、七對換，分別轉一百八十度而成洛書，《啓蒙附論》：「《大戴禮》言《洛書》曰二九四，曰七五三，

日六一八，則是以三相從也」。「原《洛書》之初，則有一二三，便有四五六；有四五六，便有七八九；層而列之，以成四方者也」。「《洛書》之一二三，四五六，七八九。本自上而下也」。陽數動而交易，陰數靜而不遷，則成《洛書》之數位。

圖 5-12：《洛書》陰動陽靜變數圖

```
        一              九
      四   二          四   二
    七  五   三      三   五   七
      八   六          八   六
        九              一
```

「《洛書》陰動陽靜」：原圖相鄰三數爲一組，自地位起，從下而上分三層排列。陽數一、三、九、七不動，陰數二、四、八、六對換，即分別轉一百八十度而成《洛書》。《啓蒙附論》認爲，如以陽靜陰動而論，「《洛書》之一二三，四五六，七八九，本自下而上也」。

圖 5-13：《洛書》陽動陰靜變數圖

```
        九              九
      六   八          四   二
    三  五   七      三   五   七
      二   四          八   六
        一              一
```

任法融《周易參同契釋義》也曾提出《洛書》、九宮的造法：

1. 把 1～9 這九個數字依次序從上到下排成三行：

```
    1    2    3
    4    5    6
    7    8    9
```

2. 再把這個數陣以 5 為原點順時針方向旋轉 45 度：

```
            1
        4       2
    7       5       3
        8       6
            9
```

3. 把數陣的四個偶數向外移，使其與中央 5 的距離各加一倍，即成一新的數陣：

```
    4   1   2
    7   5   3
    8   9   6
```

4. 最後把各邊上的四個奇數兩相對換，即成九宮圖：

```
    4   9   2
    3   5   7
    8   1   6
```

四、數位運動的抽象涵義

　　《河圖》中將一至十視爲天地的根本，以奇數一、三、五、七、九爲天數，爲陽數，偶數二、四、六、八、十爲地數，爲陰數，且各自對應關係的關鍵在「五」，其表示的「天生地成」的意義在於古人所要說明的一種天地演化圖式。「天數」代表天的運動，以「地數」代表在天運動主宰下的地的運動，天地間存在著和諧的共鳴，之間靠中和之數「五」、「十」爲核心樞紐。奇偶之別在於天地運動之別，天生地成之別在於「五」，而再引進「五」即加「十」的個位數仍還原，代指地之動又引起天的共振，天地之間本身是同一的，這是古代「天地感應」思想的數學化表達。這些最簡單的數字，成爲構建八卦體系的根本支撐：

　　　　一乘一得一，爲太極，亦爲太一；

　　　　二乘二得四，爲四象之道；

　　　　三乘三得九，爲九宮、洛書之數；

　　　　四乘四得一十六，爲先後天八卦之數；（後天八卦討論在後）

　　　　五乘五得二十五，爲河圖、洛書之天數；

六乘六等於三十六，爲三十六宮，即十二闢卦中陰陽消息之數：（見邵子《皇極經世》「天根月窟」説，「三十六宮皆是春」）

七乘七得四十九，爲天地之心「復」之「七日來復」之數；（亦爲道家閉關之數，七亦天罡北斗之數）

八乘八得六十四，爲全《易》六十四卦數；

九乘九得八十一，爲七橫圖天的直徑數，亦爲數之極；

一十乘一十得一百，爲河圖、洛書之全數字，爲先後天之全數。

　　以上前數之和爲五十五，爲河圖天地之數；後數之和爲三百八十五，除太一起始數不用，得三百八十四，即全《易》六十四卦卦爻之數，亦爲古代閏年全年的天數（384 日或 385 日）。（詳見吳秋文：《易經探源與人生》，2004 年）

　　一到十每個數位對於《易》的特徵都被賦予了神秘的意義，在這些意義的基礎上，各數字也和五行一樣，其所指代的意義範圍也成了一個開放的可以無限擴大的體系。據前述江永所云，卦從數中來，而後同樣的數又成了卦，一爲太極、爲太一，然成卦中又爲坤卦，正可謂生於茲、衍於茲、又成於茲。於此，黃宗羲曾排之不遺餘力（見《易學象數論》），然須注意：這是中國上古文化的獨特表達方式，洛書與河圖的關係也體現這種關係。此抑或是「菩提即煩惱，煩惱即菩提」的中國文化注解。

　　《河圖》中的數位之間的動態關係，也代表了天地運動的過程。自北方陽 1 開始，轉東方之 3，入中央之 5，行南方之 7，終於西方之 9，其走向按順時針方向，爲 1→3→5→7→9。故陽數始於一，終於九，九則陽氣已極，稱老陽、太陽或純陽，故乾取之以爲用九；就陰數觀之，陽終於西方九，陽極必生陰，故陰數便始於西方之四，轉而爲南方之二，入中央十，行東方之八，終北方之六，其走向是按逆時針方向 4→2→10→8→6。故知陰數始於四，而終於六，六即爲老陰、太陰或純陰，故坤取之以爲用六。天地數的運行線路正是太極圖的陰陽魚的界線。

　　陽之數自一至九，陰之數自四至六，自成一環，正孔子所謂「陽氣方終，陰氣即起，陰氣甫盡，陽氣即伸」。陽老於西，而陰即始於西；陰極於北，而陽始於北。1→3→7→9 順次而行，4→2→8→6 逆次而行。陽數一、三、七、九加四、二、十、八、六之合亦成中和之數（各自相加爲五、十五即五）。且

陽數陰數序位倒逆，所謂「數來者順，知來者逆，易，逆數也」，也即邵子《觀物外篇》「數往者順，若順天而行，是左旋也，皆已生之卦也，故云數往也；知來者逆，若逆天而行，是右旋也，皆未生之卦也，故云知來也。夫《易》之數，由逆而成矣」。

陽數與陰數的順逆行過程代表了陰陽的消長之道，子曰：「日往則月來，月往則日來，日月相推而明生焉；寒往則暑來，暑往則寒來，寒暑相推而歲成焉。……往者，屈也。來者，伸也。屈伸相感而利生焉。」

與天地數原始的天地感應思想相對比，順逆行在於陽極而陰生、陰極而陽生，兩者意義似有不同。前者是形式邏輯，天與地是感應而對應的，後者是歷史邏輯，天動極而地才動，同一個符號不能指代兩個邏輯。本書認為，《河圖》自身皆包含了這兩種邏輯思維，不是非此即彼，而是即此也即彼，即有形式邏輯的陰陽觀，也有歷史邏輯的陰陽運動。如前文所言「這就是中國上古文化的獨特表達方式」，同樣的符號可以指代很多的意義。後文將說明，這是上古人類在文字以及文字表述的工具未產生前的文明記錄方式，這種符號文明表達慣性也是陰陽、五行學說的包容性、開放性的來源。

杭辛齋《易數偶得》也對「陽順陰逆」提出另外一種理解：

> 《文言》：「乾乘六龍以御天」，陽數陰用。所謂「乾元用九，乃見天則」。《說卦》曰：「易，逆數也」，言《易》之用，皆見於坤。數陽而用陰，故皆逆。此理甚精甚微……。右圖以一三五七九陽數，乘六得下六八十二四之陰數。一順一逆，次序天然。其中垂線，為一六、二七、五十、三八、四九之相合也。其左右交線，則一與二、三與四、五與六、七與八、九與十，天地五十五之本然之序也。……若

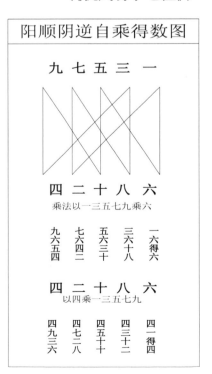

圖 5-14：天地順逆乘六、四圖
（《杭氏易學七種》）

以四乘一三五七九，則亦得四二十八六之序。而自右至左順行，所
謂以順承天也。陰陽、往復，無不相合。

不僅乘六、乘四如此，乘、除以九六亦所得之數，仍有順逆：

$$
\begin{array}{r}
9\ 7\ 5\ 3\ 1 \\
\times \qquad\quad 6 \\
\hline
54\ 42\ 30\ 18\ 6 \\
\downarrow\ \downarrow\ \downarrow\ \downarrow\ \downarrow \\
4\ 2\ 10\ 8\ 6 \\
\cdots\cdots\longrightarrow
\end{array}
\qquad
\begin{array}{r}
9\ 7\ 5\ 3\ 1 \\
\times \qquad\quad 9 \\
\hline
81\ 63\ 45\ 27\ 9 \\
\downarrow\ \downarrow\ \downarrow\ \downarrow\ \downarrow \\
1\ 3\ 5\ 7\ 9 \\
\cdots\cdots\longrightarrow
\end{array}
$$

$$
\begin{array}{r}
\longleftarrow\cdots\cdots \\
9\ 7\ 5\ 3\ 1 \\
\hline
9\overline{)\ 1\ 3\ 5\ 7\ 9} \\
\downarrow\ \downarrow\ \downarrow\ \downarrow\ \downarrow \\
81\ 63\ 45\ 27\ 9
\end{array}
\qquad
\begin{array}{r}
\cdots\cdots\longrightarrow \\
4\ 2\ 10\ 8\ 6 \\
\hline
9\overline{)\ 6\ 8\ 10\ 2\ 4} \\
\downarrow\ \downarrow\ \downarrow\ \downarrow\ \downarrow \\
36\ 18\ 90\ 72\ 54
\end{array}
$$

以九乘各數，其得數不變，以六乘之亦然，而它數則不能。以九乘陽數
一三五七九，其恰為陽數之反，即九七五三一。以九除陽數一三五七九，其
得數亦合其餘數，若以九除陰數，其餘數仍同陰數，其行相反。而以七、八、
三、二乘除，不得其數，故 7、3 為少陽，2、8 為少陰。

《河圖》十個數字中，只有 9、6、1、4 乘除之仍可恢復原本之數，其它
如以 2、3、5、7 去乘除則無法形成自然原本排列之數。然何以卦爻「用九」、
「用六」而不用一四，係因 1、4 為生數，而 9、6 為成數，成數已包括生數，
故取 9、6。陽數、陰數之和、之差必得 5，此所謂「陰陽相得各有合」、「二
五成形」，其合在 5，10 化於四方。故孔子曰：「假我數年，五十以學易，可
以無大過矣。」向以為，孔子之「五十」，是年齡之意，觀乎河洛，可知「五
十」當為「五、十」，為河圖、洛書中宮樞紐之數。依先天卦而言，五數為巽
卦，十數為兌卦（八減十為二，二為兌卦）組成大過卦與中孚卦，上十下五
成大過卦，五在內而十在外，見十不見五；上五下十成中孚卦，十在內而五
在外，見五不見十。大過卦卦辭曰：「大過，大者過也。棟橈，本末弱也。」
中孚卦卦辭曰：「中孚，柔在內而剛得中。悅而巽，孚，乃化邦也。中孚以利
貞，乃應乎天也。」易道扶陽抑陰，取見五不見十，正中孚卦。中者，五、
十中和之德，孚者，信也，合也，所謂中孚者，中正至誠之德也，此為大學
「誠意正心」之首德之道。且在空間上巽卦先天處西南，兌卦先天處東南，

中孚卦內卦兌卦、外卦巽卦，由內至外，東南到西南，象徵君子法陽明之道，順天時而東昇西落，此爲天道之「誠」，故子曰：「天何言哉，四時行焉，百物生焉，天何言哉。」也正在於此，漢代大易學家京房「卦氣說」置中孚於卦首，曾國藩將《易》的感悟在於「誠」字（見《曾國藩家書》），此亦爲《大學》、《中庸》之學的核心，覺乎此，孔子「五、十」之說用意可謂深遠矣。

至於《洛書》，其數排列是《河圖》在空間安排上的變體，其數中亦表現出相似的「順逆」關係。《易象圖說》云：

> 此圖奇圓偶方、奇外偶內與伏羲大圓圖內合外分、內靜外動相同，又以九州分佈九宮。陽順用三，既奇以三乘，表示「參天」之義；陰逆用二，即偶以二乘，表示「兩地」之義，順而逆生，自九而七；陰之生數，逆而順生，自二而四；陰之成數，逆而逆生，自八而六。
>
> 一、三、九、七，天數也。天數奇，奇之象圓，參於三，其數左旋，始於一，居於正北。一三如三，故三次於正東。三三如九，故九次於正南。三九二十七，故七次正西，三七二十一，而復於一。二、四、八、六，地數也。地數偶，偶之象方，兩於二，其數右轉，起於西南，二二如四，故四次於東南。二四如八，故八次於東北。二八十六，故六次於西北。二六十二，而歸於二。此陰陽左右運行自然之妙，而二、七、四、九易位，與河圖不同者也。

圖 5-15：《洛書》數字運動圖

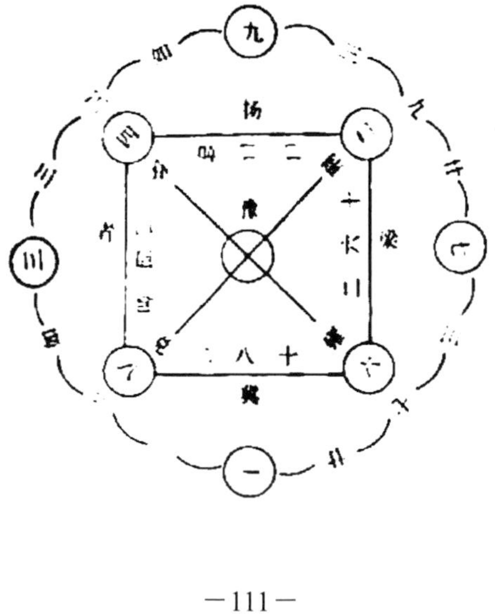

　　九宮數中，蘊含兩儀、四象、八卦。陽唱而陰和、陽實而陰虛，儀雖二而實三，象雖四而實五，卦雖八而實九，這表示天地萬物非陽不生，非陰不成（張其成：《易圖探秘》，1999 年）。《洛書》1、3、5、7、9 五個奇數處在四正和中央，2、4、6、8 四個偶數處於四隅。四正為陽，四隅為陰。其數之運行，亦有順逆。數位以陽數逆而乘之，則以 7 乘陽數之積右旋排列；以陰數順而乘之，則以 8 乘陰數之積左旋排列，接轉四隅之數。一順一逆，無數不合。

　　以 7 和 8 的生數 2 和 3 分別與天地數自乘也有相同樣的運動規律。四正陽數由 1 至 3，猶如 1 乘 3 等於 3，故東方得 3，東方 3 位先天卦為離，後天卦為震，正「帝出乎震」，帝為北斗，亦為日，日出東方也。然後由東而南，由 3 至 9，猶如 3 乘 3 得 9，以配南方之 9，再由南而西，由 9 至 7，猶如 9 乘 3 得 27，除去 20 盈數而餘 7，以 7 配於西方。再由西而北，數由 7 至 3，如 27 乘 3 得 81，除 80 盈數而餘 1，以 1 配北方之 1，謂萬物之始也。由 1 而 3 而 9 而 7 再返 1，恰為陽數順行之循環，陽數者，天數也。《洛書》中四正之陽數，均為 3 之乘積數，是以「三天」。《洛書》東方之數為 3，日出於東，至正午正南，其數為 9 乃陽之極。陽極而陰生，是以後天離卦「午」為陽之極，之後「未」方為陰始，故陰數 2 配坤方。《洛書》之四隅由 2 至 4，猶如 2 乘 2 得 4，後天坤 2 乘 2 得巽，以 4 配東南巽方。再由東南而東北，其數由 4 至 8，乃 4 乘 2 得艮 8，以 8 配東北艮方。再由東北而西北，其數由 8 至 6，猶如 8 乘 2 等於 16，除 10 盈數餘 6，以 6 配西北之乾方。再以西北之 16 乘 2 得 32，除盈數而餘 2，以 2 再回復至西南坤位，如此形成陰數逆行之循環。陰數者，地也。《洛書》陰數均為 2 之積數，是以「兩地」。陽數順生由左，陰數逆回於右。以配四正四隅，而中央之五，即「三天兩地」之和。而以七乘陽數之積仍為陽數，1 乘 7 得 7，7 乘 7 得 49，除盈數餘 9，9 乘 7 得 63，除盈數得 3，3 乘 7 得 21，除盈數得 1，回復至 1，右旋排列。以八乘陰數亦然，呈 2 而 6 而 8 而 4 回復至 2，左旋排列。乘數 7 和 8 合為 15，乘數 2 和 3 合為 5，7 和 8 為 2 和 3 的成數，亦為「三天兩地」。

　　任法融曰：「《易·說卦》：『聖人之作易也，幽贊神明而生蓍。三天兩地而倚數』。以蓍卜卦，象源於數，數都由 3、5、2 演生而來。因為 1 數最小，又最大，包容一切，象混元未破之本體，故不參與變化。能產生變化的最小數字，陰為 2，陽為 3。2 與 3 的組合，形成四象。三個 2 成為 6，是老陰；

三個 3 成爲 9，是老陽；兩個 3 一個 2 爲 8，是少陰；兩個 2 一個 3 爲 7，是少陽。卦象由此而成，天爲陽，奇數象陽；地爲陰，偶數象陰。故曰『三天兩地』，以 3 與 2 代表天地二象，陰陽二氣。」邵子曰：「易有眞數三而已，參天者三三而九，兩地者倍三而成六。」

　　和《河圖》一樣，古人亦賦予《洛書》數的運動以神秘的意義。《易緯·乾鑿度》：

　　昔者聖人因陰陽，定消息，立乾坤，以統天地也。夫有形生於無形，乾坤安從生。……氣形質具而未離，故曰渾淪。渾淪者，言萬物相渾成而未相離。視之不見，聽之不聞，循之不得，故曰易也。易無形畔，易變而爲一，一變而爲七，七變而爲九。九者，氣變之究也，乃復變而爲一。一者，形變之始。清輕者上爲天，濁重者下爲地。物有始、有壯、有究，故三畫而成乾。乾坤相併俱生，物有陰陽，因而重之，故六畫而成卦。

又曰：

　　易一陰一陽，合而爲十五之謂道。陽變七之九，陰變八之六，亦合於十五。則象變之數若一，陽動而進，變七之九，象其氣之息也；陽動而退，變八之六，象其氣之消也。故太一取其數，以行九宮，四正四維，皆合於十五。」……。

《三五歷紀》：

　　盤古生其中。一萬八千歲，人地開闢，陽清爲人，陰濁爲地，盤古在其中，一日九變，神於人，聖於地。人日高一丈，地日厚一丈，盤古日長一丈，如此萬八千歲，人數極高，地數極深，盤古極長。後乃有三皇。數起於一，立於三，成於五，盛於七，處於九，故人去地九萬里。

　　和《河圖》比較，《洛書》的數字方位安排除陽數 1、3、5 不變外，7 和 9 互易其位，而陰數則全由四正變爲四隅。1、6 由重列變爲左右平列；3 與 8、2 與 7、4 與 9 亦然。《河圖》南方之 7 變居《洛書》之西，而《河圖》西方之 9 變居《洛書》之南。而這樣變動在於「三天兩地」以成其用，《洛書》與《河圖》的這種變動體現了兩者的「體用」關係。《河圖》爲體，《洛書》爲用，這種數字間的對置體現了體用之間的關係。陽數 1、3 順行，但 7、9 則由順行改爲逆行，這種變化是爲滿足《洛書》的數字運動，也即「用」。《洛書》

陰數運動的順序，則東南之 4 至西南之 2；東北之 8 至西北之 6，這種秩序亦與《河圖》相反。這樣，《洛書》的走向已由《河圖》的兩個系統變為四個系統。《河圖》走向是「陽順陰逆」的兩個系統，陽數為 1→3→7→9，陰數為 4→2→8→6，而《洛書》則變為 1→3、9→7，4→2、6→8。《河圖》到《洛書》的轉變表示「逆數而用」之理，1、3，7、9 分作兩途，一由北之東，一由西之南，以明四正之氣，猶相耦合，陰數則與之成逆行，其理亦然，並與陽數相合。且《洛書》縱橫之和皆為 15，中 5 與相對之和為 10，合為三五，所謂「三五以變，錯綜其數」也：

$$4＋9＋2＝15$$
$$3＋5＋7＝15$$
$$8＋1＋6＝15$$
$$4＋3＋8＝15$$
$$9＋5＋1＝15$$
$$2＋7＋6＝15$$
$$4＋5＋6＝15$$
$$2＋5＋8＝15$$

此「三五」亦被尊為縱貫天地人的至道之術，《淮南子‧泰族訓》：

> 昔者五帝三王之莅政施教，必用參五。何謂參五。仰取象於天，俯取度於地，中取法於人。乃立明堂之朝，行明堂之令，以調陰陽之氣，以和四時之節，以辟疾病之菑，……乃澄列金木水火土之性，故立父子之親以成家，別清濁五音六律相生之數，以立君臣之義而成國，察四時季孟之序，以立長幼之禮而成官。此之謂參。制君臣之義，父子之親，夫婦之辨，長幼之序，朋友之際，此之謂五。

除此之外，《洛書》數字還有下述規律：

$$a＋b＋c＝d＋e＋f$$
$$a^2＋b^2＋c^2＝d^2＋e^2＋f^2$$

以左列的 438 與右列的 276 為例加以說明。當把數遞變為兩位數相加時，左右兩列數字之和依然相等。即 $43＋38＋84＝27＋76＋62$。從下向上遞變依然成立。即 $83＋34＋48＝67＋72＋26$。

> 遞變為三位數依然相等，即 $438＋384＋843＝276＋762＋627$。
> 從下向上遞數依然成立，即 $834＋348＋483＝672＋726＋267$。

再這樣遞變下去爲四位數、五位數、六位數，一百位數、一千位數依然成立。而且，不管是一位，還是兩位數三位數的平方相加和依然可以左右相等。比如兩位數即 $43^2+38^2+84^2=27^2+76^2+62^2$。三位數四位數平方和依然可以成立。

將九宮圖用行列式的方法計算，可以得到一個周天數 360。即：

$$\det\,[4，9，2；3，5，7；8，1，6]=360$$

不僅如此，《洛書》、《河圖》的數字規律與「9」和「6」密切相關。

任意取一個數字，例如取 48965，將這個數位的各個數位進行求和，結果爲 $4+8+9+6+5=32$，再將結果求和，得 $3+2=5$。本書稱爲「眾數和」規律。所有數字都有以下規律：

1. 眾數和爲 9 的數字與任意數相乘，其結果的眾數和都爲 9。例如 306 的眾數和爲 9，而 $306\times22=6732$，數字 6732 的眾數和也爲 9（$6+7+3+2=18$，$1+8=9$）。

2. 眾數和爲 1 的數字與任意數相乘，其結果的眾數與被乘數的眾數和相等。例如 13 的眾數和爲 4，325 的眾數和爲 1，而 $325\times13=4225$，數字 4225 的眾數和也爲 4（$4+2+2+5=13$，$1+3=4$）。

3. 總結得出一個普遍的規律，如果 $A\times B=C$，則眾數和爲 A 的數字與眾數和爲 B 的數字相乘，其結果的眾數和亦與 C 的眾數和相等。例如 $3\times4=12$。取一個眾數和爲 3 的數字，如 201，再取一個眾數和爲 4 的數字，如 112，兩數相乘，結果爲 $201\times112=22512$，22512 的眾數和爲 3（$2+2+5+1+2=12$，$1+2=3$），可見 $3\times4=12$，數位 12 的眾數和亦爲 3。

4. 數字相加亦遵守此規律。例如 $3+4=7$。求數字 201 和 112 的和，結果爲 313，求 313 的眾數和，得數字 7（$3+1+3=7$），剛好 3 與 4 相加的結果亦爲 7。

用數字眾數和的規律去分析《洛書》發現，任意一組數位的隨機組合互相相乘，其結果的眾數和都爲 9，例如第一行數位的一個隨機組合數位爲 924，第二列的一個隨機組合數位爲 159，兩者相乘，其結果爲 146916，求其眾數和，得 $1+4+6+9+1+6=27$，$2+7=9$。結果的眾數和都爲 9。因爲《洛書》縱橫數之和皆爲 15，眾數和爲 6，以上述規律(3)可知，其各自眾數和相乘爲 $6\times6=36$，結果的眾數和爲 $3+6=9$。

而在《河圖》數圖中，任意一組方位正對、帶 5 的數位進行相乘，其結果的眾數和都爲 6。例如 27165×38495＝1045716675，求結果的眾數和，1＋4＋5＋7＋1＋6＋6＋7＋5＝42，4＋2＝6，可見方位相對、帶 5 的數字相乘，其結果的眾數和爲 6。而方位相連、帶 5 的數位相乘，眾數和爲 9。如 495×725＝358875，眾數和爲 3＋5＋8＋8＋7＋5＝36，3＋6＝9。可見，《河圖》的數字圖不能隨意擺設，否則其結果的眾數和不能爲 6 或爲 9。

而這似又是對於八卦中「用九」、「用六」的新的注腳。

另，凡是眾數和爲 9 的數字除以 36，其餘數必爲 9 或 18 或 27 或 0（36）。

如將數字的運動抽象表示爲事物運動的抽象，那麼它意味著一個物象從數字 36（0）的位置出發，運行一圈（轉過 360 度）就能回到原位。在運行過程中，事物的運動方向經過四次轉變，每次都發生在數字 9 或 18 或 27 或是 36（0）的位置上，可見，處於這四個數位上面的物體，其性質面臨著改變。這即是說，眾數和爲 9 的數字往往代表著物質性質的完全改變。《易》將數字 9 亦被稱爲老陽，即是說，數字 9 代表了一個運動的終結，新一輪的周期將開始，即「九九歸一」之謂。它的意義在於：一個物態一旦經過數位 9 而處於數位 10 的位置，其眾數和就變爲 1，剛好處於數字 10 的運動方向與處於數字 8 位置的運動方向相反。

第二節　《河圖》、《洛書》數理推導

前一章詳細討論了《河圖》、《洛書》的數位點陣運動關係，以及它們所蘊含的殊爲奇妙的數位規律。但對於這些數字的運動和規律的探討，本身祇是說明了這些數字本身的特點，既然上古文明起源於深刻地天文考察，但朱熹、邵雍、李光地、杭辛齋等諸學者對於這些數字的說明似未深入觸及天文的內容，除《河圖》「陰陽順逆」說作爲天地運動對立耦合的意向表達外，無論是劉牧「龍圖三變」說，抑或李光地的「陰陽動靜」說，都未能道明這些數字間運動所反映的天文、地理的實在意義，更多地似是思維運動的直觀表達而已，這也引入一個新的問題，即《河圖》、《洛書》是否眞的與古代天文有關，其關聯在哪裡；它是出於對天文的直接觀察，抑或是對於天文深刻考察結果的抽象符號表達；《河圖》、《洛書》自身反映了什麼樣的文明形態，它對於本書要考察的風水學有什麼基礎意義。

一、年歲中的黃金分割率

首先討論第一個問題，即《河圖》、《洛書》是否與古代天文密切相關。

《史記·曆書》曰：「神農以前尚矣，蓋黃帝考定星曆，建之五行，起消息，正閏餘，於是有天地神祇物類之官，……各司其序，不相亂也。」我國古代是陰陽合曆。它以陰曆為基礎，以置閏之法協調陰陽曆，即三年一閏，五年再閏，十九年七閏始能齊一。【十九年中共有 12×19＋7＝235 個朔望月。十九年 235 個朔望月總日數為：235×29.5306＝6939.6910 日。十九個回歸年總日數為：365.2422×19＝6939.6018 日。比較這兩個總日數，相差僅為 0.0892 日。（天文史學家錢寶琮和日本漢學家新城新藏研究春秋長曆，認為我國在約西元前 500 年可能已施行十九年插入七個閏月了，作者根據古人測定的日月在天球上視運動的平率，即「日月東行，而日行遲，月行疾，……日日行度，月日行十三度十九分度之七」，模擬古人的宇宙觀和計預法，算得了十九年七閏的閏周，和採用哥白尼體系和月亮會合運動方程式算得的結果完全相同。見論文《古曆「十九年七閏」閏周的由來》，李鑒澄，1992 年）】

古人發現閏年的周期中，例如 3 年一閏，5 年再閏，8 年 3 閏，13 年 5 閏，21 年 8 閏，34 年 13 閏，55 年 21 閏，89 年 34 閏等，無論是前者的年數（3、5、8、13、21、34、55、89……）還是後者的閏數（1、2、3、5、8、13、21、34……），都遵循著一種稱為「斐波那契數列」的數位排列形式。斐波那契數列指的是這樣一個數列：0、1、1、2、3、5、8、13、21、34、55、89、144、233、377……，從第三項開始，每一項都等於前兩項之和。它的通項公式為：

$$(1/\sqrt{5})\times\{[(1+\sqrt{5})/2]^n-[(1-\sqrt{5})/2]^n\}$$

（即敏涅公式，n＝1，2，3……）

如果 n 是偶數斐波那契數等於 $[(1/\sqrt{5})\times(1+\sqrt{5})/2]^n$ 的整數部分加 1，如果 n 是奇數，斐波那契數等於 $[(1/\sqrt{5})\times(1+\sqrt{5})/2]^n$ 的整數部分。隨著數字的增大，緊鄰兩數間的比值越來越接近黃金分割率（0.6180339887……）。這些數字可以繼續擴大，年數越多越接近於回歸年總數。這個數列有如下性質：

（一）從第 3 項開始每一項均為前兩項之和；第 10 項開始，相鄰兩項之比接近黃金分割數，尤其從第 12 項開始至後，前後相鄰兩項比值的小數部分均為 0.6180……無限接近於黃金分割無理數，黃金分割無理數又可表示為：

$$\frac{\sqrt{5}-1}{2}-\cfrac{1}{1+\cfrac{1}{1+\cfrac{1}{1+\cdots\cdots}}}$$

（二）數列第 5^n 項和第 12^n 項（n 為正整數）的值與本項序號具有相似性，即可以整除，如第 5 項 5÷5、第 25 項 75025÷25、第 12 項 144÷12 餘數為零。

在幾何上是指把一條線分為兩部分，此時長段與短段之比恰恰等於整條線與長段之比，其數值比約為 1.618：1 或 1：0.618，即長段的平方等於全長與短段的乘積。其極值為（$\sqrt{5}$ ±1）／2，正比為 1.618，反比為 0.618，而間隔數字的比率為 2.618，反比為 0.382。

而這四個數之間還存在如下「和諧、平衡」的關係：

2.618－1.618＝1.618－0.618＝2.618×0.382＝1.618×0.618＝1

1－0.618＝0.618×0.618＝0.382

2.618×0.618＝1.618

且每個費氏積數的平方根都是它前後兩位數之積再減 1 或加 1：

$2^2＝（1×3）+1$，$3^2＝（2×5）-1$

$5^2＝（3×8）+1$，$21^2＝（13×34）-1$

加 1 減 1 總是交替出現，所以也稱之為「輪迴規則」。

二、曆法周期的數論基礎

將天文中閏年數的黃金分割律的哲學思想進行推廣，如《河圖》、《洛書》中數字的「陽順陰逆」運動一樣，以數位代表事物發展的狀態，如果把事物發展分作 A、B、C、D、E……若干階段，在 A 的基礎上，新生事物 B 萌芽並逐漸發展，相對來講 A 為舊事物，B 和 A 對立統一的結果是舊事物 A 消亡，新生事物 B 取得主導地位；當 A 消亡、B 取得主導地位以後，新生事物 C 萌芽並逐漸發展，相對來講 B 成為舊事物，C 和 B 之間對立統一的結果是舊事物 B 消亡，新生事物 C 取得主導地位，……如果用數學公式來表達，則 C＝B＋A，D＝C＋B，E＝D＋C，F＝E＋D……，這很類似於斐波那契級數的性質，即後一項等於前兩項的和，以兩者之間的和的表現形式意在表明，發展是新事物在舊事物的基礎上的發展，是新事物對舊事物的揚棄，而這種

數學符號的運用，是對對立統一規律的簡潔又形象的描述。

在斐波那契數列中，數列相鄰兩項的比值都將無限趨近於黃金分割常數0.618（或 1.618）……例如：第一項任取 2，第二項任取 5，則數列為 2，5，7，12，19，31，50，81，131，212，343，555……，第 11 項與第 12 項的比值為 343／555＝0.618……；第一項任取 11，第二項任取 7，則數列為 11，7，18，25，43，68，111，179，290，469，759，1228……，第 11 項與第 12 項的比值為 759／1228＝0.6180……。也即無論它們初始的差距有多大，在對立統一發展的過程中，它們相互之間的關係總是無限趨近於平衡和諧。

以 2 去除斐波那契數列，得到的商表示完整的 2 階段周期，將餘數記下來，得到：1、1、0、1、1、0……可以看到每隔 3 位數，數位就會重複。這說明如果事物是以黃金分割的方式（即整體和諧的方式）發展的，那麼在以 2 階段周期的基礎上，事物的發展過程可分為 3 個階段，相鄰的兩個階段之間符合黃金分割數。（這裡有一個前提，即取被除數之後的餘數，而不取整數，古人認為十進位代表了事物發展回復到起點的周期，後面的研究證明，古人關於這種十進位的回復，不是簡單的回到原來的起點，而是一種螺旋式上陞的回復）

以此為基礎，可以將事物發展過程再細分為若干階段，即以 3 為進制，如同以上的方法用 3 除斐波那契數列，餘數得到如下數列：1、1、2、0、2、2、1、0、1、1、2、0……得到以 8 階段為周期的事物發展過程，8 個階段每兩相鄰階段之間的發展也符合黃金分割比例。

同理，以 8 為進制，用 8 去除斐波那契數列，得到如下數列：1、1、2、3、5、0、5、5、2、7、1、0、1、1、2、3……可推出 12 階段事物發展周期，再以 12 為進制……，可推出 24 階段事物發展周期。如果繼續以 24 為進制，用 24 做除數去除斐波那契數列，餘數如下：

　　1、1、2、3、5、8、13、21、10、7、17、0、17、17、10、3、3、
　　16、5、21、2、23、1、0、1、1、2、3、5、8、13、21……

結果可以發現以 24 為進制所得到的仍然是 24 階段周期。將 24 這樣的數可稱作「最終簡諧數」（簡單和諧數），即：以該數為進制，在斐波那契數列中推理出的數仍為本身。

總結：如果把自然、社會運動分為若干段，並以最簡單的數字來進行抽象表示，且每相鄰兩段之間的發展速度都符合黃金分割的比例，那麼就可以

推理出 3 段、8 段、12 段、24 段的發展周期。注意，這些周期恰與陰陽兩儀（2 段）、三爻（3 段）、八卦（8 段）、十二個月（12 段）、二十四節氣（24 段）的數字之間是強烈對應的。這也說明，陰陽、八卦、十二月、二十四節氣等知識體系即是對「天文」的直觀觀測，也是對此觀測結果抽象運算的結果。這裡的抽象是基於：

（一）3 段、8 段、12 段都是對於長期的閏年規律的觀測，而將閏年周期規律的斐波那契數排列應用到更小的範圍，即一年的範圍，這就蘊含了一個理念，即天文上呈現嚴格意義上的分形規律。

（二）不僅天文上呈現這種分形規律的對應，在人文上也有同樣的反映，而這種反映是通過「數位」對於人文的抽象與類比實現的。

（三）如上所述，取餘數的含義也是這種規律呈現的前提，而取餘數則表明事物是在纍積意義上的運動，取餘數為不同階段、不同類型上的兩個或多個對象提供了類比的可能。

注意，這三個前提，恰是本書第一部分所闡釋的太極陰陽八卦學說的天然的基本理念，即一物一太極，至大無外，至小無內；其二，卦「象」學說以「象」來抽象一切事物的理念；其三，世界的萬象皆可以「八卦」符號進行歸類統一的理念。

以上的推理以 2 進制開始階梯式推理出 24。如果隨機取任何數作為一個自然周期內事物發展的階段數，那麼是否還能得到 24 這樣的數呢？為了驗證方便，採取列表方法來推理。假設 A 是隨機取的數，B 是以 A 為進制在斐波那契數列中推理出來的數，如果 B 不是一個最終簡諧數，就以 B 為進制繼續推理……

A（隨機）	→ B	→ C	→ D	→ E	備　　註
26	84	48	---	24	最終簡諧數 24
73	148	228	72	24	最終簡諧數 24
111	152	36	---	24	最終簡諧數 24
336	48	---	---	24	最終簡諧數 24
999	1368	72	---	24	最終簡諧數 24
10001	10212	912	72	24	最終簡諧數 24
……	……	……	……	……	……

5	20	60	---	120	最終簡諧數 120，24 的 5 倍
121	110	60	---	120	最終簡諧數 120，24 的 5 倍
398	66	---	---	120	最終簡諧數 120，24 的 5 倍
1194	264	---	---	120	最終簡諧數 120，24 的 5 倍
120	---	---	---	120	最終簡諧數 120，24 的 5 倍
……	……	……	……	……	……
100	300	---	---	600	最終簡諧數 600，120 的 5 倍
200	300	---	---	600	最終簡諧數 600，120 的 5 倍
401	200	300	---	600	最終簡諧數 600，120 的 5 倍
950	900	---	---	600	最終簡諧數 600，120 的 5 倍
600	---	---	---	600	最終簡諧數 600，120 的 5 倍
……	……	……	……	……	……
500	1500	---	---	3000	最終簡諧數……600 的 5 倍
1000	1500	---	---	3000	最終簡諧數……600 的 5 倍
2000	---	---	---	3000	最終簡諧數……600 的 5 倍
3500	6000	---	---	3000	最終簡諧數……600 的 5 倍
3000	---	---	---	3000	最終簡諧數……600 的 5 倍
……	……	……	……	……	……
2500	7500	---	---	15000	最終簡諧數……3000 的 5 倍
10000	---	---	---	15000	最終簡諧數……3000 的 5 倍
15000	---	---	---	15000	最終簡諧數……3000 的 5 倍
……	……	……	……	……	……
75000	---	---	---	75000	最終簡諧數……15000 的 5 倍

　　由上推理可以看出，最終簡諧數如下：24、120、600、3000、15000、75000……它們有以下規律：最小的最終簡諧數是 24，後一個最終簡諧數是前一個最終簡諧數的 5 倍。回到前面所講到的斐波那契數列的性質：「數列第 5n 項（n 為正整數）的值與本項序號具有相似性，即可以整除」。這表明數字「5」是簡諧的中樞。也可以這樣理解：把事物發展的每一階段都看做一個整體「1」，那麼五個階段就可以量化為 5，第五階段的數量「5」與全部整體「5」具有了相似性。仍用斐波那契數列來表示：

1、1、2、3、5、8、13、21、34、55、89、144、233、377、610、987……75025……

用哲學的意義解釋即：事物發展到第 5 個階段，第 5 階段內部的數與事物發展的階段總數（部分與整體）具有相似性，這時候事物發展到與起始點具有相似性的新的起點；如果此時把事物發展看作新的開始，前五項所有的總和看作一個新的整體「1」，那麼等事物發展到第 25 個階段的時候，事物發展的總和就擴大了 5 倍，第 25 個階段上事物發展的數則為 75025，與整體 25 具有相似性（即數列第 5n〔n 為正整數〕的值與本項序列數具有相似性）……，這樣無窮無盡地發展下去，每發展到 5 倍便具有相似性，在斐波那契數列上放大是自然生率，倍數是 1.618，大到無窮；縮小是自然息率，倍數 0.618，小至無盡……，但無論放大或是縮小，自行五次即一個周期。

由此也證明，五行理論是以陰陽的對立統一和事物發展的整體和諧（斐波那契級數方式）為基礎，描述大自然按黃金分割方式和諧發展的一種理論。金、木、水、火、土所指的不僅是五類物質，更多指的是事物發展的五個階段，這與本書第一部分所研究的結果是同一的，即五行源於四時。另外，這種哲學意義還可以理解為一種大自然和社會整體和諧發展的一種系統觀點：大至無外、小至無內，大系統中套小系統，部分與整體具有相似性（體現了分形的觀點，但需注意，它與現代分形理論又存在很大的不同），這種相似性以「數」與「卦」來體現的。

二十四節氣與斐波那契數列中的最終簡諧數 24 是相一致的，儘管最終諧和數不止 24 一個，有 120、600、3000……等無窮多個，但 24 段周期是一個最簡的簡諧數（以 2 為進制逐步推理出來的）。如果有需要的話，其實按照 5 倍率把一年分為 120 或 600 個以至更多的節氣也許未嘗不可。傳統中的五天一候，是按照 5 倍率的方式，將一天（自然周期）乘以 5 得來的，5 天為一個具有相似性的周期，即一候；每年 24 個節氣，平均每個節氣 15 天，則每個節氣有三候。（需要說明的是，儘管斐波那契數列中第 5n 和第 12n 項（n 為正整數）都具有黃金分割的自相似性，但一個最終簡諧數的 12 倍卻不是最終簡諧數，如 24×12＝288，斐波那契數列除以 288，餘數排列周期為 48。所以儘管兩者都具有自相似性，但 5 比 12 更具有規律性）

如果以 10 為進制去除斐波那契數列，得出 60 階段周期，餘數為：

```
1  1  2  3  5  8  3  1  4  5  9  4  3  7  0
7  7  4  1  5  6  1  7  8  5  3  8  1  9  0
9  9  8  7  5  2  7  9  6  5  1  6  7  3  0
3  3  6  9  5  4  9  3  2  5  7  2  9  1  0
```

由以上數列可以發現，以 10 爲周期去除斐波那契數列，得出的周期剛好以 60 階段爲周期。而且以 5 爲標誌共分 12 節，每節中任意一項等於相鄰前兩節中與該項相對應的兩項的和，即第 n 項與第 n＋5 項的和等於第 n＋5＋5 項。如果按照 5 倍率縮小的規律，正好得到 12 個階段，這與傳統的十天干、十二地支、六十甲子正好形成了對應。因爲自然周期內 12 階段每相鄰兩段之間符合黃金分割數，而且斐波那契數列中的第 12^n（n 爲正整數）具有自相似性，所以把每年（自然周期）劃分爲 12 個月也符合自然時空和諧發展的規律。在這裡，自然的規律與數學的和諧達成了統一，從愛因斯坦所謂「規律的簡單和諧美」的意義上說，這也反映了以「數」來抽象事物的合理性。【在幾何中，正五邊形的對角線與邊長的比值爲（$\sqrt{5}$＋1）／2，即正五邊形已經達到了黃金分割的極值，以正五邊形爲面的正多面體恰是正十二面體；在正八面體，其相鄰面夾角與平角之比符合黃金分割，而其涉及的 5、12、8 數字是簡單和諧的立體表現】

三、《圖》、《書》數陣的推證

綜上可以看出，在斐氏數列中「5」的關鍵意義，以「5」、「10」爲周期回歸點的思路恰說明《河圖》、《洛書》以「5」、「10」居中爲中和數的深刻含義。

《河圖》、《洛書》中的中數 5、10 與黃金分割率有著密切的關係，這與勾股定律關係甚大。《河洛精蘊》稱黃金分割率爲「神分線」：

> 河圖中宮十數爲股，五數爲勾，是股得勾之倍，勾得股之半也。勾自乘二十五，股自乘一百，合冪一百二十五，開方求弦得一萬一千一百八十零三三九，以勾五加弦爲勾弦和一萬六千一百八十零三三九，以勾五減弦爲勾弦較六千一百八十零三三九，其餘爲三千八百一十九六六一，是股十中減去勾弦較之數也。勾弦和爲全線，股倍勾爲大分，勾弦較爲小分。列率之理，勾弦和與倍勾，若倍勾與勾弦較首尾相乘，與中間相乘，其積皆一百也。又以倍勾爲全線，勾

弦較爲大分，分餘線三八一九六六一爲小分，倍勾與勾弦較，若勾弦較與分餘線首尾相乘，與中間相乘，其積皆三八一九六六一也。八線表半徑用全數如十，則勾弦較六一八〇三三九，即十邊三十六度之通弦。其列率即《洛書》三率連比例之理。其所得十邊通弦之數，實生於五與十，而五十即《河圖》之中宮，至平中有至奇焉。

西人秘惜其法，謂此線爲神分線，豈知神奇即在目前哉。

即：將河圖中宮十數爲股，五數爲勾，然後各自自乘，再開方得弦，勾5、股10、弦11.182，5（勾）＋11.18（弦）＝16.18（勾弦和）；11.18（弦）－5（勾）＝6.18（勾弦較）；10（股）－6.18（勾弦較）＝3.819；以16.18（勾弦和）爲長，則6.18（小段）／10（大段）＝0.618。其中，16.18（勾弦長）×6.18（勾弦較）＝99.99；10（股）×10（股）＝100，若以10（股）爲長，則3.819（小段）／6.18（大段）＝0.6179；其中，10（股）×3.819＝38.19。如下圖示：

圖 5-16：黃金分割率幾何示意圖

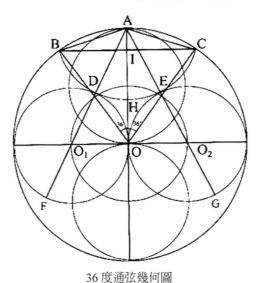

36度通弦幾何圖

△AOO₁，勾 OO₁＝5，股 AO＝10，弦 AO₁≈11.180339

勾弦和≈16.180339，勾弦較≈6.180339

AD＝AB＝AE＝AC＝AO₁＝DO₁＝弦－勾≈6.180339

36°通弦＝AB＝AC≈6.180339

$$HO＝AO－AH＝AO－AB＝10－6.180339≈3.819661$$
$$BI＝\sin36°≈5.87785，72°通弦＝BC＝2BI≈11.75571$$

與七橫六間圖中「$\sqrt{2}$」一樣，黃金分割數（$\sqrt{5}±1$）／2 也是勾股定律的應用，如此可更深一步理解「禹之所以理天下之數」的意義。這兩個無理數的實在意義在於：$\sqrt{2}$ 表示前後運動的回復與對稱意義，不隨時間的改變而變化（「方」、「禮」），（$\sqrt{5}±1$）／2 表示運動階段的螺旋上陞意義，運動隨時間的遞進而形成對立統一過程的收斂平衡（「圓」）。需要探究的是，這兩者之間是究竟遵循一種什麼樣的關係，才能完整得將「天文」、「天地方圓」之道描述出來。

本書的研究思路是：首先，探討（$\sqrt{5}±1$）／2 即斐波那契數列與河圖、洛書的關係，再研究 $\sqrt{2}$ 即方圓理論與河圖、洛書的關係，最後再將兩者進行統一起來。

在太極圖裡面按陰陽流轉的順序排列以 10 為階段為周期的數字，如圖：

圖 5-17：《洛書》點陣的「二八易位」

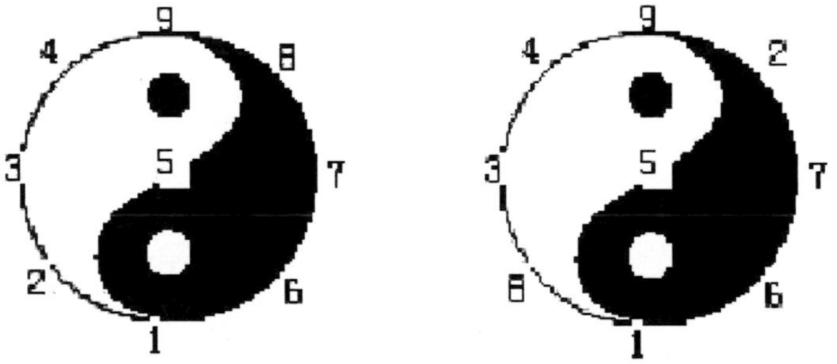

以陰陽對立的觀點排列，事物發展到第 5 個階段，必然向相對立的一面發展，即 6 與 4 處於一個相對立的位置，但《洛書》的排列順序發生了「二八易位」，也就是上圖中左圖的「2」和「8」調換了位置變成右圖（後文將詳細討論「二八易位」對於本書研究古代地理學的核心內容有著至關重要的意義）。以斐波那契數列可將此易位原理推理出來：把斐波那契數列中以 10 為進制得出的 60 個數位按一定的順序排列在一個圓周內，在圓周上，0、1、2、3、4、5、6、7、8、9 這 10 個數字，在方位上 0 與 5 是居中之數。按照陰陽對立的理念（如前文所述陰陽對立的理念體現在《河圖》的數字運動中），在 10 階段周期內，前 5 個階段和後 5 個階段是屬性相反的兩階段，如圖所示，

其所處的位置是相反的。所以在排列以上數字時，每逢遇到 0 和 5，就把它們寫在圓心位置，把 5 以後的數字寫在下一個位置的相反位置。例如 5 後面是 8，前面是 3，就把 5 寫在圓心位置，5 後面的 8 按原運動方向不變寫在 3 的下一個位置的相反位置（通過圓心在圓周上的對稱點）；零記在圓心位置，零以後的數位仍然接著零以前數位相鄰位置寫下去，這是因為零代表 5 的偶數倍──負負得正，所以位置不改變，它表示事物發展又從新的起點開始。排列方向有一個順時針、逆時針的問題，選擇方向不一樣，得出的結果是完全相反的。

圖 5-18：《洛書》點陣生成過程圖（一）

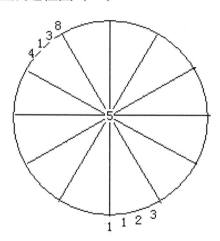

圖 5-19：《洛書》點陣生成過程圖（二）

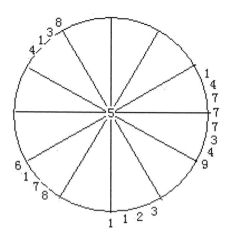
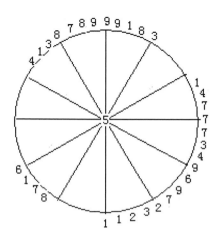

通過以上步驟，最後結果：

圖 5-20：《洛書》點陣生成過程圖（三）圖

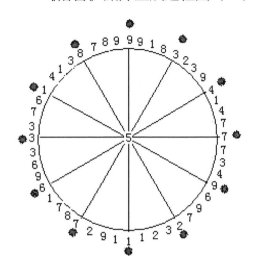

為觀察方便，只保留每節中 5 後面的第一位數字和 A、B、C、D 與圓心夾角的四個平分點上的數位，形成下圖：

圖 5-21：《洛書》點陣形成圖

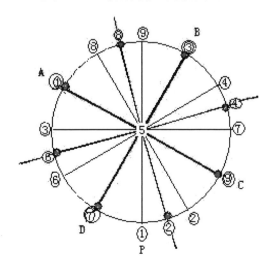

圖 5-20 中被標注的數字表示十二個節氣中（5 或 0 後面的）第一個數字，從圖 5-21 中 P 點開始逆時針分別是 1、2、9、7、4、3、9、8、1、3、6、

7，是事物發展十二個階段的結合點，即十二月。通過圓心的 4 條紅色直線
（AC、BD）和被藍點標注的 8 個數位，它們剛好均勻地分佈在圓周上，從 A
點開始順時針方向排列爲 1、8、3、4、9、2、7、6，這正與《洛書》的排列
順序相一致。這樣，困擾宋朝以來易學的重大問題「《洛書》二八易位」在這
裡得到數理上比較完滿的解釋（宋之後如朱熹、陳夢雷、李光地、江永等諸
儒關於「二八易位」只作八卦文義的附會，在邏輯上推理殊爲牽強）。如果把
A、B、C、D 點分別作爲冬至、春分、夏至、秋分四點，那麼處於這四者之
間中間位置的 8、4、2、6 就分別代表了立春、立夏、立秋、立冬四個節氣（方
位上即四隅，艮卦、巽卦、坤卦、乾卦）。

第三節　上古「數」理的藝術表達

　　通過以上的分析可以發現，「黃金分割」、斐波那契數列與《河圖》、《洛
書》的聯繫，也說明了古《河圖》與《洛書》的「體用」關係。《河圖》的「體」
在於它的數位記號表徵了「陰陽順逆」、「陰陽對立」的思維，以及「5」、「10」
表徵運動周期的回復點的思維前提。《洛書》是對於《河圖》思維路線的數字
運用，即以陰陽運動的「對立」與「餘數」表徵運動的動力、狀態與屬性的
抽象，而最終《洛書》點陣排列出現的「二八易位」意味著《洛書》重在運
動表徵的「符號」的抽象性，而不是在於運動所代表的時態與位態（斐波那
契數表徵的是運動的螺旋態周期，而在上述圖中，數字在同一圓上標注並未
能反映其螺旋運動的特徵，且標注上的各數字出現遵循斐氏積數的先後序
列，它代表數字出現的各自時序，但最終成《洛書》點陣排列時卻是按照順
時針先後順序，這說明，不同時序的運動在《洛書》中被抽象類別比了，被
放在一個平面上考察），而這種強調抽象符號的方式與「卦」的符號意義是相
同的，因此，《河圖》、《洛書》的數位並不代表數位本身，而是代表一種思維
理路。黑格爾說：「數是可感的精神，不可感的物質。它介乎物質與精神之間：
它與感性事物不同，既不可感，又常存而不變；它還與理念不同，每一理念
都是唯一的，而數則彼此相似，可以互比，可以表示任何物和任何非物。」
古希臘曾有一派可稱之唯數論的哲學家，主張與其將萬物本原歸之於水火之
類的具體物，不如歸於數來得方便而可信（見龐樸：《淺說一分爲三》，北京：
新華出版社，2004 年）。而《洛書》是在圓圖中平分後的結果也說明，古人認

爲運動本身是線性的、積纍的，變化的速率是歷史地均勻的，這與斐波那契
數列的排列也是相對應的。

一、「數」陣的考古證據

　　需要進一步探討的是，上述《洛書》生成的過程是本書「思維」的結果，
而這是否就是古人當初發明《河圖》、《洛書》的思維路線？在後世的文獻中
尚未找到相關的證據。《河圖》、《洛書》的理論大行於天下是在宋代，而其數
位點陣如何安排也出自「龍圖三變」說，以及後來李光地的「河洛陰陽動靜」
說等，皆是就河洛而論河洛，並未論及「天文」。據學者田合祿考證「河出馬
圖」、「洛出龜書」的「馬」、「洛」的本意即「籌算、推算」，河圖、洛書是「天
數書」。《禮記・投壺》曰：「請爲勝者立馬，一馬從二馬，三馬既立，請慶多
馬。」鄭玄注：「馬，勝算也。」《管子》中屢言「乘馬」，《字彙》：「乘，四
數乘。」《管子・乘馬數》曰：「乘馬之準，與天下齊準。」乘馬即計算之意。
所謂「馬圖」即「數圖」（見田合祿：《周易與日月崇拜》，光明日報出版社，
2004 年）。可以推知，「龍馬負圖」、「神龜列書」傳說之時，《河圖》、《洛書》
的數位點陣已經蘊含了數位推算的功能與結果。又：據考古學家考證，安徽
考古發掘的約五千年前的含山玉版（屬新石器時代大汶口文化晚期）之中心
就佈列有洛書圖像，如下圖。陳久金、張敬國先生推測玉龜和玉版可能就是
遠古的洛書與八卦。馮時根據漢代緯書中普遍流行「元龜銜符」、「元龜負書
出」、「大龜負圖」等說法，認爲含山玉版可與古讖緯書中的《河圖玉版》對
觀，因此懷疑含山玉版、玉龜可能就是古人傳說中的河圖洛書。

圖 5-22：凌家灘出土之新石器時代玉版

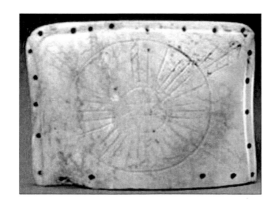 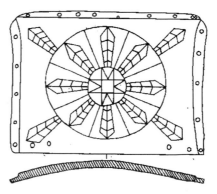

　　馮時研究，玉版圖像分內外四重，中心的八角圖案刻繪的是洛書九宮圖形，從形式上看正指東、西、南、北四方，即具四方、五位、五行的模式，又隱含八方九宮的內蘊。第二層的八方刻繪矢狀標分別指向八方，即方位上的四正、四維，也就是八卦和九宮。而第三層又刻有四枚矢狀標指向玉版四角，這強調了《史記・龜策列傳》所謂「四維已定，八卦相望」中四維對於八卦生成的意義。玉版圖像的的最外層布列了四組鑽孔，鑽孔數下緣為4，上緣為9，左右兩緣為5，平面布數圖式為：

$$9$$
$$5 \qquad 5$$
$$4$$

　　以4起始數，無論左旋或右旋其結果都是「4、5、9、5」，馮時認為這組數字排列其實就是「太一行九宮」法中「每四乃還於中央」的洛書數位順序排列方式。

> 《易乾鑿度》曰：「太一取其數，以行九宮，四正四維，皆合於十五。」鄭玄注曰：「四正四維，以八卦神所居，故亦名之曰宮。……太一下行八卦之宮，每四乃還於中宮。中央者北辰之所居，故因謂之九宮。天數大分，以陽出，以陰入。陽起於子，陰起於午，是以太一下九宮，從坎宮始。……自此而從坤宮。……又自此而從震宮。……又自此而從巽宮。……所行者半矣。還息於中央之宮。既又自此而從乾宮。……自此而從兌宮。……又自此從於艮宮。……又自此從於離宮。……行則周矣。」

　　前一步的序數一、二、三、四，後一步的序數六、七、八、九，這兩步之後都要還於中央五，這就是玉版周緣布數「4、5、9、5」次序的由來。與此對應，1977年安徽阜陽雙古堆西漢汝陰侯墓出土「太一行九宮占盤」一件，其過盤心刻劃四條等分線，在每條等分線兩端刻「一君」對「九百姓」、「二」對「八」、「三相」對「七將」、「四」對「六」的字樣（李零：《中國古代方術正考》，2005年）：

圖 5-23：安徽阜陽夏侯灶墓出土的「西漢太一九宮占盤」地盤

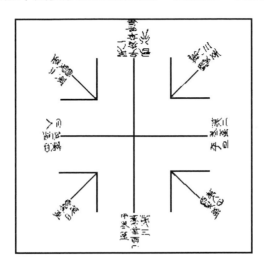

　　且「太一九宮占盤」的方位排列與《淮南子‧天文訓》所述之「子午、卯酉爲二繩，丑寅、辰巳、未申、戌亥爲四鉤。東北爲報德之維也，西南爲背羊之維，東南爲常羊之維，西北爲蹄通之維」的排列完全相符，這說明「太一九宮占盤」是基於《洛書》的點陣方位排列，而又豐富了《洛書》的內涵，其二，從《淮南子》、《易緯‧乾鑿度》、以及「太一九宮占盤」的內容可以推知，至晚在史前新石器時代晚期，《洛書》數位已經和「後天八卦」實現了嚴格的對應。

二、理性源於藝術的推測

　　更奇異者，在山西吉縣柿子灘遺址發現了距今一萬年以上屬舊石器向新石器過渡時期的岩畫，岩畫的內容也涉及到了《河圖》、《洛書》的內容。

圖 5-24：吉縣舊石器時代岩畫

　　有學者推測，在左圖岩畫中的上方 7 個圓點與下方的 6 個圓點，正是《河圖》「一與六共宗而居乎北，二與七為朋而居乎南」（陸振球，1998 年）。根據古代地理方位取上南下北的觀念，「地六成水於北」，「天七成火於南」，故成數地六位於河圖下方，成數天七位於河圖上方，可知岩畫六點、七點即河圖下方成數地六、上方成數天七。而岩畫只畫成數天七地六，而不畫生數天一地二，又與《禮記・月令》中表述一致：

　　　　孟夏之月，其帝炎帝，其神祝融，其數七；孟冬之月，其帝顓頊，
　　　　其神玄冥，其數六。

　　在右圖岩畫中有十個小畫點，自上而下分三行成四、四、二橫向排列。陸振球認為第一行的四點和第二行的四點合為 8，第三行的二點為 2。就直觀的排列方法而論，岩畫中那分成二行成四、四排列的八點，與《洛書》形態相同。而又與《河圖》形態不同，《河圖》之八即一線八點，據此可以初步斷定岩畫中的八點與《洛書》合。數二為二點成一行排列，這在《河圖》或《洛書》中是相同的，那麼岩畫二點無疑也就是《洛書》的數二。岩畫把八和二畫在一起，正體現了《洛書》「二八易位」的關鍵數位排列特徵。《周易啟蒙附記》云：「陰陽之道，丑未之位必交。洛書之二與八，正東北、西南之維丑未之位，此其所以互易也。」

　　果如其所言，那就意味著《河圖》、《洛書》出現的歷史已被提前至一萬年以上，而《河圖》、《洛書》數字的推演歷史又必然遠早於這個時期。這就引發一個新的問題：史前舊石器時代，上古先民如何完成如本書所述的複雜運算，即使能完成，其所運用的運算工具又是什麼呢？如果記數方式仍然是採用最原始的「畫點」辦法（即一就畫一點，二就畫兩點），而不採用「加、減、乘、除」的運算工具，顯然是難以應付稍許複雜的運算過程，何況是近代才被數學家發現的斐波那契數列以及黃金分割的無理數。而又根據考古學家對牛河梁三圓石壇、濮陽龍虎北斗圖資料的嚴密考證，說明古代先民在新石器時期對於數字運算已經具備了相當的能力（見《中國天文考古學》），古人通過數千年的數位運算積纍而發明《河圖》、《洛書》是完全有可能的，至少在新石器時期，他們已經熟練掌握並運用了初等數學的工具，理性思考已經達到了相當的深度。既如此，何以古《河圖》、《洛書》的數位仍採用原始的點陣表現形式，這樣表現的目的又是什麼，是否是上古先民為了表達對於自身文明起源的祭拜而特別採用了這種原始的又具有藝術化意味的符號，這

是否就是孔子所謂「愼終、追遠，民德歸厚矣」中「追遠」的理念的獨特表達呢。如果是，又啓發思考：即藝術的產生最早源於對「起源」性本體崇拜的表達，至少在視覺藝術上是如此；理性在對本體探索的思維歷程中積澱了藝術的原初基因，藝術的意蘊內嵌於理性運動中使兩者在耦合中互動。對於前者，本書在第一部分就已論證「古代圖騰、神話、傳說是以天文爲本體神」的內涵。而對於後者，本書認爲，這就是何以在《河圖》、《洛書》、陰陽、八卦體系構建的過程中，「音樂」與其伴隨始終並從中起了非常關鍵作用的原因。也就是說，藝術對於理性的影響中，聽覺藝術取得了和視覺藝術同樣的地位。

第六章　古代音樂中的宇宙理性

第一節　音律中的「方圓」之道

一、音樂在傳統文化的本體意義

音樂之本乎天文，尚矣。《國語・周語下》：

> 王曰：「七律者何？」（伶州鳩）對曰：「昔武王伐殷，歲在鶉火，月
> 在天駟，日在析木之津，辰在斗柄，星在天黿。星與日辰之位，皆
> 在北維。顓頊之所建也，帝嚳受之。我姬氏出自天黿，及析木者，
> 有建星及牽牛焉，則我皇妣大姜之侄伯陵之後，逄公之所憑神也。
> 歲之所在，則我有周之分野也，月之所在，辰馬農祥也。我太祖后
> 稷之所經緯也，王欲合是五位三所而用之。自鶉及駟七列也。南北
> 之揆七同也，凡人神以數合之，以聲昭之。數合聲和，然後可同也。
> 故以七同其數，而以律和其聲，於是乎有七律。」

案：伶州鳩：伶是樂官名，以官職為氏，州鳩是人名。歲在鶉火：古代
曾依據歲星（即木星）的運行來紀年，每十二年一個循環。鶉火的位置在正
南，「歲在鶉火」相當於農曆午年。天駟：指二十八宿中的房宿。駟亦指馬，
所以後文說這是「辰馬」。析木之津：析木是標誌歲星行度的名稱之一，其位
置大致在東北偏東。津即現在所說的銀河。辰在斗柄：日、月在斗柄附近交
會。星：指辰星，即水星。天黿：即玄枵，標誌歲星行度的名稱之一，其位
置在正北。自鶉及駟七列也：從鶉火到天駟，中間相距七個歲星行度標誌，
古稱「七列」。南北之揆七同也：鶉火在南方午位，天黿在北方子位，中間相

距正好也是七位。

周王問的音樂中的「七律」，而伶州鳩卻先答以武王伐紂時的天文星宿，而後再言及七律。伶州鳩的這段話透露了一個重要的資訊，即音律之源在天文星象，《國語》這段話證明在很早的歷史時期，音樂即與天文建立起密切的關係。(今人據這段文字，配合考古學發掘資料，考證出武王伐紂的時間為前 1044 年 1 月 9 日，見論文《「國語」伶州鳩所述武王伐紂天象及其年代》，江曉原，1999 年)

又有《呂氏春秋·大樂》云：

音樂之所由來者遠矣，生於度量，本於太一。太一出兩儀，兩儀出陰陽。陰陽變化，一上一下，合而成章。……天地車輪，終則復始，極則復反，莫不咸當。日月星辰，或疾或徐。日月不同，以盡其行。四時代興，或暑或寒，或短或長，或柔或剛。萬物所出，造於太一，化於陰陽。萌芽始震，凝漲以形。形體有處，莫不有聲。聲出於和，和出於適。和適，先王定樂，由此而生。……道也者，至精也，不可為形，不可為名，彊為之謂之太一。

《莊子·外篇·天道第十三》：

夫明白於天地之德者，此之謂大本大宗，與天和者也；……與天和者，謂之天樂。莊子曰：「吾師乎！吾師乎！澤及萬世而不為仁，長於上古而不為壽，覆載天地刻雕眾形而不為巧，此之謂天樂。故曰：『知天樂者，其生也天行，其死也物化。靜而與陰同德，動而與陽同波。』故知天樂者，無天怨，無人非，無物累，無鬼責……。夫帝王之德，以天地為宗……

可見，音樂對於古代天文與人文的本體地位，不僅與《易》可等量齊觀，且如《呂氏春秋》所言，兩者同出一源，皆源於「太一」。「禮」之體在乎天文，其用在乎法天文而行人文，「樂」之源亦在乎天文，其用亦行乎人文，故儒家稱禮樂制度。

《禮記·樂記》：

大樂與天地同和，大禮與天地同節。……樂者，天地之和也；禮者，天地之序也。和，故萬物皆化；序，故群物皆別。樂由天作，禮以地制，……明於天地，然後能興禮樂也。……天高地下，萬物散殊，而禮制行矣。流而不息，合同而化，而樂興焉。……樂者敦和，率

神而從天。禮者別宜，居鬼而從地。故聖人作樂以應天，制禮以配地。禮樂明備，天地官矣。天尊地卑，君臣定矣。卑高已陳，貴賤位矣。動靜有常，小大殊矣。方以類聚，物以群分，則性命不同矣。在天成象，在地成形，如此，則禮者，天地之別也。地氣上齊，天氣下降，陰陽相摩，天地相蕩。鼓之以雷霆，奮之以風雨，動之以四時，煖之以日月，而百化興焉。如此，則樂者，天地之和也。

　　從上述「陰陽相摩，天地相蕩……」句可看出，此與《易・繫辭》原文幾無毫末之別，而從「禮者天地之別也，樂者天地之和也」自然可推知，《易》與「禮」、「樂」，實為一也。《史記・樂書》曰：「大樂與天地同和，樂者，天地之和也；禮者，天地之序也。」《史記正義》注曰：「此論禮與樂唯聖能識也。言天地以氣氤氳，合生萬物。大樂之理，順陰陽律呂生養萬物，是大樂與天地同和也。大禮與天地同節。」《集解》：鄭玄曰：「言順天地之氣、數也。」

　　明代大醫學家張介賓著《類經圖翼・律原》云：「一律所生，各有五音，十二律而生六十音，因而六之，六六三百六十音以當一歲之日，故曰律曆之數，天地之道也。」明朱載堉在《律呂精義》論及河洛數理與音律之關係說：「洛書之數九，故黃鍾之律長九寸，因而九之，得八十一分，與縱黍之長相合。河圖之數十，故黃鍾之度長十寸，因而十之，得百分，與橫黍之廣相合。蓋河圖之偶，洛書之奇，參伍錯綜，而律變二數方備。此乃天地自然之妙，非由人力安配者也。」（唐繼凱：《朱載堉《進曆書奏疏》點注》，2004、2005 年）。由此可見，音之律本乎天文，亦源於《河》、《洛》。因此才有《國語》中主掌音樂的伶州鳩關於天文曆法與周景王的一段對話，又說明古代通音律者必然通乎天文，上古「樂正」是從「羲、和」之官分化而來的。

二、十二律曆之間的關係

　　天有十二辰，音亦有十二律，《國語・周語下》中伶州鳩述曰：

律所以立均出度也。古之神瞽考中聲而量之以制，度律均鍾，百官軌儀，紀之以三，平之以六，成於十二，天之道也，夫六，中之色也，故名之曰黃鍾，所以宣養六氣、九德也。由是第之：二曰太蔟，所以金奏贊陽出滯也。三曰姑洗，所以修潔百物，考神納賓也。四曰蕤賓，所以安靖神人，獻酬交酢也。五曰夷則，所以詠歌九則，

平民無貳也。六曰無射，所以宣佈哲人之令德，示民軌儀也。爲之六間，以揚沈伏，而黜散越也。元間大呂，助宣物也。二間夾鍾，出四隙之細也。三間仲呂，宣中氣也。四間林鍾，和展百事，俾莫不任肅恪也。五間南呂，贊陽秀也。六間應鍾，均利器用，俾應復也。

和十二辰一樣，十二律呂也有各自的空間布設方位，且與十二辰形成嚴格的對應。《三禮義宗》云：

十二律者，謂陽管有六，陰管有六，凡有十二。配之十二辰，故有十二律。子爲黃鍾，丑爲大呂，寅爲大簇，卯爲夾鍾，辰爲姑洗，巳爲仲呂，午爲蕤賓，未爲林鍾，申爲夷則，酉爲南呂，戌爲無射，亥爲應鍾。陽六爲律……律者法也，言陽氣施生，各有其法；陰六爲呂……呂者助也，所以助陰成功也。

十二律呂之名稱，亦是本乎「陰陽之氣」而來。《漢書・律曆志》：

黃鍾：黃者，中之色，君之服也；鍾者，種也。天之中數五，五爲聲，聲上宮，五聲莫大焉。地之中數六，六爲律，律有形有色，色上黃，五色莫盛焉。故陽氣施種於黃泉，孳萌萬物，爲六氣元也。以黃色名元氣律者，著宮聲也。宮以九唱六，變動不居，周流六虛。始於子，在十一月。大呂：呂，旅也，言陰大，旅助黃鍾宣氣而牙物也。位於丑，在十二月。太族：族，奏也，言陽氣大，奏地而達物也。位於寅，在正月，夾鍾：言陰夾助太族宣四方之氣而出種物也。位於卯，在二月。姑洗：洗，絜也，言陽氣洗物辜絜之也。位於辰，在三月。中呂：言微陰始起未成，著於其中旅助姑洗宣氣齊物也。位於巳，在四月。蕤賓：蕤，繼也；賓，導也，言陽始導陰氣使繼養物也。位於午，在五月。林鍾：林，君也，言陰氣受任，助蕤賓君主種物使長大楙盛也。位於未，在六月。夷則：則，法也，言陽氣正法度而使陰氣夷當傷之物也。位於申，在七月。南呂：南，任也，言陰氣旅助夷則任成萬物也。位於酉，在八月。亡射：射，厭也，言陽氣究物而使陰氣畢剝落之，終而復始，亡厭已也。位於戌，在九月。應鍾：言陰氣應亡射，該臧萬物而雜陽閡種也。位於亥，在十月。

據十二律呂名稱可知，其原義是用於描述天文的氣象。因此《呂氏春

秋・音律》有「黃鍾之月……大呂之月……太簇之月」之說。且律呂的名稱
與《說文》對於十二辰的解釋相比，更能反映出十二辰之間的互朋關係，《說
文》：

> 子：孳也，陽氣始萌，孳生於下也。丑：紐也，寒氣自屈曲也。
> 寅：髕也，陽氣欲出，陽尚強而髕演於下。卯：冒也，萬物冒地而
> 出。辰：伸也，萬物舒伸而出。巳：巳也，陽氣畢布已矣。午：仵
> 也，陰陽交相愕而仵。未：眛也，日中則昃，陽向幽也。申：伸束
> 以成，萬物之體皆成也。酉：就也，萬物成熟。戌：滅也，萬物滅
> 盡。亥：核也，萬物收藏，皆堅核也。

　　《史記・律書》曰：「王者制事立法，物度軌則，壹稟於六律，六律為萬
事根本焉。」《索隱》釋曰：「名曰律者，《釋名》曰『律，述也，所以述陽氣
也。』《律曆志》云『呂，旅，助陽氣也』。……呂亦稱間，故有六律、六間之
說。元間大呂，二間夾鍾是也。』又曰『《律曆志》云『夫推曆生律，制器規
圜矩方，權重衡平，準繩嘉量，探賾索隱，鉤深致遠，莫不用焉』，是萬事之根
本。」如此，「規圜矩方」於「十二律呂」亦殊為緊要矣。而方圓之道，亦在

圖6-1：十二律曆相生圖

南午

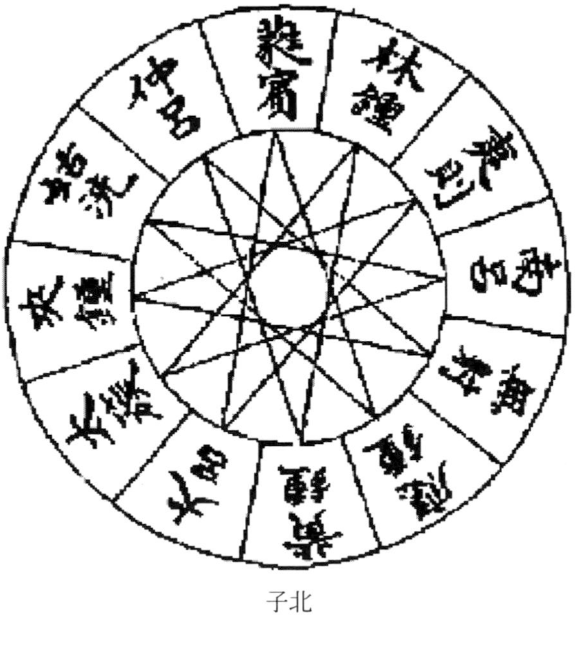

子北

乎$\sqrt{2}$的內涵，由此可知，方圓、律呂、河洛的多用而一體的關係。必然地，律呂之間的相互關係也內涵了河洛、方圓的數學運算。《呂氏春秋・音律》曰：

> 黃鍾生林鍾，林鍾生太簇，太簇生南呂，南呂生姑洗，姑洗生應鍾，應鍾生蕤賓，蕤賓生大呂，大呂生夷則，夷則生夾鍾，夾鍾生無射，無射生仲呂。三分所生，益之一分以上生；三分所生，去其一分以下生。黃鍾，大呂，太簇，夾鍾，姑洗，仲呂，蕤賓為上；林鍾，夷則，南呂，無射，應鍾為下。

這種生律法叫做「隔八相生法」，它以黃鍾為元聲，餘聲則依一定次序計算，每隔八位生一律。以《洛書》表示如下（黃晨、袁清，2001年）：

圖6-2：《洛書》配十二律曆圖

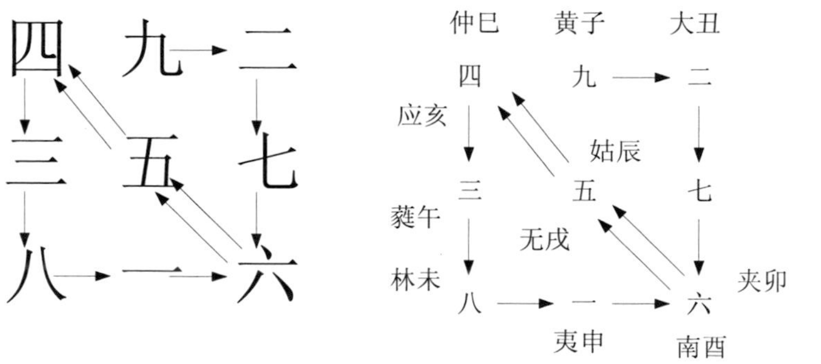

《洛書》只九數，為與十二律相關，將洛書分為上下兩個三角（如上左圖），然後循著箭頭所指方向將地支呂律依次相配（如上右圖），依著九、八、七、六、五、四、三、二、一、六、五、四的順序，得到黃、林、太、南、姑、應、蕤、大、夷、夾，無、仲，正好可用來表現呂律相生的次序。

十二律呂之律管長度之間相生的關係遵循著名的「三分損益」法，《管子・地員》曰：

> 凡將起五音，凡首，先主一而三之，四開以合九九，以是生黃鍾小素之首以成宮。三分而益之以一，為百有八，為徵；不無有，三分而去其乘，適足以是生商。有三分而復於其所，以是成羽；有三分去其乘，適足以是成角。

但「三分損益」法中有著無法形成自我閉合的矛盾，至明時終被大音律學家朱載堉的「十二平均律」所取代。（關於「三分損益法」的歷史與所存在

的問題，與本書研究所涉不大，茲不贅引）

三、律曆相生的勾股特徵

朱載堉《律呂精義》云：「律家三分損一，三分益一，猶曆家四分度之一，四分日之一，與夫方五斜七，周三徑一等率，皆舉大略言之，非精義也。新法算律與方圓，皆用勾股術。其法本諸《周禮》栗氏為量，內方尺而圓其外。夫內方尺而圓其外，則圓徑與方斜同，知方之斜，則知圓之徑矣。方尺即黃鍾，圓徑即蕤賓，由蕤賓可得南呂，由南呂可得應鍾，則終始循環，諸律皆可相生，安有往而不返之理哉。」

清人江慎修以為此說可謂「發數千年未泄之秘」，「天地以方圓相函而自然之數出其中，皆以勾股乘除開方之法求之，由倍律而正律，由正律而半律，共三十六律，皆有真率真數。每一率與三分損益相得者，微強而不甚相遠，於是可循環相生，無仲呂不能復生黃鍾之弊」。江氏將「天圓地方」的 $\sqrt{2}$ 的理論用於分析《河圖》，認為《河圖》有四層，最內一層五點，次外層十點，分別以五寸、十寸為邊可作兩個正方形。兩方相距，必在空隙，可以在小方之外作一外接圓，外接圓外可作外切方，外切方外復作外接圓，這一個圓便同最外的大方內切了。示意如下圖：

圖 6-3：律呂管徑計算示意圖

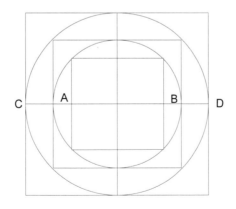

圖中，外方之十相當於黃鍾正律十寸，內方之五則是黃鍾半律五寸。中間的方，根據幾何學原理，其邊長為 $5\sqrt{2}$ ，即七寸零七分一釐有奇，這就是蕤賓律管的真實長度，河圖的第三層一、二、三、四合十點，以二層之十乘之為百，第四層合三十點，乘十為三百，加三層為四百，於是得到兩個以十、

二十爲邊徑的正方形（此處牽強），仍依前述又可得一圖，則內方應黃鍾正律十寸，外方應黃鍾倍律二十寸，中間一方一尺四寸一分四釐有奇，是蕤賓倍律，所以河圖外二層又有十二倍律之數在。

案：內方邊長＝AB＝5（黃鍾半律），內方面積＝25

外方邊長＝CD＝10（黃鍾正律），外方面積＝100

內方外接圓直徑＝$(\sqrt{5})^2+5^2$＝7.07107（蕤賓正律）

內方外接圓周長＝22.214415

次方邊長＝7.07107，次方面積＝50

次方外接圓直徑＝10

次方外接圓周長＝31.41592654

外方邊長＝CD＝10（黃鍾正律）

《河圖》中5點爲最內一層，10點爲「次層」，下1上2左3右4爲「三層」，下6上7左8右9爲「四層」。「三層」合10×「次層」10＝100，「四層」合 30×「次層」10＝300，兩者相加得 400，「外層」內方邊長＝10，面積＝100，「外層」外方邊長＝20，面積＝400，「外層」內方外接圓直徑＝$\sqrt{200}$＝14.1421（蕤賓倍律），「外層」內方外接圓周長＝$\pi\sqrt{200}$＝44.428829，「外層」外方外接圓直徑＝$\sqrt{400}$＝20（黃鍾倍律），「外層」外方外接圓周長＝62.831853。明乎此，就可理解孔子在論及「天圓地方」時，繼而述及律與歷的對應關係。《大戴禮·曾子天圓》：「參嘗聞之夫子曰：『天道曰圓，地道曰方，方曰幽而圓曰明；明者吐氣者也，是故外景；幽者含氣者也，是故內景，……陽之精氣曰神，陰之精氣曰靈；神靈者，品物之本也，而禮樂仁義之祖也，而善否治亂所由興作也。……聖人慎守日月之數，以察星辰之行，以序四時之順逆，謂之歷，截十二管，以索八音之上下清濁，謂之律也。律居陰而治陽，歷居陽而治陰，律歷迭相治也，其間不容髮。』」

通過這個辦法，可求得其它律呂的長度。在求解的過程中，各律管長度遵循了統一的等比關係，《河洛精蘊》曰：

> 先定一尺爲黃鍾之率，在平圓之中爲平方之徑，東西十寸爲勾，乘得百寸，南北十寸爲股，自乘得百寸，合二冪二百寸，爲弦冪以爲實，開平方法除之，得弦一尺四寸一分四釐二毫一忽五微六纖有奇，爲方之斜，即圓之徑，亦即蕤賓倍律之率。以勾十寸乘之，得平方積一百四十一寸四十二分一十三釐五十六毫有奇爲實，開平方法除

之，得一尺一寸八分九釐二毫零七忽一微一許有奇，即南呂倍律之
率；仍以勾十寸乘之，又以股十寸乘之，得立方積一千一百八十九
寸二百零七分一百十五釐有奇爲實，開立方法除之，得一尺零五分
九釐四毫六絲三忽零九許有奇，即應鍾倍律之率……以黃鍾倍律爲
二十，進一位爲實，以應鍾倍律爲法除之，得大呂倍律；置大呂倍
律，進一位爲實，以應鍾倍律爲法除之，得太簇倍律……以後皆仿
此迭求之。

　　以黃鍾 10 寸，分別爲勾、股，弦＝14.1421356，爲圓直徑，即蕤賓倍律
之值。將此值乘以勾 10，得 141.421356，開平方得南呂倍率之值＝
11.89207115，此值乘以勾 10，再乘以股 10，得 1189.207115，開立方後得
10.59463094，此即應鍾倍律之值，如此，其它諸律皆可算出。

　　黃鍾倍律＝20
　　大呂倍律＝黃鍾倍律×10／應鍾倍律＝18.87748626
　　太簇倍律＝大呂倍律×10／應鍾倍律＝17.81797437
　　夾鍾倍律＝太簇倍律×10／應鍾倍律＝16.81792832
　　姑洗倍律＝夾鍾倍律×10／應鍾倍律＝15.87401054
　　仲呂倍律＝姑洗倍律×10／應鍾倍律＝14.98307079
　　蕤賓倍律＝仲呂倍律×10／應鍾倍律＝14.14211356
　　林鍾倍律＝蕤賓倍律×10／應鍾倍律＝13.34839875
　　夷則倍律＝林鍾倍律×10／應鍾倍律＝12.59921053
　　南呂倍律＝夷則倍律×10／應鍾倍律＝11.89207118
　　無射倍律＝南呂倍律×10／應鍾倍律＝11.22462052
　　應鍾倍律＝無射倍律×10／應鍾倍律＝10.59463094

　　倍律之半爲正律，正律之半爲半律，如此，三十六律齊矣。

　　江氏將朱載堉的律呂規律總結爲以 $2^{-1/12}$ 爲公比的等比數列。設黃鍾倍律
爲 2，則蕤賓倍律爲 $\sqrt{2}$，然後對蕤賓開方，得南呂倍律爲 $2^{1/4}$，再對南呂開
立方，得應鍾倍律 $2^{1/12}$。自此以後，以應鍾除黃鍾，得大呂倍律 $2^{11/12}$，應鍾
除大呂，得太簇倍律 $2^{10/12}$，接續下去，夾、姑、仲、蕤、林、夷、南、無分
別爲 $2^{9/12}$、$2^{8/12}$、$2^{7/12}$、$2^{6/12}$……最後得到十二呂律的倍律數，各除以 2，則依
次得正律數 2^0、$2^{-1/12}$、$2^{-2/12}$……2^{-1}，因爲十二律呂數之間的關係，可將朱載
堉的樂律表示爲：

$$l_n = \frac{l_1}{2} 2^{(13-n)/12} \text{ , } n = 1 \text{ , } 2 \text{ , } 3 \text{ , } \cdots\cdots \text{ , } 13$$

式中：l_1＝一弦或一管最低共振音的長度，$l_{13}=l_{1/2}$＝同弦或同管八度音的長度。（戴振鐸，2000 年）

在弦樂中某一弦共振的長度與它物理的長度是相等的，這樣可從上式引進一個標準化的共振長度公式：

$$L_n = \frac{l_n}{l_1} = \frac{1}{2} 2^{(13-n)/12}$$

$$n = 1 \text{ , } L_1 = 1$$

$$n = 7 \text{ , } L_7 = \frac{1}{2} 2^{\frac{1}{2}} = \frac{1}{2}\sqrt{2} = 0.7071\cdots\cdots$$

$$n = 13 \text{ , } L_{13} = \frac{1}{2} = 0.5$$

L_1 是八度中的標準主音，L_{13} 是八度音標準化的共振長度。振動頻率與振動體長度成反比，因此可引進一個標準化的共振頻率公式：

$$R_n = \frac{1}{L_n} = 2 \cdot 2^{(n-13)/12} = 2^{(n-1)/12}$$

$$R_4 = 2^{\frac{1}{4}} = 1.1892\cdots\cdots$$

$$R_1 = 1 \text{ , } R_7 = 2^{\frac{1}{2}} = 1.4142\cdots\cdots \text{ , } R_{13} = 2$$

因此：R_2 是朱氏十二平均律的半音，將此數連續自乘就可生成全律。

朱載堉關於 $2^{-1/12}$ 的偉大發現雖解決了律的長短序列問題，但並未探究律呂「隔八相生」的深刻機理所在。以 $2^{-1/12}$ 為公比的律長序列為：黃鍾、大呂、太簇、夾鍾、姑洗、仲呂、蕤賓、林鍾、夷則、南呂、無射、應鍾；而「隔八相生」的生出序列為：黃鍾生林鍾，林鍾生太簇，太簇生南呂，南呂生姑洗，姑洗生應鍾，應鍾生蕤賓，蕤賓生大呂，大呂生夷則，夷則生夾鍾，夾鍾生無射，無射生仲呂。導致兩者差別的原因又是什麼？

第二節　「和」於「數」的核心作用

一、五音數序之來

顯然，在上述朱氏 $2^{-1/12}$ 和江永對於十二律呂律長關係的分析中就可以看

出，支撐十二律呂關係的關鍵特徵數位源於「天圓地方」的「$\sqrt{2}$」，「$\sqrt{2}$」是基於《河圖》，而律呂「隔八相生」是《洛書》點陣的空間方位的另一種表達。那麼必然的，$\sqrt{2}$ 與黃金分割（$\sqrt{5}\pm1$）／2 的關係奧妙蘊藏在音律中，而這又是既以《河圖》、《洛書》爲前提，又與《河圖》、《洛書》可互爲參證的。

《河圖》的天地數各自與五音相對應，《禮記‧月令》：「春木，其音角，其數八；夏火，其音徵，其數七；中央土，其音宮，其數五；秋金，其音商，其數九；冬水，其音羽，其數六。成數如此，生數亦然，五、十爲宮，四、九爲商，三、八爲角，二、七爲徵，一、六爲羽。五成數猶五音之濁，律之正者，五生數猶五音之清，律之半者。宮、商、角、徵、羽的順序，是以各自的數位大小爲序列。五行相生之序是自中而西、而北、而東、而南，回復到中。而五音的相生之序是：自中而南、而西、而北、而東、而復中。相差一位，其中有深意。

《河圖》五音之變數，生於兩數之合也。中央五、十合爲十五，仍是五數，故中央土不變；南方二、七合爲九，減五爲四，故二、七火徵變爲四九金商；西方四、九合爲十三，減十爲三，減五爲八，故四九金商變爲三八木角；北方一、六合爲七，減五爲二，故一六水羽變爲二、七火徵；東方三、八木角合爲十一，減十爲一，減五爲六，故三、八木角變爲一、六水羽。這樣，由中而南、而西、而北、而東，其音序爲宮、商、角、徵、羽，又如五音本序矣。

圖 6-4：五音變化序（《河洛精蘊》）

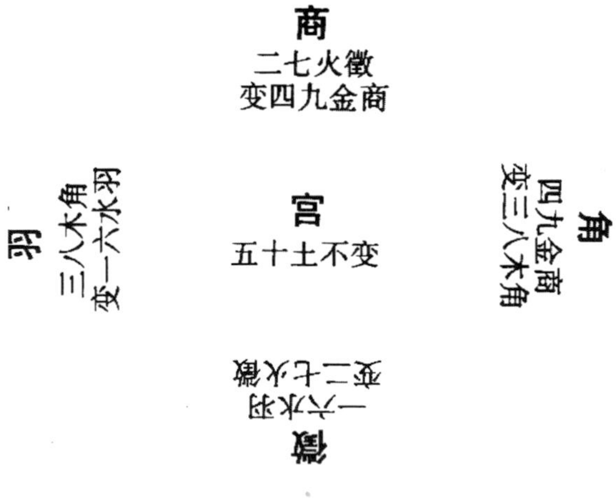

惟中宮五不變，南方徵變爲九，西方商變爲八，北方羽變爲七，東方角變爲六，故《史記‧律書》曰：「上九，商八，羽七，角六，宮五，徵九。」以上圖觀之，四爲徵，三爲商，二爲羽，一爲角。以全數觀之，十爲宮，八爲商，六爲角，四爲徵，二爲羽，又如五音大小之序，宮數最大，其序亦在最前，此以偶數爲體。十宮生九徵，八商生七羽，六角生五宮，四徵生三商，二羽生一角。故《律書》曰「上九」者，即九徵；曰「徵九」者，申明徵是九數。此以奇數爲用，九七五三一，爲徵羽宮商角，徵、羽在宮前。在十二律呂中，五爲黃鍾正律，九徵則爲林鍾倍律，七羽爲南呂倍律，三商爲太簇正律，一角爲姑洗正律；十宮爲黃鍾倍律，八商爲太簇倍律，六角爲姑洗倍律，四徵爲林鍾正律，二羽爲南呂正律。十、九、八、七、六之序爲黃鍾、林鍾、太簇、南呂、姑洗，取倍律。此正合乎「隔八相生」之序。

從上述《河圖》五音變數圖由中而南、而西、而北、而東的順序亦可推出「隔八相生」，《河洛精蘊》曰：

> 律以隔八相生，實隔七，由此律至彼律爲第八位。……河圖之數，順而數之，已具此理矣。五至二，隔八也，是爲子至未，黃鍾宮生林鍾徵；二至九，隔八也，未至寅，林鍾徵生太簇商；九至六，隔八也，寅至酉，太簇商生南呂羽；六至三，隔八也，酉至辰，南呂羽生姑洗角；三至十，隔八也，辰至亥，姑洗角生應鍾變宮；十至七，隔八也，亥至午，應鍾宮生蕤賓徵。……七至四，隔八也，午至丑，蕤賓生大呂；四至一，隔八也，丑至申，大呂生夷則；一至八，隔八也，申至卯，夷則生夾鍾；八至五，隔八也，卯至戌，夾鍾生無射；五至二，隔八也，戌至巳，無射生仲呂；二至九，隔八也，巳至子，而仲呂復生黃鍾焉。

《河圖》變音後配五聲有隔八相生之數，可旋宮而周十二律。若《洛書》，只有九位，與十二律不協。可以九八七六五四三二一配九律，而一之後六五四之三位，則又配三律。這樣，二八之位、六四之位相對，九五一與三五七成三合，六四二與六四八亦成三合。循其二繼九、八繼三者數之，必爲十二律長短之序；循其八繼九、二繼三者數之，必爲十二律相生之序。如下圖：

圖 6-5：十二律相生次序（《河洛精蘊》）

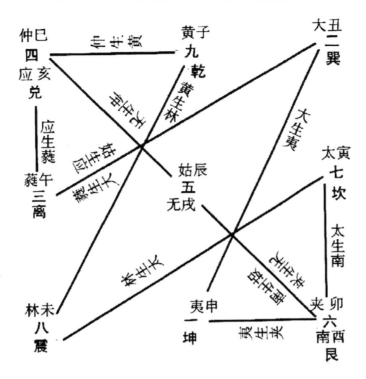

　　從圖中可以看出，十二律相生之序的空間運行路線，與《洛書》相似，除一與六、四與九爲完成十二律組合而相連外，其餘一樣，參見《洛書》九數飛宮圖：

圖 6-6：《洛書》數運動路線圖

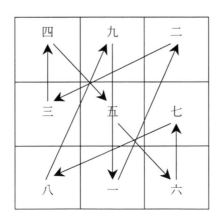

二、律曆與九宮的對應

需要注意，律呂的長短之序遵循《洛書》數字旋轉序列，而律呂的相生之序遵循《洛書》的數字大小之序，這其中的差異在曆法中的運用甚爲關鍵。《黃帝內經·靈樞·九宮八風》：

> 大一常以冬至之日，居葉蟄之宮四十六日，明日居天留四十六日，明日居倉門四十六日，明日居陰洛四十五日，明日居天宮四十六日，明日居玄委四十六日，明日居倉果四十六日，明日居新洛四十五日，明日復居葉蟄之宮，日冬至矣。

圖 6-7：《內經》九宮八風圖

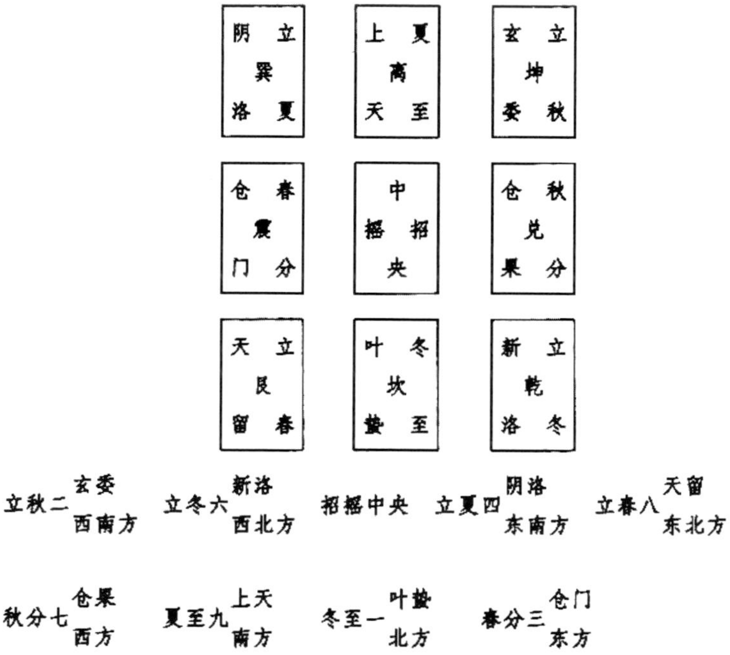

冬至太一居葉蟄宮，過四十六天後，又到天留宮等等，與前文《淮南子·天文訓》中的「八風」相對應，亦與「斗指四正四維」相應，亦與「帝出乎震」之八卦相應，葉蟄宮應《淮南子》「八風」之「廣莫風」，應八卦之坎卦；天留宮應《淮南子》「八風」之「條風」，應八卦之艮卦，餘皆仿於此。每宮46日，八宮總共366天（因陰洛與新洛各少一日，因在冬至與夏至前，所以各在至日前扣去一天），正與一歲日數相應。

　　且太一除了每 46 日居於八宮之一外，還要日遊一宮。《黃帝內經·靈樞·九宮八風》：

　　太一日遊，以冬至之日，居葉蟄之宮，數所在，日從一處，至九日，

　　復反於一，常如是無已，終而復始。

　　此處並未明確說明太一運行的路線，若仿照太一環行八宮的路線日遊，結果必然是：第一日在葉蟄坎宮，第二日移到天留艮宮，第三日到倉門震宮，依次移宮，到第九日又回到葉蟄坎宮。但與太一在葉蟄宮 46 日的安排不協調（盧央：《易學與天文學》，2003 年），因爲如此環行五周回到葉蟄宮是第 41 日，到第 46 日時當在玄委坤宮，而不是在葉蟄宮，就不能明日去居天留宮。因此，必定遵循另外的運行路線。《九宮八風》指出：「葉蟄宮在北方，於節令未冬至，於宮數爲一；天留宮在東北方，於節令爲立春，於宮數爲八；倉門宮則在東方，於節令爲春分，於宮數爲三……。」即是說太一日遊，第一日在葉蟄坎宮，第二日就日遊至玄委坤宮，……第五日就遊到中央招搖宮，……第十日又回到葉蟄宮，第十一日又到玄委宮等，由此可推出第 28 日、第 37 日、第 46 日太一都在葉蟄宮，於是太一就可以「明日居天留宮 46 日」，這樣「太一日遊」與「太一常居」的矛盾就調和了。也由此可見，這一關鍵在於「中宮招搖」。

　　《九宮八風》又云：

　　太一移日，天必應之以風雨，以其日風雨則吉，歲美民安少病矣，

　　先之則多雨，後之則多旱。太一在冬至之日有變，占在君；太一在

　　春分之日有變，占在相；太一在中宮之日有變，占在吏；大一在秋

　　分之日有變，占在將；太一在夏至之日有變，占在百姓。所謂有變

　　者，太一居五宮之日，病風折樹木，揚沙石。各以其所主占貴賤，

　　因視風所從來而占之。

　　關於太一在八宮的徙移中，並沒有涉及到中宮，但在太一日遊中，卻在每一節令中有五次涉入中宮，並且於占卜之用，須以中宮太一爲準。《九宮八風》所謂「是故太一徙立於中宮，乃朝八風，以占吉凶也。」

　　對照前文《易緯·乾鑿度》「太一行九宮」路線，就能發現《黃帝內經》中的太一日移路線與其相一致，亦與《洛書》之數的運行序列相同，所行即一、二、三、四、五、六、七、八、九之序而爲一周。一周之後還於中央，再行又從一始。（《內經》與《易緯》之間的一致，亦可作爲「易醫同源」之

佐證）

　　至此，關於《洛書》的數字運動、律呂相生序列與太一行九宮取得了一致，亦與天文曆法取得一致。也就是說，關於律呂中的「$\sqrt{2}$」與《洛書》中的數位點陣關係的研究，是發現了音律與曆法聯繫的內在機制，而兩者運行路線的一致，則更進一步說明音律與曆法的同一性。同時又引出新的問題，何以古人在觀測天文時，又要引入音律的工具呢，古代歷來有「制律呂，正聲音，王者重大之事」之說。是通過曆法來創造了音律，即所謂「曆居陽而治陰」，抑或是通過音律來佐證了天文，所謂「律居陰而治陽」。無論是前者還是後者，都不可避免的涉及到更根本的問題，即天文與音樂產生神秘聯繫的原因在哪裡？何以兩者之間能產生同一性？上古先民如何發現了這種同一性？

三、「樂以發和」的數學本質

　　《呂氏春秋》載：

> 昔黃帝令伶倫作爲律。伶倫自大夏之西，乃之阮隃之陰，取竹於嶰溪之谷，以生空竅厚鈞者，斷兩節間，其長三寸九分而吹之，以爲黃鍾之宮，吹曰「舍少」。次製十二筒，以之阮隃之下，聽鳳凰之鳴，以別十二律。其雄鳴爲六，雌鳴亦六，以比黃鍾之宮，適合。黃鍾之宮，皆可以生之，故曰黃鍾之宮，律呂之本。

　　這個被稱爲「黃鍾之宮」的律管，漢代學者認爲通過它可以候知天地之「元氣」。西漢揚雄以爲：「冷竹爲管，實灰爲候，以揆百度，百度既設，濟民不誤，玄術瑩之。」東漢蔡邕《月令章句》亦曰：

> 上古本陰陽，別風聲，審清濁。別風聲，不可以文載口傳也，故鑄金作鍾，以正十二月之聲，然後以傚昇降之氣，而鍾不可用，乃截竹爲管曰律，爲清濁之率也。以律長短爲制，正月之律，與太簇相中也，言出於鍾。乃置深室，葭莩爲灰，以實其端，其月氣既至，則灰飛管通。古以鍾律齊其聲，後人不能，則數以正其度，度正則音亦正矣……

　　照蔡邕之說，當各月所屬中氣到來時，與之相應的律管內的蘆葦衣灰就會飛散，從而就可以將十二律確定下來，即所謂的「律管吹灰」之術。

　　蔡邕之謬自不待辨，且口即不能傳，文明之落後以至於彼，焉能鑄金作

鍾。《呂氏春秋》所說「聽鳳凰之鳴，以別十二律」，此亦有待考究，鳳凰為何種動物，何以有「天籟之聲」，是否有孔子筆下的神鳥祥瑞「鳳鳥」還有待研究，但可以肯定，十二律之作也絕非聽鳳凰之鳴而來這麼簡單。

有必要就古代經典中有關音律的內容作一番深究。《左傳‧昭二十一年》：

> 天王將鑄無射，泠州鳩曰：「王其以心疾死乎？夫樂，天子之職也。夫音，樂之輿也。而鐘，音之器也。天子省風以作樂，器以鍾之，輿以行之。小者不窕，大者不摦，則和於物，物和則嘉成。故和聲入於耳而藏於心，心億則樂。窕則不咸，摦則不容，心是以感，感實生疾。今鐘摦矣，王心弗堪，其能久乎？」

從伶州鳩的話可推知，樂者，樂也，悅也。悅之要在乎「和」，如《史記》曰：「《禮》以節人，《樂》以發和，《書》以道事，《詩》以達意，《易》以道化，《春秋》以道義。」

又《呂氏春秋》云：

> 萬物所出，造於太一，化於陰陽。萌芽始震，凝寒以形。形體有處，
> 莫不有聲。聲出於和，和出於適。先王定樂，由此而生。」

從「萌芽始震，凝寒以形。形體有處，莫不有聲」可知，「樂」之源在於萬物之「聲」，而「聲」又出於「和」，「和」出於「適」。而「聲」貫乎萬物之「始震」至「以形」的始終。震者，生發之意，萬物生出之一刻。可見，古代樂之來，源於對萬物之「聲」中所蘊藏的「和」的效法與感應。

而聲之動，動於陰陽之和，而「和」源於天地、陰陽、風雨、日月、四時之交合，《樂記》曰：「音樂達天地之和而與人之氣相接，……大樂與天地同和，大禮與天地同節。樂者，天地之和也；禮者，天地之序也。……在天成象，在地成形，如此則禮者天地之別也。地氣上齊，天氣下降，陰陽相摩，天地相蕩。鼓之以雷霆，奮之以風雨，動之以四時，暖之以日月，而百化興焉。如此，則樂者天地之和也。」《易緯‧乾鑿度》有云：「乾坤對，太易興。」

而對於「和」之表達，古人是通過數位的「加和」來體現的，前文指出，律呂之相生之序為合乎《洛書》數位點陣之序，而律呂之長度之序所遵循的機理又是通過《河圖》之 $\sqrt{2}$ 來計算，由《河圖》至《洛書》之變，在於律呂之「隔八相生」，而「隔八相生」又是通過《河圖》中五音變數來實現的。據

前述「《河圖》五音變數圖」中，「五、十合爲十五，仍是五數，故惟土宮不變，南方二、七合爲九，減五爲四，故二七火徵變爲四九金商，……北方一、六合爲七，減五爲二，故一六水羽變爲二七火徵」，五至二、二至九、九至六等。這樣，困擾中國數千年的關於《河圖》與《洛書》之間「體用」的、關於第一無理數「$\sqrt{2}$」與黃金分割數「$(\sqrt{5}\pm1)/2$」之間聯繫的千古迷題，在此似可以找到答案了。原來，在「天一生水，地六成之」的《河圖》天地數，以天地奇偶之數加和來作爲表徵天地之「地氣上齊，天氣下降」的天地、陰陽交合的數位記號，並以天地交合之數的序列作爲交合後之天地萬物的運動路線而成《洛書》（而《洛書》與後天八卦相配，後天八卦即是從先天八卦之交合中來，這種交合可算是對「和」理論的貫徹，詳見後文）。如此，關於前文所提出的問題，即「方圓」之數「$\sqrt{2}$」所表達的「運動的回復與對稱意義」與斐波那契數中「$(\sqrt{5}\pm1)/2$」所表達的「運動隨時間的遞進而形成對立統一過程的收斂平衡」（前述眾數和規律，也說明了這一點），兩者之間內在的本質聯繫在音樂這裡得到完成。那麼，這一切的核心爲什麼會是音樂，爲什麼需要「五音變音」來實現？

第三節　藝術和諧與宇宙理性的統一

一、音樂產生的語音源頭

　　問題在於，安排這些數位的複雜而巧妙關係的「上帝之腦」，卻是通過「耳朵」來實現的。值得深思的是，在中國古代醫學中，歷來「天一生水」在五臟屬腎，其華在發，開竅於耳。《靈樞》曰：「太一者，水之尊號，先天地之母，後萬物之源。」故《老子》曰：「上善若水，水善利天下而不爭，天得一而清，地得一以寧。」而天一生水，地六成之，一、六之和爲七，正是七律之七，亦是北斗七星之七，亦是「隔八相生」之七，這之間是否存在著神秘的聯繫。

　　而現代音樂研究表明，古今不同民族，雖然各自鍾愛的音樂形式可謂紛繁多樣，彼此也沒有經過借鑒，但之間的律學的基礎概念卻不約而同地以do、re、mi、fa、so、la、xi這7個音（當然也可以選擇其它音）作爲規範的音，這些音節原本是中世紀西方教會中流行的拉丁文聖詠（chant）的首音節，這些聖詠成爲後來西方現代音樂的源頭。而這些音的基礎都來源於五聲

音階，黃翔鵬先生指出：「世界上無論東、西方的各種民族，只要是遠古和古代音樂史料的遺存足以判明其音樂發展情況的，幾乎無不採用過五聲音階作為其本民族的調式基礎。問題恐怕在於五聲音階和五聲音階的不同；五聲的形成過程不同；同樣運用著五聲音階而有曲調型的不同；從五聲向七聲（或如某些東方民族的其他類型的、結構較為複雜的音階）的發展過程不同。」（黃翔鵬，1983 年）。《左傳》就有「為九歌、八風、七音、六律，以奉五聲」之說。不同民族的音階骨幹音之所以不同，黃先生認為，這與民族語言有著密切關係。不同的民族有不同的語言傳統，如節奏、重音、發音方式、審美習慣等。最初的歌曲，是在語言的基礎上變化而來的，因此必然受到語言的影響。

　　與此相對照，佛教密宗亦有「六字真言」陀羅尼咒，即唵（ōng）嘛（mā）呢（nī）叭（bā）咪（mēi）吽（hòng），被視為一切福德、智慧及諸行的根本，是佛的根本（藏傳佛教密宗又將這六字真言視為一切佛教經典的根源）。注意，這些語音與人類語言進化過程中的「元」語音極為相似（見王增永：《華夏文化源流考》，2005 年），眾所週知，「a」、「o」、「e」是最基本的母音。這幾個母音與佛教中最崇尚的「陀羅尼」咒接近說明，元語音的出現對人類語言的產生、人類的進化起著關鍵的作用，佛教陀羅尼所保留的正是對人類本源性的記憶。無獨有偶，本書在第一章就證明，上古太陽神伏羲當讀為「boo、yi-e」或「oo、yi-e」，發音與元語音也是極為相近。這表明，上古天文崇拜的思維與上古語言的進步是相伴隨的或是同步的。這是否說明，語言對思維意識的啟動產生了根本的推動，而後世借助於特定樂具的音樂崇拜是對人類語言產生、進化的祭奠。既然「樂者，天地之和，陰陽相蕩也」，也就是說樂是天地相互作用、陰陽相互作用、萬物相互作用的第一步，那麼所謂「樂以發和」以「五音變音」的方式實現是否是對人類文明演進邁出偉大的「聞聲而動、發以語言」的第一步所產生的原始印記的音樂藝術紀念呢，所謂「語言，人所感於物者也」，而語言的產生是否是天地運動資訊在人的頭腦中的自然顯發，而這種顯發卻是一種無意識的反應呢。

　　而「元」語音的來源必然是天地世界的「元」聲（這也是何以五音中宮聲源於對春雷響聲的模擬，即「帝出乎震」的雷聲）。語言的進化過程，當然離不開聲音對於人的「震」動與人對聲音的模倣，而這必須取決於「耳朵」聽覺的功能。

是否可以這樣認為，於人類聽覺和語言之本始起，就保留了天地運動構造的本體中最基礎的資訊，天地運動歷程的資訊基因伴隨著天地與生命的分化以及生命的演化繼至人的進化而內化於、潛藏於人的思維本體中。古人正是通過這種對聲音的聽覺與感悟，重新啓動、顯發了這些資訊從而演繹出的「天書」《河圖》與《洛書》。如果是，那麼《河圖》、《洛書》不僅是古代的「天文數書」，更是上古用於記錄本體語言的符號。

問題在於，造物主爲什麼會選擇了「耳朵」。

又《國語‧周語下》曰：

> 伶州鳩對曰：「律所以立均出度也。古之神瞽考中聲而量之以制，度律均鍾，百官軌儀，紀之以三，平之以六，成於十二，天之道也，夫六，中之色也，故名之曰黃鍾，⋯⋯。

有必要注意「古之神瞽考中聲而量之以制」這句話，律是由「神瞽」所作。無疑，所謂「神瞽」與黃帝、伏羲一樣，是上古一類文化族群的集合化身。無目曰瞽，《莊子‧逍遙遊》：「瞽者無以與乎文章之觀。」上鼓下目，鼓者，樂器，圓柱形中空，兩面蒙皮，擊之發聲。《書‧胤徵》：「瞽奏鼓，嗇夫馳，庶人走。」《周禮‧春官‧樂師》曰：「詔來瞽皋舞。」何以古代以目盲者爲樂官。據考證（徐中舒：《左傳選》，1963 年）：

> 人類歷史最初皆以口語傳誦爲主，而以結繩、木科、骨刻來幫助記憶，春秋時，有兩種史官，即太史與瞽矇，他們所傳述的歷史，以瞽矇傳誦爲主，而以太史的記錄說明記誦，因而就稱爲瞽史，所謂「史不失書，瞽不失誦」，⋯⋯瞽矇是樂官，同時也傳誦歷史或歌唱史詩，後來瞽矇失職，他們還要以說史的方式在民間說唱故事⋯⋯

據這段文字可有兩點判斷：一，在上古文字不發達時，從事歷史記錄的人主要是「瞽」一類的人，因爲目盲者多具有極強的記憶力，他們承擔記錄本族群起源、繁衍、發展的歷史。瞽矇同時又是樂官的原因是，在早期，歷史多是瞽矇以歌唱的形式記錄的（至今，許多少數民族的歷史都是記錄在本民族的歌曲中，如藏族史詩《格薩爾王》，《詩經》也是如此），也就證明瞽矇所職之「樂」，早期並非「律呂」，而是「語言」，也說明瞽矇具有較強的語言能力，承擔著更多的語言進化的職能（是否可以認爲，語言進化的歷史進程中曾有過一段具有韻律感「音樂語言」階段，從這個意義上講，《詩經》的偉大意義不僅在於其內容，更在於所運用的語言本身）；二，伶州鳩所說的「古

之神瞽考中聲而量之以制」，既然比之春秋也言古，可推斷此神瞽之時去春秋遠矣，那麼，所謂考之中聲者，必不可能是律呂，只能是語言。通過對語言的感悟而製定音律。

事實上，與常人相比，因爲視覺的喪失而使瞽者還具有對聲音更強的聽覺與感覺，後世樂師之職多爲瞽如師曠等，而以自己對聲音的天然的感悟中，卻悟出與天文同構的樂律。即通天文樂律，又能記誦歷史，而通天文者又曰巫，所以古有「巫史相通」的之說。可見，太史公司馬遷爲史氏職業，卻也善陰陽風角之術，有自來矣。【《史記》載：「建元二年，上任司馬談爲太史丞，督建茂陵。」學者何新指出：「太史令隸屬太常（司徒）。司馬氏世爲史官，善占星風水之術，故以督造陵寢，掌風水也。」司馬談《論六家要旨》亦自述其學術由來云：「太史公學天官於唐都，受《易》於揚何，習道論於黃子。」可見，史家之學更側重於天文、周易、陰陽道家之學。（何新：《論中國歷史與國民意識》，2002 年）】

二、賈湖古笛的玄妙

是否還能說明，神瞽耳朵的聽覺與感覺，對於天文的節奏，具有一種感應共鳴，音律之間遵循的數學關係，是瞽的耳朵感覺的結果，不是思維計算的結果。

1986 年 5 月到 1987 年 6 月，考古工作者在賈湖遺址的墓葬中，一共發現了 16 件骨笛，各骨笛的年代不同，最晚不低於 7500 年前，最早的要早於 9000 年前，其中 20 號骨管的年代，距今 8000 多年，居然已經具備了七聲音階，這是全世界所僅見的現象。舞陽骨笛一般長 20 多釐米，直徑約 1.1 釐米，圓形鑽孔都分佈在同一側，一般爲 7 孔，製作規範。從 20 號骨笛的笛身，還可以清晰地看到開孔前計算孔位時留下的痕跡，可知在開孔前預先作計算，再用鑽頭輕輕接觸，留下鑽點，但不鑽透管壁，意在爲正式鑽孔再作調整時留下餘地。原先計算的第二孔的位置向下移動了 0.1 釐米，使第一孔與第二孔的音距爲 300 音分；原第三孔的位置也向下移動了 0.1 釐米，使第二孔與第三孔的音分值調整到 200 音分，而第三孔與第四孔之間的音距也成了 200 音分。通過調整兩個音孔位置，<u>彼此的音距與音分數與今天的十二平均律的音距和音分數完全相同</u>，並且形成了 1235 四個聲音組合的、以十二平均律爲基礎的相互關係，<u>賈湖人似乎已經有了對十二平均律某些因素的認識和可以接受的</u>

範圍。開第七孔時，先開一個小孔，經過試聽，可能覺得該孔的音稍高於預定的音，於是在它下方 0.44 釐米處再開了一個正式的音孔。經過測音後發覺，六孔至七孔的音距為 178 音分，與小全音的音分數 182 音分只差 4 音分，這是人耳都難以辨別的……（詳見「賈湖遺址骨笛考古發現」）

圖 6-8：新石器時代賈湖骨笛

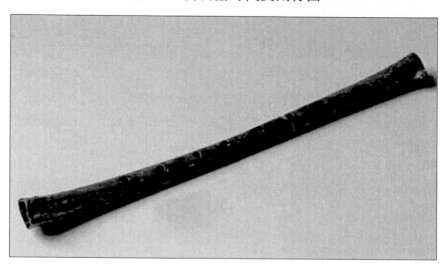

歷史考古學家彭林、音樂史學家蕭興華等曾就賈湖骨笛發出了以下感歎與疑問：

> 9000 年前的中國人的數學知識究竟處在怎樣的水準上？賈湖先民不但熟悉從 1 到 10 之間的差別，而且對於數的等分和不等分已能靈活地加以運用。要在骨壁上找到合理的音高排列，不僅需要有長期的實踐經驗和對音的高度感覺，而且需要綜合種種不確定因素來加以考慮和計算。這中間存在著數學與音律的複雜關係。就音樂領域而言，數與律是密不可分，絃樂器的弦長、管樂器的孔徑，與音高標準之間都有比例關係。確定音階關係的法則和規律，與數有一定關係。賈湖人如何積累了這樣的數學知識？（蕭興華：《中國音樂史》，1995 年）

> 341 號墓 2 號骨笛的音，以及各音之間構成的音程，除 4 個音程與十二平均律完全相同之外，將其他能構成音程的音分值與十二平均律的音程、音分值相比，最大的音分值係數都低於 5 個音分值。以

現代專業器樂演奏者的聽覺，都難以辨別出它與十二平均律之間的差別。當代最優秀的鋼琴調音師，對五度調音的音準度可以控制在 2 個音分，但不是靠儀器，而是靠感覺。一般來說，絃樂器演奏家對音高的敏感度最強，小提琴演奏家對音高的敏感度通常都在 7 個音分以上，專業音樂工作者則在 10 個音分以上。9000 多年前的賈湖人，在沒有任何調音儀器的情況下，居然能製作出任何音程都不超過 5 個音分差的骨笛，其中的奧秘究竟何在？（彭林：《文物精品與文化中國十五講》，2007 年）

蕭興華先生的疑問已成為我國數學史家和音律研究家面臨的共同難題。與前文「吉縣岩畫《河圖》、《洛書》點陣圖」、「安徽凌家灘含山玉版龜背《洛書》鑽孔圖」一樣，可以肯定的是，無論是數位還是音樂，都不可能是先民經過繁雜的數學運算的結果。很顯然，如果是，那麼其計算的複雜過程所使用的運算工具也具有和結果一樣的本體崇高的意義，也應該在陪同的墓葬中，但事實上至今史前考古發掘中尚未見到這類器具。而在彭林先生的疑問中，有段話尤其值得注意：「當代最優秀的鋼琴調音師，對五度調音的音準度可以控制在 2 個音分，但不是靠儀器，而是靠感覺。9000 多年前的賈湖人，在沒有任何調音儀器的情況下，如何能製作出任何音程都不超過 5 個音分差的骨笛。」完全可以斷定，賈湖人也同樣靠的是「感覺」，而且是比現代最優秀的調琴師更具敏感性的感覺。這也證明，上古瞽矇多為樂師的歷史記載是真實的，因為瞽矇對於聲音的感覺和感悟比較敏銳合乎生理學的一般規律，況「神瞽」又是「瞽矇」中的優秀分子，必然能夠勝任常人不能分辨的 2 個或更小的音分。

但這又遇到另外一個問題：上古先民具有的超強聽覺是從哪裡來的，難道僅僅是瞽矇生理上的偏畸所致？如果僅是因為生理上瞽矇的聽力發達，也只能說明他的辨音能力發達，很難說他能如「神瞽」那樣根據耳朵的聽覺演繹出與天文和諧的音樂與語言。僅取決於生理完全會導致另一種可能，後世的樂官（至少在春秋時期）可以不完全是瞽矇，生理健全且聽覺更佳的人也都能勝任，這又與史實不符。這說明，瞽矇不僅是聽覺發達，更重要的是，他們具有更強的對音樂的藝術感覺，而這種藝術感覺又天然地和天文的節奏能保持恰當的共鳴，使得瞽矇僅憑感覺而不摻入一絲理性思維就能演繹出天文的節奏。也就是說，支撐瞽矇的「天然致中和」的藝術美感背後的生理理

性是天文的理性、宇宙的理性，這個宇宙理性先天預設了人的藝術感覺的最佳狀態，如前文所言：「天地運動歷程的資訊基因伴隨著天地與生命的分化以及生命的演化繼而人的進化而內化於、潛藏於人的思維本體中，」通過體驗這種狀態來完成與天文宇宙理性的同一，完成對這種本體思維的啟動。問題是，這種冥冥之中人體與天文相通的狀態隨時都有嗎，從何而來？

三、藝術感應的心物和諧

（一）「瑜伽」追求的境界

《史記》曰：

> 凡音者，生人心者也。情動於中，故形於聲，聲成文謂之音。人生而靜，天之性也；感於物而動，性之頌也……樂也者，動於內者也；禮也者，動於外者也。……夫樂者樂也，人情之所不能免也。樂必發諸聲音，形於動靜，人道也。聲音動靜，性術之變，盡於此矣。
>
> 凡音由於人心，天之與人有以相通，如景之象形，響之應聲。

太史公認為人是「感於物而動」，關鍵在於「動」，天性之靜在有感於物之後而生情緒之動、思維之動，此皆動於內者，是「樂」的源頭。而心之動必然發諸於聲音，形於動靜，是謂禮。而禮者，又是天地之文，音由於人心，故天與人相通。太史公將「音、樂」產生的原因歸結為天之文在人心中的反映，是外部存在世界在人的思維領域的「自然」地反映。注意，這種觀念與佛教中「瑜伽」的含義極為相似。

瑜伽、「Yoga」原義為「軛」或「枷」，有「用軛連結」，服牛駕馬的意思，後引申為「聯接」、「結合」、」化一」等義。據《薄伽梵歌》解釋：瑜伽是個人靈魂（小我）與宇宙靈魂（大我）「一致」、「結合」或「和諧」終至結合化一的手段，從精神（小我）與自然（梵，大我，最高意識）的合一（即「梵我一如」），即達到身心合一、天人合一的境界。古代印度高僧為進入心神合一的最高境界而僻居原始森林，靜坐冥想，中國佛教之面壁打坐修煉亦本於此。思想經過長期「空靈」的狀態後，高僧們從自身的生物中體悟了不少大自然法則，通過對自然的感悟去感應身體內部的微妙變化，於是形成了與自己的身體對話，完成由天及人的完全感悟。瑜伽的起源相當久遠，被認為是一種非常古老的能量知識修煉方法，修煉過程集哲學、科學和藝術於一身（呂澂：《印度佛學源流略講》，2005 年）。

而瑜伽派的修持達到最高境界的最後三階段，如第六階段：執持，指心專注一處，專注點可以是身體內的一處，如臍、鼻尖等；也可以是外界的對象，如月亮、神像等；第七階段：禪定，亦稱「靜慮」，使心持續地集中於靜慮的對象；最後階段：三昧，指心與靜慮的對象冥合爲一，主客觀的完全融合，是修持的最高目標。可以想像，這種修持過程與中國古代「神瞽」對外部世界的天籟之聲和內心之感動的藝術體悟過程甚爲相似。而且與常人相比，似乎「瞽」更易具備這種「靜而後能慮」的藝術境界。道家第一經典《老子》所說的「載營魄抱一，能無離乎，搏氣致柔，能嬰兒乎」境界，與此亦類似。

（二）音樂教化的目的

廣義而言，各種教派法門都屬瑜珈的一種，基督徒與上帝天國聯接，道教徒與道聯接，伊斯蘭教徒與眞主聯接，佛教徒與佛陀聯接，從無神論到奎師那知覺，無不如此。而古代中國之「瑜伽」就是「音樂」，有了「音樂」作爲天與人的中介，才有了前文所述的「中國哲學的傳統，在宇宙概念的本體層面上生成論和人生判斷層面上的價值論的區分是不明確的，甚至兩者是統一的」結論，也說明何以先民在新石器時代對日神、北斗神圖騰崇拜的過程中，進而也產生了對自身生命生殖的崇拜。

據孟凡玉研究發現，儺文化中的儺歌「囉哩嗹」就是生殖崇拜文化內涵（孟凡玉，2007 年），以及王增永在《華夏文化源流考》中關於「性崇拜是創造漢語初始實詞的第一動力」的觀點，並結合前述天文崇拜的語音表達也可以推知，古代生殖崇拜產生的時代晚於天文崇拜，因爲「吧、囉、哩」這些詞的發音中有聲母與韻母，在語言進化上屬於後來者。天文崇拜早於生殖崇拜的語音進化證據，也部分佐證了天地世界演進過程在人身上的潛在記憶。這合乎世界運動進化中天與人先統一、後分化的次序。

【新石器時代的兩大圖騰體系，一是解釋人與自然之間的關係體系，二是解釋人與人之間的關係體系。前者的主要內容是對太陽的崇拜，後者的主要內容是對生殖的崇拜，而太陽與生殖的合一，即是自然與生命的合一，亦即所謂的「天人合一」，其後續所延展的內容，幾乎概括了上古東方型社會的全部思想體系。儒家的「仁」充分集成了該理念的這個內核。而道家中的有些派別在修道的同時，利用男女性交而修煉的房中術，亦是本於此理念。】

這種由天及人，又以人證天的「反求諸己」的思維路線表明，古代先民

在思維天文的過程中，也「思維」了思維本身。

　　若真如太史公所說，「音、樂」的過程就是外部存在世界在人的思維領域的「自然」地反映，這種「自然」反映無需任何假借，那麼就有「天命之謂性，率性之謂道」，率性而已，無需再「修道之謂教」了。而哲學的常識卻是，人對天的思維映射經常與天發生偏離。《禮記》曰：

> 樂者，音之所由生也，其本在人心之感於物也。是故其哀心感者，其聲噍以殺；其樂心感者，其聲嘽以緩，其喜心感者；其聲發以散；其怒心感者，其聲粗以厲；其敬心感者，其聲直以廉；其愛心感者，其聲和以柔。
>
> ……感於物而動，故形於聲，聲相應，故生變，變成方，謂之音，比音而樂之，及干戚羽旄，謂之樂。……審聲以知音，審音以知樂，審樂以知政，而治道備矣。……故知禮樂之情者能作，識禮樂之文者能述……

《史記》曰：

> 夫上古明王舉樂者，非以娛心自樂，快意恣慾，將欲為治也。正教者皆始於音，音正而行正。故音樂者，所以動盪血脈，通流精神而和正心也。故宮動脾而和正聖，商動肺而和正義，……故樂所以內輔正心而外異貴賤也；上以事宗廟，下以變化黎庶也。
>
> ……夫人有血氣心知之性，而無哀樂喜怒之常，應感起物而動，然後心術形焉。是故志微焦衰之音作，而民思憂；……是故先王本之情性，稽之度數，制之禮義，合生氣之和，道五常之行，使之陽而不散，陰而不密，剛氣不怒，柔氣不懾，四暢交於中而發作於外，皆安其位而不相奪也……
>
> 大樂與天地同和，大禮與天地同節。和，故百物不失；節，故祀天祭地。明則有禮樂，幽則有鬼神，如此則四海之內合敬同愛矣。

　　音樂源於心對天之感動，其源在乎率性，而後必然會導致心對天之感動的情緒的濫溢，這中間產生了一對矛盾。因此，音樂之用被上陞至政治的範疇。子曰：「發乎情，止乎禮」，禮以節人，樂以發和，以和而成止乎禮之用。在政治領域，職掌這個職責的是樂正，「於是乎氣無滯陰，亦無散陽，陰陽序次，風兩時至，嘉生繁殖，人民賴利，物備而樂成，上下不罷，故曰樂正」。從此，音樂的政治功能上陞，音樂由原始的「語言」演變成由特定的樂器來

演奏正統的、結構化的、規範嚴格的樂律，並成為關鍵的政治祭祀治具之一，其禮儀的功能大於原始的「發和」的功能，音樂的過程更多地體現了「律」的內涵。《周官・春官》曰：

> 典同掌六律六同之和，以辨天地四方陰陽之聲，以為樂器。……凡為樂器，以十有二律為之數度，以十有二聲為之齊量，凡和樂亦如之。

> 凡六樂者，一變而致羽物及川澤之祇，再變而致贏物及山林之祇，三變而致鱗物及丘陵之祇，四變而致毛物及墳衍之祇，五變而致介物及土示，六變而致象物及天神，九德之歌，九磬之舞，於宗廟之中奏之，若樂九變，則人鬼可得而禮矣。

> 夫政象樂，樂從和，和從平。聲以和樂，律以平聲。於是乎道之以中德，詠之以中音，德音不愆，以合神人，神是以寧，民是以聽……

《尚書・堯典》亦曰：

> 帝曰：「夔，命汝典樂，教冑子，……詩言志，歌永言，聲依永，律和聲，八音克諧，無相奪倫，神人以和。」夔曰：「於予擊石拊石，百獸率舞。」

（三）空玄無我對「相」的觀照

《世界史綱》的作者 H. C. 威爾斯說：「舊石器人比新石器人當然是更野蠻的人，但又是個更自由的個人主義者和更有藝術的人。新石器人開始受到約束，他從青年時就受到訓練，吩咐該做什麼，不該做什麼。他對周圍事物不能那麼自由地形成自己獨立的觀念。他的思想是別人給他的，他處於新的暗示力下。」這個「新的暗示力」即是通過原始宗教儀式活動和原始神話的講述體現出來並施加於個人心靈的。也就是說，隨著後來人類圖騰崇拜的演進，人類本原的藝術思維漸為理性的框架所約束，理性思維佔據了藝術思維的空間。是否可以這樣認為，久而久之這種理性的約束終究消蝕或掩蓋了潛藏在思維基因中天地與人本始的信息，後世想要重新發掘出這些信息，也需要重新修煉出本原的與天諧同的藝術靈覺，而這個任務，卻落在了如師曠那樣的「神瞽」身上。如此，這種天然藝術靈覺的修養過程，也就是對外來的暗示力逐步剝離的過程，用佛家的話說，是「破我執」、「破法執」的過程，也是「般若空相」、「中觀不二」的過程，也即道家「常無，欲以觀其

妙，常有，欲以觀其徼，兩者同出而異名，同謂之玄，玄而又玄，眾妙之門」
的境界。

釋僧肇《般若無知論》曰：

> 般若無所知，無所見。此辨智照之用，而曰無相無知者，何耶？果
> 有無相之知，不知之照，明矣。何者？夫有所知，則有所不知。以
> 聖心無知，故無所不知。不知之知，乃曰一切知。故經云：聖心無
> 所知，無所不知。信矣。是以聖人虛其心而實其照，終日知而未嘗
> 知也。故能默耀韜光，虛心玄鑒，閉智塞聰，而獨覺冥冥者矣。
>
> 真般若者，清淨如虛空，無知無見，無作無緣。……豈唯無知名無
> 知，知自無知矣。……是以言知不為知，欲以通其鑒；不知非不知；
> 欲以辨其相。辨相不為無，通鑒不為有。非有，故知而無知；非無，
> 故無知而知。是以知即無知，無知即知。……《中觀》云：物從因
> 緣有，故不真；不從因緣有，故即真。今真諦曰真，真則非緣。真
> 非緣，故無物從緣而生也。故經云：不見有法無緣而生。是以真智
> 觀真諦，未嘗取所知。（湯用彤：《漢魏兩晉南北朝佛教史》，2006
> 年）

僧肇「無知而知，知而無知」的般若之學，即佛家涅槃佛性的境界。《雜
阿含經》云：「聖弟子住無我想，心離我慢，順得涅槃。」以無知、無我觀
照，是謂性空。性空者，諸法實相也，《成唯識論》曰：「所信至教，皆毀我
見，稱讚無我。言無我見，能證涅槃，執著我見，沉淪生死。」故曰以無法
為本，故能立一切法。以般若正智，照見五蘊皆空以後的相狀，空相即實
相，就是我人的真如實性，故實相也即空相，色即是空，空即是色也。而真
如佛性，由無始無明所覆蓋，由見聞知覺的作用，成為妄心。妄心攀緣塵
境，成為妄想執著。故世俗中人，於四大假合之色身妄執為真我，是為我
執；於虛妄不實之塵影妄執為真境，是為法執。故不執著於一切虛妄之法，
是謂「破我執」；不執著於一切凡塵之色，是謂「破法執」；萬緣俱絕，即一
切法性空也；法性空者，即一切處無心是，若得一切處無心時，即無一相可
得，自性空故無一相事得，故曰「本來無一物，何處惹塵埃」，此一念無名之
處，法性心見矣。而性空則又緣起，緣起則又性空，菩提即煩惱，煩惱即菩
提，故又曰「中觀不二」。佛家中觀、止觀、空相、實相、般若、法性義理，
皆可作如是觀。如邵子說：「神無所在無所不在。至人與他心通者，以其本乎

一也。

　　通過將心靈中的妄念進行剝離，回歸至「本來面目」，就是空性，本來面目是對色界完全的鏡鑒與觀照，就是實相，此正達到本我、他我的同一。應該說，般若空相表達的是思維處於一種「物我兩忘、物我合一」的藝術化境界，是基於理性而又是對理性本身的超脫。筆者以為，撇開這種「恍兮惚兮，惚兮恍兮」的藝術靈覺而論佛教的「空即是有，有又成空」是唯物主義還是唯心主義，是對佛教定義的謬解，佛的目的是心物合一的。

　　道家崇尚「謙」、「弱」、「柔」的修為，通過以「心齋」、「坐忘」、「化蝶」等修持來達成「天人合一」忘我、無我境界，《老子》曰：

> 聖人處無為之事，行不言之教；萬物作焉而不辭，生而不有，為而不恃，功成而弗居。夫唯弗居，是以弗去。……塞其兌，閉其門；挫其銳，解其紛；和其光，同其塵。是謂玄同。載營魄抱一，有無離乎？專氣致柔，能嬰兒乎？滌除玄覽，能無疵乎？……視之不見名曰夷，聽之不聞名曰希，搏之不得名曰微。此三者，不可致詰，故混而為一。其上不皦，其下不昧。繩繩不可名，復歸於無物。是謂無狀之狀，無物之象，是謂惚恍。迎之不見其首，隨之不見其後。……致虛極，守靜篤。萬物並作，吾以觀復。夫物芸芸，各復歸其根，歸根曰靜，靜曰覆命，覆命曰常，知常曰明。……道之為物，惟恍惟惚。惚兮恍兮，其中有象；恍兮惚兮，其中有物。窈兮冥兮，其中有精，其精甚真，其中有信。

　　可見，道家的「玄同」意境與佛家的禪定實屬「同出而異名」，兩者全然可以互通，究竟「無為而無不為」。故僧肇曰：「是以至人處有而不有，居無而不無，雖不取於有無，然亦不捨於有無。所以和光塵勞，周旋五趣，寂然而往，怕爾而來，恬淡無為而無不為。」

　　佛、道中關於回歸本原的心理求證過程的論述，對於理解神瞽通過修證來顯發「原始靈覺」的過程，具有較強的啟示意義。思維存在著感性→知性→理性→靈性的由低到高的螺旋上陞過程，在對理性把握的過程中，因為知性的滲透而使思維會產生超越理性的衝動，理性的閉合建構在完成後也必然進入高級的感性階段，即靈性，這個階段讓思維本身感受到的是藝術化的和諧意境，這種意境多表現為一種情結，一種宗教神學的依託。如伏爾泰所說：「如果沒有上帝，我們就要造一個出來。」因而，大思想家們在思想發展的

後期多偏愛宗教，如牛頓、愛因斯坦一樣，科學研究的最後階段就變成了對「上帝」的情結，中國自古也普遍存在文藝旨趣近道佛，佛道門中多哲人的現象。

（四）簡單原則的生命邏輯

愛因斯坦曾經說過，物理學是至善至美的科學，物理學的美體現為「簡單、和諧、完善、統一」，因為自然本身就是先定的簡單與和諧。因而當波爾發現電子模型後，愛因斯坦讚歎道：「這是思想領域中最高的音樂神韻。」（李醒民，1986 年）。這種神韻就是對自然的和諧與簡單的感悟，邏輯簡單性是貫穿於他的研究中的首要知性，「科學的目的，一方面是盡可能完備地理解全部感覺經驗之間的關係，另一方面是通過最少個數的原始概念和原始關係的使用來達到這個目的」。因而愛因斯坦的方法在本質上是美學的，他本人也經常談到科學美，並把美學標準作為評價科學理論的一個重要標準。哲學家羅森認為：「愛因斯坦採取的方法與藝術家所用的方法具有某種共同性；他的目的在於求得簡單性和美。而對他來說，美在本質上終究是簡單性。」（李醒民，1986 年）

哥白尼為他的日心說這樣寫道：「所有的這些軌道的中心便是太陽，難道說在如此富麗堂皇的宮殿裡，還能找出比這更好的地方來安置這樣一盞美妙的明燈使它能從這兒照亮一切嗎？」牛頓曾說：「自然界喜歡簡單，不愛用多餘的原因誇耀自己。」這種對簡單、和諧美的執著，起源在哪裡？它源於人類頭腦中先天存在的思維經濟傾向，這種傾向又是源於自然界用以構建自然的規律的經濟性。

十七世紀德國偉大天文學家開普勒曾經說過，幾何學中有兩件珍寶：一是畢氏定理，二是黃金分割率。黃金分割率在藝術和美學的領域裡應用最為廣泛，因為它是最「自然」的（蔣謙，1999 年）。德國哲學家、美學家蔡辛（1810～1876）在《美學研究》一書中提出：人的肚臍恰處於人體垂直高度的黃金分割點；人的膝蓋骨是大腿和小腿的黃金分割點；人的肘關節則是手臂的黃金分割點。如果從嫩葉的頂端看下去，常可以看到葉子按螺旋線上排列的距離也服從黃金分割。並且，植物上下層中相鄰的兩片葉子之間約成 $137.5°$ 角，$360°-137.5°=222.5°$，而 $137.5°:222.5°≈0.618$，這樣每片葉子都可以最大限度地獲得陽光，從而有效地提高植物光合作用的效率。

事實上，黃金分割數、以及與之對應的斐波那契數列，在生物、物理、

地理中有相當多的體現：

　　植物的花瓣、萼片、果實的數目以及其他方面的特徵都非常吻合於
斐波那契數列：1、2、3、5、8、13、21、34、55、89……。

　　向日葵種子的排列方式中，種子順、逆時針方向和螺旋線的數量有
所不同，但往往不會超出 34 和 55、55 和 89 或者 89 和 144 這三組
數位，每組數位即斐波那契數列中相鄰的兩個數。

　　同一類植物，它們的「葉分歧」（Leaf divergence）是一樣的。從一
片葉起，在它上面和它相對同樣位置間隔的葉數設為 P，這些葉子
相對莖經歷的圈數設為 Q，「葉分歧」定義為 Q／P，植物學家發現
植物的葉分歧是和斐波那契數有關係。普通的草和菩提樹的葉分歧
為 1／2，榛與管茅為 1／3，蘋果樹與櫟樹為 2／5，玫瑰花與車前
草為 3／8，柳樹與杏仁樹為 5／13，這些分數都介於 1／2 與 1／3
之間，這些分歧數的分子與分母都成斐波那契數列。

　　在動物中，雞蛋蛋黃的位置正處在 0.618 的近似值上。蜜蜂的六邊
形蜂巢其底都是由 3 個全等的菱形拼成的，且每個菱形的鈍角與銳
角角度之比等於 0.64，非常接近黃金分割值；

　　在生態系統中，生態學家採用邏輯斯蒂差分方程來描述種群的增長
和下降過程。在這個高度抽象的模型中，如果把種群表示成 0 與 1
之間的一個分數，0 表示絕種，1 代表可以設想的最大種群，那麼取
一初值，一個增長率，就可計算出下一年的種群數，例如取 r 值 2.7
以及初始種群 0.2。1 減去 0.02 是 0.98，乘以 0.02 得 0.0196，再乘
以 2.7 得 0.0529。經過可程式設計計算器運算，種群的增長和下降
越來越接近一個固定的數，即 0.6328 至 0.62%，這個數服從於黃金
分割。（詹姆斯·格萊克：《混沌：開創新科學》，上海譯文出版社，
1990 年版，第 67 頁）

　　人體結構中有 14 個「黃金點」，12 個「黃金矩形」（寬與長比值為 0.618
的長方形）和 2 個「黃金指數」（兩物體間的比例關係為 0.618）：

　　黃金點：(1)肚臍：頭頂－足底之分割點；(2)咽喉：頭頂－肚臍之分割
點；(3)、(4)膝關節：肚臍－足底之分割點；(5)、(6)肘關節：肩關節－中
指尖之分割點；(7)、(8)乳頭：軀幹乳頭縱軸上這分割點；(9)眉間點：髮際

——頦底間距上 1／3 與中下 2／3 之分割點；(10)鼻下點：髮際－頦底間距下 1／3 與上中 2／3 之分割點；(11)唇珠點：鼻底－頦底間距上 1／3 與中下 2／3 之分割點；(12)頦唇溝正路點：鼻底－頦底間距下 1／3 與上中 2／3 之分割點；(13)左口角點：口裂水平線左 1／3 與右 2／3 之分割點；(14)右口角點：口裂水平線右 1／3 與左 2／3 之分割點。

黃金矩形：(1)軀體輪廓：肩寬與臀寬的平均數爲寬，肩峰至臀底的高度爲長；(2)面部輪廓：眼水平線的面寬爲寬，髮際至頦底間距爲長；(3)鼻部輪廓：鼻翼爲寬，鼻根至鼻底間距爲長；(4)唇部輪廓：靜止狀態時上下唇峰間距爲寬，口角間距爲長；(5)、(6)手部輪廓：手的橫徑爲寬，五指併攏時取平均數爲長；(7)、(8)、(9)、(10)、(11)、(12)上頜切牙、側切牙、尖牙（左右各三個）輪廓：最大的近遠中徑爲寬，齒齦徑爲長。

黃金指數：(1)反映鼻口關係的鼻唇指數：鼻翼寬與口角間距之比近似黃金數；(2)反映眼口關係的目唇指數：口角間距與兩眼外眥間距之比近似黃金數。

……

英國美學家柯克（1867～1928）在《生命之曲線》提出：「『黃金分割』暗示著生命原理和美的原理之間的某些關係，如果深究黃金分割這兩方面的原理，則這兩方面的原理都會得到說明。」黃金分割被認爲是人和動物形態的一個構造原則，是解開自然美和藝術美奧秘的關鍵所在（蔣謙、李思孟，2003 年）。

因此，作爲生物體的人與外部的生物、自然的客觀在黃金分割數這裡取得了某種統一，所以才會產生人類對外部世界的共鳴、感應，才能使人在「觀照」世界中產生審美活動的愉悅和快感，才能在知性中找到思維最經濟的靈覺狀態。黃金分割律成了自然運動規律與人類的審美活動統一的客觀基礎，也就是說，審美主體的審美心理產生也是按照「黃金分割律」進行的，這在某種程度上找到了「眞」與「美」統一的內在機理，這也許就是愛因斯坦所謂的思維科學與客觀世界的共有的簡單與和諧。

有學者曾證明：「由木火土金水構成的五行體系，在滿足生剋循環性要求下，是所用元素最少的唯一體系。符合現代科學的思維經濟性原則——用盡可能少的概念對盡可能多的事物作盡可能完備的描述。」（胡化凱，1995 年）

證明過程：用符號 a、b、c、d、e、f……表示滿足生剋關係的元素（相當

於五行的各元素），並用集 G 表示：

$$G = \{a，b，c，d，e，f……\} \quad (1)$$

G 是一個無限集合。

G 中的元素應滿足四個條件：

正向鄰位相生，　　(2)

正向隔一位相剋，　(3)

生剋各自循環，　　(4)

數量越少越好，　　(5)

若用有序偶（a，b）表示「a 生 b，用（a，c）表示「a 剋 c」關係，則相生和相剋關係均可表示成有序偶集。採用這種方式，相生關係集 S 和相剋關係集 K 可分別表示爲：

$$S = \{(a，b)(b，c)(c，d)(d，e)(e，f)……(x，a)\} \quad (6)$$

$$K = \{(a，c)(c，e)(e，g)(g，i)(i，k)……(y，a)\} \quad (7)$$

式中 x 和 y 分別表示生剋關係開始循環時的元素。S 和 K 均爲滿集，否則不能把各元素間的生剋關係全部表達出來。根據離散數學理論，S 和 K 集合可用有向圖和矩陣表示，且 S 與 K 的圖應滿足自構關係，S 與 K 的矩陣應滿足和同關係。這是離散數學模型對生剋完備對應關係的反映。

考慮到五行各元素之間生剋關係是單向不可逆的，因此有序偶表示爲：

$$(a，b) \neq (b，a) \quad (8)$$

$$(a，c) \neq (c，a) \quad (9)$$

由條件(3)知，集 G 的元素數最小應大於 2，否則無法滿足「隔一位相剋」的要求。現分奇數和偶數兩種情況討論。

大於 2 的最小奇數是 3，設 G 由 3 個元素組成，即：

$$G_3 = \{a，b，c\}$$

相應的相生有序偶集 S3 和相剋有序偶集 K3 分別爲：

$$S_3 = \{(a，b)(b，c)(c，a)\}，K_3 = \{(a，c)(c，b)(b，a)\}$$

它們均爲滿集。由離散數學可知，有序偶關係集可用圖論表示，S_3 和 K_3 的圖形分別爲圖 1 和圖 2，它們爲有向圖，其圖論表示式分別爲 $TS_3 = (3，3)$，$TK_3 = (3，3)$，二者滿足同構關係。但由 K_3 和圖 2 可知，K_3 表示的實質上是逆向鄰位相剋的關係，它與條件(3)「正向隔一位相剋」相矛盾，因而 G_3 不符合要求，應捨去。

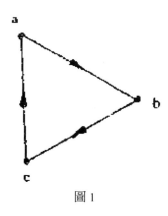

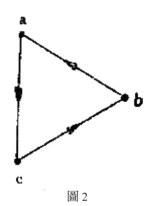

圖1　　　　　　　　　　　　　圖2

大於 3 的最小奇數是 5，取 5，則有：

G$_5$＝｛a，b，e，d，e｝

S$_5$＝｛(a，b)(b，e)(e，d)(d，e)(e，a)｝

K$_5$＝｛(a，c)(c，e)(e，b)(b，d)(d，a)｝

G$_5$ 和 S$_5$ 已把 K$_5$ 的全部相生和相剋關係包含在內，它們是滿集，其圖形表示如圖 3 和圖 4：

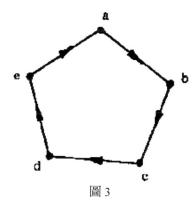

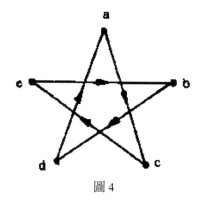

圖3　　　　　　　　　　　　　圖4

圖表示式爲 T$_{S5}$＝（5，5）和 T$_{K5}$＝（5，5），二者滿足同構關係。S$_5$ 和 K$_5$ 的矩陣表示式分別爲：

$$M_{S5}=\begin{pmatrix} 0 & 1 & 0 & 0 & 0 \\ 0 & 0 & 1 & 0 & 0 \\ 0 & 0 & 0 & 1 & 0 \\ 0 & 0 & 0 & 0 & 1 \\ 1 & 0 & 0 & 0 & 0 \end{pmatrix} \quad 和 \quad M_{K5}=\begin{pmatrix} 0 & 0 & 1 & 0 & 0 \\ 0 & 0 & 0 & 1 & 0 \\ 0 & 0 & 0 & 0 & 1 \\ 1 & 0 & 0 & 0 & 0 \\ 0 & 1 & 0 & 0 & 0 \end{pmatrix}$$

　　利用矩陣的初等變換理論可證明，M_{S5} 與 M_{K5} 是等價的即二者滿足和同關係。所以 G_5 同時滿足條件(2)、(3)和(4)。同理可證明，大於 5 的所有奇數個元素構成的集合，均能滿足這些條件，但最小者只有 5。

　　運用與上述同樣的方法可證明，偶數個元素組成的集合雖然能滿足條件(2)，但均不滿足條件(3)和(4)。

　　具體地說，偶數個元素構成的相剋有序偶集均不是滿集，未能把相剋關係全部表示出來；S 和 K 的圖表示均不滿足同構關係；S 與 K 的矩陣表示也均不滿足和同關係。因此可得出結論：滿足條件(2)、(3)、(4)、(5)的集合不可能由偶數個元素組成。

　　由上述可見，G_5 是同時滿足條件(2)、(3)、(4)、(5)的唯一集合。而 G_5 正是五行說的離散數學模型表示，因此命題得證。（詳見胡化凱：《五行體系的唯一證明》一文，1995 年）

圖 6-9：五行生剋圖

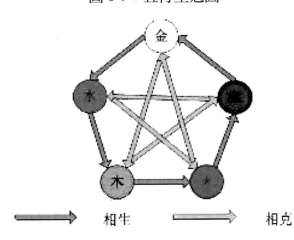

　　與五行生剋圖比較，顯然，上述證明過程與此圖完全等同。五行生剋圖五行體系的唯一性與思維經濟性與前文關於「5 數是簡諧數的中樞」正好形成呼應，這樣，思維領域裡的一對最基本的分立——宇宙理性與藝術和諧就成為了統一體。因此也可以認為，藝術的和諧與宇宙的理性通過「天人合一」達到了統一，反之，對宇宙理性的把握，可以通過自我觀照的方式以藝術的和諧感而反照出來，這就是道家所謂的「自然」、佛家的「般若」、儒家的「音樂」，其實一也。

第四節　總　結

　　至此，本書已完成了方圓、勾股、黃金分割、《河圖》、《洛書》、陰陽、五行、九宮、八卦、律呂、禮、樂等這些中國文化中最基本的概念背後所隱含的數理邏輯體系的探討，並觸及到了佛家般若與道家虛極之思維本原的地帶。筆者猜想，偉大的《易》、《河》、《洛》是上古伏羲、黃帝或是神瞽之類的大巫通過思維返復的修持至般若境界以自然觀照的方式窺探出天地與人同一的理性而形成的，《河》、《洛》的起源並非是先民對天文星象觀測的結果（曾祥委《河圖、洛書是新石器時代的星圖》一文認為，河洛之學源於古人對於天文二十八宿的觀測，1995 年），相反，天文星圖體系的組織（如二十八星宿）卻是《河》、《洛》完成後理性的結果。當人類思維試圖擺脫「自然」的般若狀態那一刻，或許就是人類由必然王國走向自由王國跨出的第一步，在邁出這偉大的一步後，邏輯理性最終佔據了思維的絕對地位，自此，科學成為了世界進步的關鍵工具，藝術總體上只能是理性的附屬。也因為此，才造成了對上古賈湖骨笛、含山玉版的不可思議，造成了對上古文明斯芬克斯般的疑惑。

　　應當承認，本書關於《易》的本源研究只能暫至於此了，止於理性與藝術的交接處。以筆者理性的深度與對藝術的觸覺，難以再繼續中國文化的理性邏輯本源前溯了，它需要借助於未來心理學、生理學、宇宙學、考古學等新的發現。

　　最後，筆者引用幾段話，作為對音樂與理性之間關係的最後注腳。

　　　愛因斯坦說：「在科學思維中，永遠存在著音樂的因素，真正的科學和真正的音樂要求同樣的思維過程。我在科學上的成就，很多是由音樂啟發的。這個世界可以由音樂的音符組成，也可由數學公式組成。」（《愛因斯坦文集》第三卷，1979 年）。

　　　錢學森說：「科學家不是工匠，科學家的知識結構中應該有藝術，因為科學裡面有美學。蔣英對我的工作有很大的幫助和啟示，這實際上是文藝對科學思維的啟示和開拓！在我對一件工作遇到困難而百思不得其解的時候，往往是蔣英的歌聲使我豁然開朗，得到啟示。」（蔣英女士是錢學森的夫人，從事音樂教育與創作）。

　　　《史記》曰：「孔子鼓琴於室，顏回自外入，琴音有貪殺之意，怪而問之。孔子曰：『吾鼓琴，見貓捕鼠，欲其得之，又恐其失之；此貪殺之意，遂示以絲桐。』」

第七章　古代地理學的原理

第一節　古代地理與天文的同構性

一、後天八卦符號的生成

　　在先天八卦圖中（伏羲八卦），陰與陽之間形成完善的對應關係，其以陰陽抽象所代表的天文、人文的意義也能取得對稱：

圖 7-1：先天八卦圖

　　乾坤兩卦對峙，為天地定位；震巽兩卦對峙，為雷風相薄；艮兌兩卦相對，為山澤通氣；坎離兩卦相對，為水火不相射，呈陰陽對峙，乾三陽與坤三陰一對，坎中滿與離中虛一對，震初陽與巽初陰一對，艮末陽與兌末陰一對。其序則乾一、兌二、離三、震四，卦位自下而上，卦序自上而下，以示

逆中有順，順中有逆。其乾一、兌二、離三、震四之逆來者，即巽五、坎六、艮七、坤八也。一氣順上，則為震、兌、離、乾之陽；一氣逆下，則為巽、坎、艮、坤之陰。陽退即陰生，陽進即陰退，陰陽總是一氣之變化，可代指三個周期：

第一周期：從坤卦左行，表示冬至一陽初生，起於北方；從乾卦右行，表示夏至一陰初生，起於南方，本周期指的先天八卦圖的最內圈，即由卦的初爻組成。這一寒一暑，表示太陽在一年的周期運動；

第二周期：由卦之中爻組成，半圈陽爻表示白晝太陽從東方昇起，經南天而到西方；半圈陰爻表示太陽落山後的黑夜，這是記太陽運行一日的周期圖像；

第三周期：由卦之上爻組成，半圈陰爻表示月亮運行的上半月，即朔；半圈陽爻表示月亮運行的下半月，是為弦。由此可見，這一圖像是統一年月日時周期。

坤震離兌居左，坤為老母，離再索而得中女，兌三索而得少女，三卦皆陰，只震一索而得長男為陽，故太極圖左面用黑色表示屬陰，黑中白點表示陰中有陽。乾巽坎艮居右，乾為老父，坎再索而得中男，艮三索而得少男，三卦皆陽，只巽一索而得中女為陰；如此老與老，少與少相對。老男與老婦相對，長男與長女相對，中男與中女相對，少男與少女相對。

而在後天八卦（也稱文王八卦）的排列中，呈現的卻是另外一種方位關係，也未有如先天卦陰爻、陰爻的對稱：

圖 7-2：後天八卦圖

邵子《皇極經世・觀物內篇》釋曰：

> 文王之作《易》也，其得天地之用乎？故乾坤交而爲泰，坎離交而爲既濟也。乾生於子，坤生於午，坎終於寅，離終於申，以應天之時也。置乾於西北，退坤於西南，長子用事而長女代母，坎離得位，兌震爲偶，以應地之方也。王者之法，其盡於是矣。……道生天，天生地。及其功成而身退，故子繼父禪，是以乾退一位也。

然何以「置乾於西北，退坤於西南」，以「長子用事」爲緣由實顯牽強。朱熹就對此大爲迷惑，《朱熹集・答蔡季通》：「細詳此圖，若以卦畫言之，則《震》以一陽居下，《兌》一陰居上而相對。《坎》以一陽居中，《離》以一陰居中，故相對。……但不知何故四隅之卦卻如此相對耳。此圖是說不得也。」

又，《朱熹集・答袁機仲》：「至於文王八卦，則熹常以卦畫求之，縱橫反覆，竟不能得其所以安排之意，是以畏懼，不敢妄爲之說，非以爲文王後天之學而忽之也。夫文王性與天合，乃生知之大聖，而後天之學方恨求其說而不得，熹雖至愚，亦安敢有忽視之之心耶？」（黃德昌，1997年）

其實，《禮記・樂記》中「地氣上齊，天氣下降，陰陽相摩，天地相蕩。鼓之以雷霆，奮之以風雨，動之以四時，暖之以日月，而百化興焉。如此，則樂者天地之和也」一文就已道明「後天」之爲後天的含義。所謂「先天者，心法也」，先天卦圖代表的是思維的路線，是「陰極生陽，陽極生陰」的基本原理；而「後天」是「陰陽相摩，天地相蕩」的結果，是「天地之和」地「樂」的結果，所以，後天卦的符號體現了先天卦中相對峙的卦之間的交合，對生成的後天八卦符號附以人事意味則才是所謂的「功成而身退，子繼父禪，長子用事」。李光地《啓蒙附論》：

> 先天凡四變而爲後天，火之體陰也，其用則陽，而天用之，故乾中畫與坤交而變爲離。水之體陽陽也，其用則陰，而地用之，故坤中畫與乾交而變爲坎。火在地中，陰氣自上壓之而奮出，則雷之動也，故離上與坎交而變爲震。水聚地上，陽氣自下敷之而滋潤，則澤之說也，故坎下畫與離交而變爲兌。陽感於陰，則山出雲，是山者，雷與澤之上下相感者也，故震以上下畫與兌交而變爲艮。陰感於陽，而水生風，是風者，澤與雷之上下相感者也，故兌以上下畫與震交而變爲巽。風本天氣也，因與山交而入其下，則下與地接，故巽以

上二爻與艮下二爻交而變爲坤。山本地質也，因與風交而出其上，則上與天接，故艮以下二爻與巽上二爻交而變爲乾。

夫天地水火者，一陰一陽而已，起情則交易而相通，其體則變易而無定，故先交變而爲後天，莫不各得其位而妙變化，各從其類而歸其根也。

故先天卦爲體，後天卦爲用，先天重在陰陽對待，後天重在陰陽的流行，即陰陽的運動變化過程，盡變化之能事。邵子曰：「先天非後天，則無以成其變化；後天非先天，則不能以自行也。」這就是何以《易》自古以來，八卦皆指後天八卦而非先天卦的原因。（先天卦是在宋時才由道家進入學界，而後天卦則一直貫穿於《易》學發展的進程，《春秋》占卜中尚先天與後天共用，而秦漢以後只有文王八卦，再無先天八卦，直到宋時由陳摶、劉牧、邵雍等將之白於天下，正是「先天不先，後天不後」）這也是《洛書》與後天八卦相配合運用的原因，後天八卦在於天地之交合，而《洛書》對應於上古音樂，音樂是「天地之和」，故《洛書》和後天卦所表達的意義是一樣的。

二、地理「法」天文的思維理念

「流行」是指卦隨時節的變換而運動，即第二章所論及「四時八節」的八節，《說卦》所謂「帝出乎震，齊乎巽，相見乎離，致役乎坤，說言乎兌，戰乎乾，勞乎坎，成言乎艮」，《易緯・乾鑿度》：

震生物於東方，位在二月；巽散之於東南，位在四月；離長之於南方，位在五月；坤養之於西南方，位在六月；兌收之於西方，位在八月；乾制之於西北方，位在十月；坎藏之於北方，爲在十一月；艮終始之於東北方，位在十二月。

後天卦中，乾統三男於東北；坤統三女於西南，除乾、坤外，震長男、坎中男、艮少男與巽長女、離中女、兌少女皆是「陽卦多陰爻，陰卦多陽爻」，並以其中唯一之陰爻或陽爻爲卦德之主。《易・繫辭》曰：「陽卦多陰，陰卦多陽，其故何也？陽卦奇，陰卦偶。其德行何也？陽一君而二民，君子之道也。陰二君而一民，小人之道也。」且此卦之主爻所示之義合乎五行之氣與方位，在爻所處的卦位內涵了陽爲進爲昇、陰爲退爲降的原則。清代道士劉一明《易理闡眞》曰：

乾老父三陽眞氣，爲三男所得，健德收斂，故得藏於西北寒盛之方；

坤老母三陰眞氣，爲三女所得，順性失常，故遷於西南殺機之鄉。
離得坤之中陰，陰麗陽中，陰借陽而生明，故居正南火旺之方。坎
得乾之中陽，陽陷陰中，陽入陰而生潮，故居正北水旺之方。震得
乾之初陽，初陽主生長，故居正東木旺之方。兌得坤之末陰，末陰
主消化，故居正西金旺之方。艮得乾之末陽，末陽主靜養，故居東
北陽弱之方。巽得坤之初陰，初陰主潛進，故居東南陽盛之方。

也就是說，震下一陽爲陽氣方昇，陽氣昇而足以破陰氣，故爲長男，位
於正東，五行屬木，時節在春；兌上一陰爲陰氣將降，陰氣降足以消陽氣，
故爲少女，位於正西，五行屬金，時節在秋。其餘諸卦，皆可如此理推知。
但需要指出，所謂「乾坤其易之門」，祇是在先天卦的生成過程體現，在後天
卦中，乾置於西北、坤置於西南，並不因爲乾、坤二卦在先天中的至尊地位
使西北、西南方向也取得相應的更高的地位，其實，後天卦之作爲「用」所
表明各卦的五行、方位、時節以及所指代的萬「象」在地位上是相同的。由
此說明，在空間方位的選擇上，並不存在預先設定的「先天優越」方位。後
文將指出，風水學中對於空間方位的選擇是隨著時運的流行而變化的，在一
個山水（高低）所組成的空間中，每個方位都存在著吉的可能，也存在凶的
可能，吉凶都不是一成不變的，不存在天然的永遠的吉位。

《淮南子・天文訓》曰：

坎居北方者，冬至之日，陽氣動於黃泉之下，子雖大陰之位，以陽
氣動其下，故其卦外陰內陽，象水內明，中懷陽也，故居子位以配
水；艮在東北者，其卦一陽在上，象立春之時，陽氣已發，在於地
上，下有重陰，象陰氣猶厚，陽氣尚微，艮既爲山，以其重陰在下，
積土深，故卦復在丑，丑爲未沖，故以配土；震居東方者，震爲長
男，能主幹任，故居顯明之地，東方，春也，萬物咸得生出，明淨
顯著，震爲雷，雷動則萬物出，春分之時，天氣下降，地氣上騰，
天地和同，萬物萌動，故震居卯，卯，少陽之位，故以配木；巽居
東南者，其卦重陽在上，象立夏之時，陽氣已盛在上，陰氣微弱在
於下，木之爲物，入地最少，出土最多，巽卦二陽在上，象木出地
之多，一陰居下，象木入地之少，木體是陽，亦宜明顯，故在東南，
以配於木……。

將天文時節「卦氣」與「地氣」結合在一起，通過地氣來描述天文。事

實上，五行學說的起源、發展以及龐大體系的構建就已經表明，天象、地理、人文同處於一個理論體系的框架之下。五行、八卦學說源於天文而又籠罩時、空萬象，這種以太極統領一切的思維理路是中國哲學乃至一切科學的關鍵方法論，所以在中國的科學技術領域，如醫學、地理學、音律、兵學、經濟等，所有的學科提綱都無一不是以天文為統領，因此在中國的傳統醫學經典《黃帝內經》中，大量涉及了天文曆法的內容。歷史考古學家李零亦強調：「中國古代對地理的認識是以天文為前提的，古人講地理雖可自成體系，但其認識背景是天文，東西是靠晝觀日景，南北是靠夜觀極星，他們是在『天』的背景底下講『地』，所以『地』的總稱是『天下』。」（李零：《古代方術續考》，2006年）。所以古代在組織空間活動的過程中，總是在積極地與天文靠近。《洛書》、八卦成為中國最早的地理空間區劃方法，且這種方法幾千年來一直穩定地佔據了中國地理學的主流，成為後來風水學發展演變的基礎。《吳越春秋》所載「伍子胥建姑蘇城」一事就表明，至晚在春秋時期，中國古人就已經在系統地運用「九宮區劃」的方法原則。《吳越春秋》：

> 子胥乃使相土嘗水，象天法地，造築大城。周回四十七里，陸門八，以象天八風，水門八，以法地八窗。築小城，周十里，陵門三，不開東面者，欲以絕越明也。立閶門者，以象天門通閶闔風也。立蛇門者，以象地戶也。闔閭欲西破楚，楚在西北，故立閶門以通天氣，因復名之破楚門。欲東併大越，越在東南，故立蛇門以制敵國。吳在辰，其位龍也，故小城南門上反羽為兩鯢鱙以象龍角。越在巳地，其位蛇也，故南大門上有木蛇，北向首內，示越屬於吳也。

第二節　「風水」時空運動的規則

一、「風水」的立體空間概念

唐楊筠松《青囊經》曰：

> 天尊地卑，陽奇陰偶，一六共宗，二七同道，三八為朋，四九為友，五十同途，闔闢奇偶，五兆生成，流行終始。八體宏佈，子母分施，天地定位，山澤通氣，雷風相薄，水火不相射，中五立極，制臨四方，背一面九，三七居旁，二八四六，縱橫紀網。陽以相陰，陰以含陽，陽生於陰，柔生始剛，陰德宏濟，陽德順昌。是故陽本陰，

　　陰育陽，天依形，地附氣，此之謂化始。

　　顯然，「一六共宗」是《河圖》，「背一面九」是《洛書》，《青囊經》被唐以來歷代地理風水學家奉之若聖經，開篇先論河洛，以之爲「化始」，已指出風水之所本。也說明，風水學的空間觀念必然就是八卦、九宮的空間概念。

　　其次，又論及「化機」：

　　　天有五星，地有五行，天分星宿，地列山川，氣行於地，形麗於天，
　　　因形察氣，以立人紀。……地德上載，天光下臨，陰用陽朝，陽用
　　　陰應，陰陽相見，福祿永貞，陰陽相乘，禍咎踵門。天之所臨，地
　　　之所盛，形止氣蓄，萬物化生，氣感而應，鬼福及人，是故天有象，
　　　地有形，上下相須而成一體，此之謂化機。

　　此是講後天形成後，地隨天成，地承天運，仍表達的是「地法天」的思想。最後到「化成」的階段，是「明地德，立人道，因變化，原終始」的人與地、天合一的境界：

　　　無極而太極也，理寓於氣，氣圍於地，日月星宿，剛氣上騰，山川
　　　草木，柔氣下凝，資陽以昌，用陰以成。陽德有象，陰德有位，地
　　　有四勢，氣從八方，外氣行形，內氣止生，乘風則散，界水則止。
　　　是故順五兆，用八卦，排六甲，布八門，推五運，定六氣，明地德，
　　　立人道，因變化，原終始，此謂之化成。

　　因此，《青囊經》中並未明言地理，而是講地理之所本。只因楊筠松生於唐代，其時並無《河圖》、《洛書》，又無先天卦、後天卦之說，故術家圍繞楊公之說聚訟紛紜。今以河洛、八卦觀之，其中並無多少玄妙，祇是天人合一的理念與九宮八卦理論而已。所謂「地有四勢，氣從八方」者，即地有高下、陰陽之勢，氣有八風之氣、八卦之門。所謂「外氣行形，內氣止生，乘風則散，界水則止」，是指四勢之中，各自有象，則八方之中，亦各自有氣，然此諸方之氣，皆流行之氣，因方成形，只謂之外氣，苟任其流行而無止蓄，則從八方而來者，還從八方而去，不足以潛發靈機，滋荄元化，必有爲之內氣者焉。所謂內氣，非內所自有，即外來流行之氣，於此乎止，有此一止，則八方之行形者，皆招攝翕聚乎此，是一止而無所不止，於此而言太極，乃爲地理之太極矣，而地氣流行不息之道在其中。所謂形止氣蓄，萬物化生，即是此說。然形止者，止於何處，止於山水之間也。氣之陽者，從風而行，氣之陰者，從水而行，風原不能散氣，所以噓之使散者，關在乎乘，水原不能

止氣，所以吸之使止者，只在乎界。水者，趨下也，地形之高下相傾，見水之處，必是山止之處，高位所止之處，故有「山遇水則止，水遇山則止」。而「乘風則散，界水則止」一句，即源自晉代郭璞《葬書》一文：

> 氣，乘風則散，界水則止，古人聚之便不散，行之使有止，故謂之風水。風水之法，得水為上，藏風次之。

如果說，將空間以九宮八卦的劃分方法是對平面的二維認識，那麼風水概念則重在強調對地理空間三維的立體考察。毫無疑問，將空間按照八卦空間的區劃辦法得出的僅是在平面上的九等份劃分，即九宮，難以描述地理空間的真實形態，因為地理空間嚴格的說，無時不有三維立體的起伏，因此在九宮區劃的基礎上，需要引入「山水」概念，來表示地理空間上的三維特徵。因為在自然的狀態下，水往低處流，見水的地帶正是山脈延續的終結地。水與山的邊界是重合的，以水的邊界可用來表示山的邊界。故界水所止處，定是山之起始處，山之起始之地，亦是風被擋住而所止之處，聚之使不散，必要空間上形成山與水之高低組合，因此，風水之名其實也就是「山水」，藏風必須有山，無山氣即乘風而散。注意古代地理學的這種空間認知方法，在認識中始終貫徹以「陰陽」的觀念，水相對山而言，山相對水而言，言水必有山，論山必及水，兩者相輔相成，不能割裂開來。李零在《中國方術續考》中指出：「中國古人說的山是與水相對，像日月星辰代表『天』之『文』，它是代表『地』之『理』。古人講『地理』，主要是兩條，一是山，一是水，《禹貢》主水（《河渠書》、《溝洫志》、《水經注》亦側重於水），《山海經》主山，但講『山』必及於『水』，講『水』也必及於『山』。二者互為表裡，不僅可以反映地形的平面分佈，也涉及其立體的『高下』與『險易』。……『山』者概其高，『水』者括其下，是一種提綱挈領的東西。」在地理平面上，中國古代以太極「至大無外，至小無內」的思維將空間範圍、規模進行放大，形成具有幾何對稱的「九天」、「九地」、「九州」、「九野」體系，甚至有「小九州」、「大九州」、「赤縣神州」之說，這樣的放大似乎有將模式化的空間思維強行籠罩之嫌，其實古人在進行平面區劃過程中必然顧及到空間無所不在的地理起伏，故而將風水的概念引入其中，風水也即地勢的陰與陽，這樣以一種抽象的概念來概括差異，即能控制差異化，又可使直觀性與整體性能夠統一起來。邵子曰：

> 天奇而地偶，是以占天文者，觀星而已；察地理者，觀山水而已。

觀星而天體見矣，觀山水而地體見矣。天體容物，地體負物。是故，
體幾於道也。

二、「風水」的人本內核

《葬書》又云：「風水之法，得水爲上，藏風次之。」藏風即關乎山，所
以也可說是得水爲上，得山次之。何以山與水之效應產生不同，原因又爲何？

《易·繫辭》曰：「法象莫大乎天地，變通莫大乎四時，縣象著明，莫大
乎日月，崇高莫大乎富貴。」對於「富貴」的崇尚是隨著氏族社會興起，階
級的出現，文明的產生而伴隨發展始終的。因此，《易》之用在乎趨吉避凶，
其實仍在富貴而已。所謂富者，家豐於財貨也、祿位昌盛也；貴者，尊也，
爵位也，《禮記·祭義》所謂「貴貴爲其近於君也」。富貴的核心在於掌握金
錢的數量和經濟的權利。古人講「天、地、人」三才，人介於天地之間，是
三才的功能核心，法天則地是以人之欲求爲核心的，因此可以認爲，古人所
討論的地理，從來都是人文地理、人本地理，地理之吉凶是與人的富貴相對
應的，風水學存在的目的，也是人們爲了從中乘地運之利而得到富貴。

而在風水上，富貴與「水」關係最大，究其因，主要在於「水」在中國
文化中是生化萬物的核心要素。本書在第二部分曾指出古人對於「太一」神
的無上崇拜，太一爲天地萬物之源，亦是萬物化生之源，而太一在五行中屬
水。郭店楚簡《太一生水》曰：

大一生水，水反輔大一，是以成天。天反輔大一，是以成地。天地
復相輔也，是以成神明。神明復相輔也，是以成陰陽。陰陽復相輔
也，是以成四時。四時復相輔也，是以成滄熱。滄熱復相輔也，是
以成濕燥。濕燥復相輔也，成歲而止。故歲者，濕燥之所生也。濕
燥者，滄熱之所生也。滄熱者，四時之所生也。四時者，陰陽之所
生也。陰陽者，神明之所生也。神明者，天地之所生也。天地者，
太一之所生也。

太一的境界，也是至崇至尊的境界。《老子》曰：「江海之所以能爲百穀
王者，以其善下之，故能爲百穀王。是以聖人欲上民，必以言下之；欲先民，
必以身後之。」因爲上善若水，水善利天下而不爭，爲而不爭，是以莫能與
之爭，故能趨下而崇高，不自貴而人皆貴之。故《鶡冠子·泰鴻》曰：「泰一
者，執大同之制。」

　　而在八卦中，乾為萬物所始之資，坤為萬物所生之資，《易‧坤卦》有云：「《象》曰：至哉坤元，萬物資生，乃順承天。」坤亦有養育萬物之義，而坤在五行屬土，且在《河圖》、《洛書》中，中央土五、十為中樞之數字，因而五行土亦有生養萬物的核心意義。太一水與中央土的在生命意義上功能就發生了重疊，因此，中國哲學有水地說，以水和地為萬物之源（田合祿、田蔚：《生命與八卦》，2007 年），其實表達的就是中國文化中對「起始」與「中央」無上尊崇的意義。所以又有「黃泉」之說，黃者，土也，泉者，水也，而原非指中原黃土地下之水。

　　《管子‧水地》曰：

> 地者，萬物之本原，諸生之根苑也，美惡、賢不肖、愚俊之所生也。
> 水者，地之血氣，如筋脈之通流者也。故曰：水，具材也。……人，
> 水也。男女精氣合，而水流形。三月如咀。咀者何？曰五味。五味
> 者何？曰五藏……

　　在河姆渡文化陶盆中有太一神與社神相配合的圖案，社神以樹的圖像表示（見《中國古代天文考古學》），說明太一神與社神當時已經重合，而古人立社植樹，為社之標誌，意在暗寓生木之土，社神即為社稷之神，俗稱土地神，植百穀之神，代表物產豐收。所以風水說得水為上，其實指得土為財貨，為富貴，此一說。

　　另外，在古代將貨物流通比作水之由高趨下，錢也稱為「泉」，《周禮‧天官‧外府》：「掌邦布之出入。」鄭玄注：「布泉也，布讀為宣佈之佈，其藏曰泉，取名於水泉，其流行無不遍入出。貨泉徑一寸，重五銖，右文曰貨，左文曰泉，直一也。」《漢書‧食貨志》：「故貨，寶於金，利於刀，流於泉。」顏師古注曰：「流行如泉也。」朱駿聲《說文通訓定聲‧乾部》：「古者貨貝而寶龜，周太公立九國圜法，乃有泉；至秦廢貝行錢。」因貨幣如泉水一樣流通一息，遂稱之為「泉」，掌管錢稅的官也稱泉府之官，《周禮‧地官‧泉府》：「泉府掌以市之征布、斂市之不售、貨之滯於民用者。」《漢書‧食貨志下》：「周有泉府之官。」《魏書‧高謙之傳》：「是以古之帝王，乘天地之饒，御海內之富，莫不腐紅粟於太倉，藏朽貫於泉府。」明高攀龍《今日第一要務疏》：「臣觀古今善理財者，無如周公。而《周官》所立泉府，謂之曰：『泉者，欲其如泉之流而不滯也。』」

　　風水以水之流下為聚是為聚氣，在人事上則為錢貨如水流一樣為聚而富

貴，此是得水爲上之意。而藏風次之，何以得山爲次？楊筠松《青囊序》曰：
「富貴貧賤在水神，水是山家血脈精，山靜水動晝夜定，水主財祿山人丁。」
風水家自古有「山管人丁水管財」之說，意在說得水旺財富，得山則旺人丁。
然何以人丁之興旺關乎山，風水家多套用此說，至於此說何來，楊筠松也未
予以解答。注意，此旺人丁非現代意義之人口多之意，而是特指旺男丁，若
多出女性，在風水上不爲好，是人丁不旺之象。對於現代社會而言，此一點
可謂風水至謬之糟粕，尤需批判，在茲不繁說。本書需要探討的是，即使旺
的是男丁，機理何在？本書目的不是爲風水師提供直接套用的工具書，而是
要研究其理論的來源並揭示其中暗含的機理。

　　筆者以爲，關於這一點，仍需把思索的路線回復到「太一」與「陰陽」
本體上來。《河圖括地象》曰：

> 天有九部八紀，地有九州八柱。崑崙山爲柱，氣上通天。崑崙者，
> 地之中也，地下有八柱，柱廣十萬里，有三千六百軸，互相牽制名
> 山大川，孔穴相通。崑崙之虛，有五城十二樓，河水出焉，四維多
> 玉。易有太極，是生兩儀，兩儀未分，其氣混沌……

《水經注·河水》曰：

> 崑崙之山有三極，下曰樊桐，一名板松，二曰玄圃……，上曰層城，
> 一名天庭，是謂大帝之居，地之中也。

《淮南子·地形訓》曰：

> 崑崙丘是謂懸圃，登之乃靈，能使風雨。或上倍之，乃維上天，登
> 之乃神，是謂太帝之居。

　　晉人張華《博物志》有云：「地部之位起形高大者有崑崙山。……其山中
應於天，最居中。」因崑崙山居中央，故在中國神話中是黃帝神所居之地，《莊
子》曰：「黃帝遊於赤水之上，登於崑崙之丘。」《穆天子傳》曰：「崑崙之丘，
黃帝之宮。」古人想像在崑崙山有天柱，爲天運轉之樞。張華注《神異經》
曰：「崑崙有銅柱，其高入天，所謂天柱也。」著名學者何新認爲，此天柱即
爲《淮南子》所說的「建木」，《淮南子》有「建木在都廣，眾帝所自上下。
日中無影，呼而無響，蓋天地之中也」。

　　可見，諸家表達之崑崙皆在其「天之中」之意，而崑崙一詞之原出於「混
沌」，揚子《太玄》曰：「崑崙旁薄幽。」古人稱天地開闢之前的狀態爲混沌
或混淪，《列子》：「萬物混沌而未相離也。」岑仲勉《西周文史論叢》：「考崑

崙者當衡以理勿求諸語上古多用方言，或稱昆陵、混淪等。要之為胡語『喀喇』之轉音，猶言黑也。」故崑崙除天地正中之意外，還有天地起始之意。正與「太一」起始與中央土五之結合意思甚為相近，即崑崙是「水地」說的變體。《易緯・鈎命訣》：

> 天地未分之前，有太易、有太初、有泰始、有太素、有太極，是為五運。形象未分，謂之太易；元氣始萌，謂之太初；氣形之端，謂之泰始；形變有質，謂之太素；質形已具，謂之太極。五氣漸變，謂之五運。

混沌、崑崙與太易「形象未分」之意幾為一樣，太易為天地五運之第一運，即「太一生水」。且在五行中，水對應顏色是黑，又與崑崙、混沌的意思同樣，甚至五行中水對應的顏色就起源於混沌，起源於「太一生水」的混沌狀態。所以綜合推論，崑崙表達的仍是「水地」說。

與崑崙之意相應，崑崙山表達的是支撐起天運轉的山或天柱、天鍵。而此意象與乾卦相近，《易・乾卦》曰：「大哉乾元，萬物資始，乃統天。雲行雨施，品物流形。大明始終，六位時成，時乘六龍以御天。大矣哉！大哉乾乎？剛健中正，純粹精也。」乾為天運之統領，故乾陽剛健，正子曰「天何言哉」之意。《易・說卦》曰：「乾，健也。」乾六爻純陽，為老父、為君，因此人事上當主男性。另外在古代生殖崇拜中，乾卦又為男性生殖器。《易緯・乾鑿度》：「孔子曰：『乾者天也，終而為萬物始，北方萬物所始也，故乾位在於十月。』」（坎卦在十一月，為水）因此與「太一之水」對應的崑崙山，主剛健、統領，也主男性。與風水之「水」在卦為坤相應，風水之「山」在卦為乾，一為純陰，一為純陽。既然地勢之陰陽是為高下相傾，而水為陰為下，山則即為陽為上。故有所謂「山管人丁水管財」之說。

三、基於道佛的「玄空」釋義

在風水學中，對後世影響最大的要屬「玄空」風水學派，被認為是郭璞、楊筠松的真傳，是對《河圖》、《洛書》的最直接運用。明末風水學大師蔣平階力闢《平砂玉尺經》三合派之謬，極言玄空學之真義。後經清末民初著名易學家沈紹勳的極力推動，使玄空風水漸為主流，至今在華人風水學界也甚為活躍。考玄空一詞，最早出自於《青囊序》「晉世景純傳此術，演經立意出玄空」一文。蔣平階《地理辨證》全文並未對「玄空」二字做出解釋，似以

該詞爲自然而然，無需解釋。但他又說：「推原玄空大卦，不始於楊公，蓋郭景純先得青囊之秘，演而立之，直追周公製作之精意也。」即使不是周公所作，既然有玄空之名，其中必有緣由，本書試作一番全新的考究。

繼續探討前文的崑崙，既然崑崙之意爲天地萬物之元始，那麼崑崙山在上古指的就是現在的泰山。泰山也稱太山，太一神所居之山，呂思勉《先秦史・民族原始》考證：「以嵩高爲中嶽，乃吾族西遷後事，其初實以泰岱爲中。」《史記・封禪書》云：

> 齊桓公既霸，會諸侯於葵丘，而欲封禪。管仲曰：「古者封泰山禪梁父者，七十二家，而夷吾所記者十有二焉。昔無懷氏，封泰山，禪云云；虙羲封泰山，禪云云；神農封泰山，禪云云；炎帝封泰山，禪云云；黃帝封泰山，禪亭亭；……皆受命然後得封禪。」

從「敬天法祖」的意義而論，伏羲、神農、黃帝所封之山應爲「太一」之山，因此，泰山當爲昆崙山。《風俗通・五嶽》云：「東方泰山，尊曰岱宗，岱者，始也，萬物之始，王者受命，易姓改制，應天成功，封禪以告天地。」黃帝在冀州，《山海經》郭璞注曰：「冀州，中土也。」《淮南子・地形訓》：「正中冀州曰中土。」冀又通「齊」，《爾雅・釋言》：「齊，中也。」《漢書・郊祀志》：「齊之所以爲齊，以天臍也。」也證明黃帝氏族當時活動與齊、冀一帶，而泰山正是這一帶的最高山。在泰山頂上可觀日出海上，黃振華認爲「日出爲易」，「易」甲骨文字形的構造像太陽露出海面的情景（見《周易與日月崇拜》）。日出海上正是上古神話中的「若木」與「扶桑」，而泰山上的雲海景觀以及太陽昇出海上正是混沌與混沌初開的意境，因此從多個方面都證明泰山的本體崇拜意義。從《尚書・舜典》上看，泰山由天下之中轉變爲東嶽，當在堯舜時已經發生。《尚書・堯典》曰：

> 歲二月，東巡守，至于岱宗，柴，望秩于山川，肆覲東后。協時月正日，同律度量衡。修五禮、五玉、三帛、二生、一死贄，如五器，卒乃復。五月，南巡守，至于南岳，如岱禮。八月，西巡守，至于西岳，如初。十一月，巡守，至於北岳，如西禮。……五載一巡守。

在時序上，這又爲中國在更早就存在的太陽神、北斗神、太一神崇拜以及《易》、《河圖》、《洛書》等提供了進一步的佐證。

泰山不僅有乾健統始之意，且有地獄收藏之意。《孝經援神契》曰：「太

山天帝孫，主召人魂。」，《月令廣義・圖說・五嶽眞形圖》說：「泰山乃天帝之孫，群靈之府，爲五嶽祖，主掌人間生死貴賤修短。」《淮南子・地形訓》：「禹掘崑崙虛以下地……，浸浸黃水，黃水三回復其源泉。」此所謂黃泉，黃泉自古就有死地之意，《左傳・隱西元年》：「鄭莊公曰：『不及黃泉，無相見也。』」《山海經・海內西經》：「崑崙之丘，實唯帝下之都。其神陸吾，是司天之九部及帝之囿疇。」《古樂府》詩云：「齊度遊四方，各繫泰山。人間樂未央，忽然歸東嶽。」《博物志》：「泰山天帝孫也，主召人魂，東方萬物始，故知人生命。」《後漢書・烏桓傳》：「中國人死者魂魄歸泰山。」《三國志・管輅傳》：「輅謂其弟曰：『但恐至泰山治鬼，不得治生人。』」

因此，泰山具有「起始神」與「終結神」的雙重本體含義。《白虎通》曰：「王者易姓而起必刊封泰山，行教告之義也。」「始」對應於神職，「終」則對應於鬼職，泰山神是神道和鬼道的統一。《史記正義》云：「此泰山上築土爲壇以祭天，報天之功，故曰封。此泰山下小山上除地，報地之功，故曰禪。……神道屬天，王者即封泰山以報天，則泰山有神道矣。鬼道屬地，王者既禪泰山下小山，如云云、亭亭、梁父、蒿里諸山以報地，則云云、亭亭、梁父、蒿里諸山有鬼道矣。」《茶室香叢鈔》：「泰山有天主地主之祠，其義即緣封禪而起。王者於此報天，故有天主祠，王者於此報地，故有地主祠。死者魂歸泰山，即歸於地主耳。」故《易》中「天地設位，聖人成能，人謀鬼謀，百姓與能」，「先王以神道設教」，神者是天道之謂，鬼者是地道之謂。

注意，泰山的這種雙重意義正與八卦中「艮」卦意象極爲相似，《易・艮卦》：「艮，止也。時止則止，時行則行，動靜不失其時，其道光明。艮其止，止其所也。」《易・說卦》：「艮以止之。……艮東北之卦也，萬物之所成，終而所成始也，故曰成言乎艮。神也者，妙萬物而爲言者也，……終萬物始萬物者，莫盛乎艮。」《易・序卦》：「震者動也。物不可以終動，止之，故受之以艮；艮者止也。物不可以終止，故受之以漸。」《易緯・乾鑿度》：「孔子曰：『艮終始之於東北方，位在十二月。……艮者止物者也，故在四時之終位，在十二月。』」

在《封禪書》記載武帝封禪過程中，有濟南人呈送黃帝時明堂圖，圖中關於上古時期的方位明堂值得深究，《史記・封禪書》：

初，天子封泰山，泰山東北阯古時有明堂處，處險不敞。上欲治明
堂奉高旁，未曉其制度。濟南人公玉帶上黃帝時明堂圖。明堂圖中

有一殿，四面無壁，以茅蓋，通水，圍宮垣爲複道，上有樓，從西
南入，命曰昆侖，天子從之入，以拜祠上帝焉。於是上令奉高作明
堂汶上，如帶圖。及五年脩封，則祠太一、五帝於明堂上坐，令高
皇帝祠坐對之。祠后土於下房，以二十太牢。天子從昆侖道入，始
拜明堂如郊禮。

在黃帝明堂圖中，上殿是由西南方入，名曰崑崙，上古聖王從西南方進
而拜祠上帝，泰山明堂在東北址。在地理方位中，西南方爲坤卦，東北方爲
艮卦，而坤卦與艮卦是中央土五、十的借代。《漢書·魏相傳》：「魏相表採
《易陰陽》、《明堂月令》曰：『東方之神太昊，乘《震》執規司春；南方之神
炎帝，乘《離》執衡司夏；西方之神少昊，乘《兌》，執矩司秋；北方之神顓
頊，乘《坎》執權司冬；中央之神黃帝，乘《坤》、《艮》執繩司下土。』」八
卦分佈於八方，《洛書》中央5沒有相應的卦與之相配，而借坤卦與艮卦爲
替，坤卦、艮卦在五行中皆屬土，另外，坤卦與艮卦所處正是《洛書》數位
點陣中「2」與「8」的位置。而本書在第二部分對《洛書》數字生成的數理
推導過程中指出，「二八易位」正是《洛書》數位運動的核心特徵。以坤卦與
艮卦代表中央土五，也反映了坤卦與艮卦在空間數字運動中的關鍵意義。《易
緯·乾鑿度》：

坤爲人門，畫坤爲人門，萬物蠢然，俱受陰育，象以此。坤能德厚
迷遠，含和萬靈，資育人倫，人之法用。萬門起於地利，故曰人門；
其德廣厚，迷體無首，故名無疆。數生而六，六者純陰，懷剛殺，
德配在天。坤形無德，下從其上，故曰順承者也。

艮爲鬼冥門。上聖曰：一陽二陰，物之生於冥昧，氣之起於幽蔽。
地形經曰：山者艮也，地土之餘，積陽成體，石亦通氣，萬靈所止，
起於冥門，言鬼其歸也。眾物歸於艮，艮者止也。止宿諸物，大齊
而出，出後至於呂申，艮靜如冥暗，不顯其路，故曰鬼門。

西南坤門名之曰崑崙，坤卦純陰，陽明陰幽，純陰之象與崑崙之混沌狀
態同，故坤卦五行之土爲陰土，爲幽昧。而艮卦「止宿諸物，大齊而出」，是
對混沌狀態的元氣始萌，一點陽明，故屬陽土，而這兩卦反映的陰陽意義應
該就是「玄」與「空」的意義，「玄」與道家本體範疇對應，「空」對應於佛
家的本體範疇，而坤、艮所代之中央土是《河圖》、《洛書》的本體範疇。

《說文》：「玄，幽遠也；黑而有赤色者，象幽，而∧覆之也」，「幽」字

「從二麼」，「麼、小也，象子初生之形」。張衡《玄圖》：「玄者，無形之類，自然之根；作於泰始，莫之能先；包含道德，構衍乾坤；橐籥元氣，稟受無形。」揚雄《太玄‧玄攤圖》：「玄者，幽攤萬類而不見形者也。」《太玄‧玄告》：「天以不見爲玄，地以不形爲玄，人以心腹爲玄。」蘇轍《老子解》：「凡遠而無所至極者，其色必玄，故老子常以玄寄極也。」吳澄《道德眞經注》：「玄者，幽昧不可測知之意。」沈一貫《老子通》：「凡物遠不可見者，其色黝然，玄也。大道之妙，非意象形稱之可指，深矣，遠矣，不可極矣，故名之曰玄。」學者龐樸通過對湖北屈家嶺文化的研究後指出，玄即漩渦，以漩渦義就更好地解釋《老子》中「玄之又玄，眾妙之門」、「玄牝之門，是謂天地根」、「淵兮似萬物之宗」的意思，以及何以「門」、「牝」二字皆顯渦形（龐樸：《中國文化十一講》，2008 年）。龐樸《談玄》認爲：

> 它的微妙不在別處，就妙在進而反，反而返，如水之漩。譬如所謂的玄德，指『生而不有，爲而不恃，長而不宰』；生之者，本應該有，但必須不有，即以反待之，最後反而能返回來，眞正享有；此之玄，也就是漩，或者是螺旋式地前進，……屈家嶺人對漩渦的愛好，似乎已經超出裝飾「紡輪」的審美趣味，而成了崇拜，具有某種超自然的含義。……老子還對漩渦的循環前進的意象特別鍾情，並把它容納爲玄字的内涵。這一切的進一步發展，便簡約化並規範化爲後來道教的黑白二分互含且呈循環前進動態的太極圖。」

通過反而返歸其根以至玄極，故《說文》曰：「麼、小也，象子初生之形」，所以才有《老子》「搏氣致柔，能嬰兒乎」。也就是說，「玄」不僅意在天地萬物之根，更強調「逆返」運動的原則，「以道蒞天下，其鬼不神」，《說文》：「鬼，人所歸爲鬼。神，天神引出萬物者也。」所謂陽之精氣曰神，則陰之精氣曰鬼。明朝大醫學家張景嶽《景嶽全書》釋「鬼神」曰：「陽之靈曰神，神者伸也。陰之靈曰鬼，鬼者歸也。鬼神往來，都祇是氣。故曰鬼神者，二氣之良能也。陽爲天地之神，陰爲天地之鬼。春夏爲歲侯之神，秋冬爲歲侯之鬼。晝午爲時日之神，暮夜爲時日之鬼。」從這個意義上講，老子之學尚陰、尚柔、尚鬼。本書第一章指出，在時空運動上，「古人通過空間來認識時間，時間的流轉必定在要通過在空間上周期性立體地表現出來」。對於「玄」的時間逆返運動，古人採取在空間上逆向序列的運動順序來表示，如《洛書》數位順序，則爲 9、8、7、6、5。所謂「數往者順，知來者逆，是故

《易》，逆數也」，也就是《河圖》「陽順陰逆」之理。艮卦爲陽，坤卦爲陰，二八易位，也即二八逆運，艮爲順，坤爲逆。因此，「玄」在此當爲坤卦之意象，爲二。

注意，這並非意味著時間可以倒流，古人認爲，世界萬物都存在生→死→生的循環過程，死則意味著爲鬼、爲歸，既然是回歸，其運動路線當遵循返復的順序，如太陽白天東昇西落，晚上又在相反的運動方向而繼續第二天的照常昇起。但這也不是簡單地沿老路而返回，而是在新的時間周期內，朝原來的方向，處於一個新的歷史階段螺旋式立體的運動，本書第二部分對《洛書》數位點陣的生成探究中已經指明了這一點。也只有這樣，才能解釋何以風水源於《葬書》，逝去的人對後人的發展還能產生作用（詳見後文）。

而對於空的解釋，在佛教文化進入中國之前，一直都比較直觀，即空無之意。但佛學東漸之後，也就幾無達詁，從古至今的高僧大德們對「空」的理解都沒有達成過一致的意見。要取得眞義，只能緣源而求。龍樹菩薩《中論》：「因緣所生法，我說即是空，亦爲是假名，亦是中道義。未曾有一法，不從因緣生，是故一切法，無不是空者。」佛陀所謂空者，虛空之意，以無用之用而爲之大用，虛空能夠容納萬事萬物，日月星辰、山川河流乃至三千大千世界之一切事物無不處於虛空之中。佛之所以特說此一「空」義，就是教眾生去體「空」。所謂以無法立一切法，一念三千，心無無心皆是空義，觸事即眞、體用一如、空即是色、菩提即煩惱、一事無礙則事事無礙，等所要表達的都是般若空相的原理。破去我執與法執，性空即緣起，無知而無不知，心體不生計較心，自然能「眾生平等」。其實般若空相即「無我」，空相即他相、眾生相、世間相，大千世界相。《六祖壇經》：「心量廣大，猶如虛空，若空心坐，即落無記空。虛空能含日月星辰、大地山河，一切草木、惡人善人、惡法善法、天堂地域，盡在空中，世人性空，亦復如是。」我即三諦，萬佛皆在我，故曰「跳出三界外，不在五行中」。所謂「我不下地獄，誰下地獄」，亦即是智。因此，「空」的境界是與大千世界圓融的境界，是廣闊遼遠的意境。佛教通過修持至於無我而擁有世界，在《華嚴宗》中以「艮」卦描述這種從終從始的境界。馬一浮曾說：「易之爲書，信六藝之原，大哉至矣。竊嘗誦習，如仰蟬喙而飲溟渤，擬而後言，私以《華嚴》爲稍近之。」周敦頤言：「一部《華嚴經》，只須一個『艮』字可了。」程頤也說：「看《華嚴》不如看一《艮》卦。」（轉引自王仲堯：《易學與佛學》，1999 年）。唐李通玄以《艮》解《華

嚴》，《華嚴經合論》云：

> 文殊居東北清涼山者，象艮卦。艮爲小男，主東北方故。艮爲小男，
> 爲童蒙，爲文殊常化凡夫，啓蒙見性及本智之初首故。又與普賢俱
> 在東方卯位，卯爲震卦，震爲長男，又像日出東方，春陽萌發，無
> 物不生，無物不照，表理智雙徹，體一無二。

又曰：

> 是故巽卦位在東南，爻辰持丑，丑爲艮位。艮爲小男，爲童蒙，爲
> 明，巽爲風教，化童蒙令發明故。

> ……如善財童子方乞妙峰山，得憶會諸佛智慧光明門，表初會佛智
> 慧，住佛住所，故此爲十住。妙峰山者，是止中之妙慧也，爲艮，
> 爲山，爲止，爲門闕，爲童蒙，爲初明，升須彌者亦同此。

> 以艮爲山故，一菩薩於中止住。是文殊師利之主伴萬行圓滿之侶也。

> 故以文殊主法身根本智之妙慧，爲一切啓蒙之師……

以艮卦來表文殊開童蒙之意，是取艮中「始」意，化童蒙啓智慧，而能無物不照，故能理智雙徹。所以，此說之「空」在陰陽爲陽，爲開闢，爲啓發，對應於艮卦。

因此，從上述證據可知玄空之本義是來源於道佛之說，一方面說明早期研習玄空風水學者多道門或佛門中人，也說明早期通玄空學者都融會了道與佛的精髓，佛與道大可互通，如唐僧一行即是佛教密宗大師，又是易學、曆法、玄空風水大師（甚至筆者推測，假玄空之名而行大《易》之實者即源自一行）。也驗證孔子所說的「天子失官，學在四夷」，佛教、道教典籍中保留了中國古典文化的豐富內容。

需要指明，無論是道家的玄還是佛家的空，其包含的意義是廣闊的，皆即有起始義，也有幽遠義，而玄空風水學者所取玄空之名，也僅取其個中意而已。【如佛教密宗就有胎藏界曼荼羅與金剛界曼荼羅，胎藏界即謂佛性隱藏於眾生身中，理體隱於煩惱中而不顯現，猶人在母胎而隱覆其胎也，又如母胎內含藏子體而覆育之也，理體能具足一切功德而不失之，故名胎藏。證得胎藏界本覺之理，即能證五智：中央爲法界體性智、東方爲大圓鏡智、南方爲平等性智、西方爲妙觀察智、北方爲成所作智。五智又各具五智，所具五智之智，又各具五智，智智無邊，形成無量之智。由是所證之理，亦廣遍無量一切法故。如是明示智智無邊、解脫煩惱結縛、圓明無礙者，即是金剛界

曼荼羅。（東主才讓：《藏傳佛教密宗奇觀》，1999 年）】

四、地理氣運的推算與吉凶

　　理解了玄空二字的本義，就可以探究風水中所謂「地氣」的推斷方法了。在對空間地理平面區劃中，風水學是以九宮爲基礎，以中宮爲中心，將八方的每一板塊再平均劃分成三部分，所謂「一卦管三山」之意，整個區域就成一個中心、二十四塊的地理方位結構，也叫二十四山向，而且在這二十四個區塊中，每一區又被賦予陰或陽的屬性，八大區各自的三部分又分爲天、地、人三元，因此風水也叫三元地理。之所以將八卦空間細分成二十四等份，是要與四時八節以至二十四節氣相對應。《淮南子・天文訓》：

> 日行一度，十五日爲一節，以生二十四時之變。斗指子，則冬至；
> 加十五日指癸，則小寒；加十五日指丑，則大寒；加十五日指報德
> 之維，則越陰在地，故日距日冬至四十六日而立春，陽氣凍解；加
> 十五日指寅，則雨水；加十五日指甲，則雷驚蟄；加十五日指卯中
> 繩，故日春分則雷行；加十五日指乙，則清明風至；加十五日指辰，
> 則穀雨；加十五日指常羊之維，則春分盡，故日有四十六日而立
> 夏，大風濟；加十五日指巳，則小滿；加十五日指丙，則芒種；加
> 十五日指午，則陽氣極，故日有四十六日而夏至；加十五日指丁，
> 則小暑；加十五日指未，則大暑；加十五日指背陽之維，則夏分盡，
> 故日有四十六日而立秋，涼風至；加十五日指申，則處暑；加十五
> 日指庚，則白露降；加十五日指酉中繩，故日秋分雷戒，蟄蟲北
> 鄉；加十五日指辛，則寒露；加十五日指戌，則霜降；加十五日指
> 蹏通之維，則秋分盡，故日有四十六日而立冬；加十五日指亥，則
> 小雪；加十五日指壬，則大雪；加十五日指子。故日：陽生於子，
> 陰生於午。

　　以四正之位子、午、卯、酉爲陰，以四維之位乾、巽、艮、坤爲陽，此八位爲天元龍；以四正之左位癸、丁、乙、辛爲陰，以四維之左位寅、申、巳、亥爲陽，此八位人元龍；以四正之右位壬、丙、甲、庚爲陽，以四維之右位丑、未、辰、戌爲陰，此八位爲地元龍。《天玉經》：

> 江東一卦從來吉，八神四個一，江西一卦排龍位，八神四個二，南
> 北八神共一卦，端的應無差。二十四龍管三卦……

圖 7-3：二十四山與二十四節氣對應圖

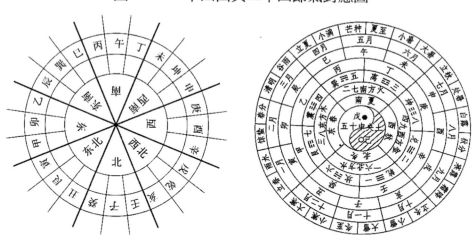

蔣平階《地理辯證》注曰：「江東一卦者，卦起於西，所謂江西龍去望江東，故曰江東也。八神，即八卦之中，經四位而起父母，故曰八神。四個，言八神之中歷四位也。一者，此一卦祇管一卦之事，不能兼通他卦也。江西一卦者，卦起於東，反而言之，即謂江東龍去望江西亦可，故曰江西也。亦於八卦之中，經四位而起父母，則亦曰八神，四個二者，此一卦兼管二卦之事，而不能全收三卦也。」一卦兼二卦之事者，指的是陰陽同類，如子爲陰，其左癸亦爲陰，而右壬爲陽，故子與癸可歸爲一類。

眾所週知，按照中國文化的一般傾向，是崇尚正與中的，《禮記》所謂「惟王建國，首辨正方位」，當以正、左爲陽，以維、右爲陰，而何以風水上的陰陽卻與之相反？筆者以爲，這與風水自身研究的對象有關，「風水」古稱堪輿學，許慎在《說文》中解釋道：「堪，天道也，輿，地道也。」清人朱駿聲在《說文通訓定聲》中也認爲：「蓋堪爲高處，輿爲下處，天地高下之義也，天地之總名也。」因此，堪輿學需要考察的是天地運行之道和時空演變的規律。而風水學研究的是地道，地道屬鬼道，以陰爲尊。天爲陽，地爲陰，天道左旋，地道右轉。天以左爲青龍，爲春，爲木，爲陽；以右爲白虎，爲秋，爲金，爲陰。地道正與之相反，故以天之陽者爲陰，以天之陰者爲陽。邵子曰：「天變時而地應物，時則陰變而陽應，物則陽變而陰應。故時可逆知，物必順成。是以陽迎而陰隨，陰逆而陽順。」

在此基礎上，以空間上山與水爲核心來推算地「氣」，此「地氣」者，即地運也。《史記‧天官書》曰：「天有日月，地有陰陽。」《周易‧繫辭》亦

曰：「法象莫大乎天地，變通莫大乎四時，縣象著明，莫大乎日月。」「夫易廣矣大矣，廣大配天地，變通配四時，陰陽之義配日月，易簡之善配至德。」《周易》將天地、日月、陰陽、四時兩兩相對應，說明陰陽即有如天與地之空間對應含義，也俱如日月四時之時間先後意義。故清人尚秉和曰：「陰陽者，對待也，對者，上下也，左右也；待者，先後也，時運也。」康熙皇帝在其御纂《周易折中》中亦指出：「一陰一陽，兼對立與迭運二義。對立者，天地、日月之類是也，即前所謂剛柔也。迭運者，寒暑往來之類是也，即前所謂變化也。」他已意識到兩種對立觀念的不同，一種是並列、對峙而存在的對立；另一種是在時間流中通過演化和自我更迭而生成的自我多相的對立。這是兩種不同的對立性關係，前者是空間中並存的對立，後者是時間中保持著先後性，即連續性的對立。即如此，「地有陰陽」的意思即是說地理中不但有地勢高低起伏的對應，以及前述子為陰壬為陽之意義上的陰與陽，也有在時間先後的時運的不同，這也合乎地承天運的理解。民國杜振達撰《地理精纂》：

> 理以數言，捨數無以知天之理也；氣以運言，捨運無以知地之氣也。因天之理，乘地之氣，而立命乎其間矣。自伏羲辨陰陽，畫八卦，黃帝做甲子，分三元，河出圖，洛出書，而理數與氣運，遂為天地萬物，立之命而莫能外。若三元分運，一百八十年周而復始，整一歲之有四時十二月，一日之有晝夜十二時。人生自少至老，皆以歲計，故立命於初生之時日干支，而窮通驗焉，人死則乘化而歸盡，不可歲計。故立命於初葬之運數理氣，而榮落占焉。

地理之運，以三元分運，一百八十年為周期，上、中、下三元各得六十年，正合六十甲子。考之曆法，其亦有自來矣。六十甲子周期之數，源自於「五運六氣」，一歲之內十二月，十二月對應於十二地支，以五行之運與之相配，其最小公倍數為六十，故五運天干取陽與陰，甲、丙、戊、庚、壬為陽，乙、丁、己、辛、癸為陰。《黃帝內經‧素問‧天元紀大論》：

> 天有陰陽，地亦有陰陽。木火土金水火，地之陰陽也，生長化收藏。故陽中有陰，陰中有陽。所以欲知天地之陰陽者，應天之氣，動而不息，故五歲而右遷；應地之氣，靜而守位，故六期而環會，動靜相召，上下相臨，陰陽相錯，而變由生也。帝曰：上下周紀，其有數乎？鬼臾區曰：天以六為節，地以五為制。

再以六十干支分佈於九宮中，因爲六十與九不能通約，六十干支不能均勻分佈與九宮中，要使干支均勻分佈於九宮，必須取六十與九的最小公倍數，這個數就是一百八十，上中下三元皆一甲子周期，在九宮運行，每宮得二十年，三元各統三宮之運，上元坎卦、坤卦、震卦；中元巽卦、中宮（艮、坤）、乾卦；下元兌卦、艮卦、離卦。故《葬經》曰：

> 葬者，乘生氣也。生氣者一元運行之氣，在天則周流六虛，在地則發生萬物。天無此則氣無以資，地無此則形無以載。故磅礴乎大化，貫通乎品彙，無處無之，而無時不運也。」

將《洛書》九宮每一卦配以星名以示地之隨天而運，一白貪狼配坎卦，二黑巨門配坤卦，三碧祿存配震卦，四綠文曲配巽卦，五黃廉貞配中宮，六白武曲配乾卦，七赤破軍配兌卦，八白左輔配艮卦，九紫右弼配離卦。

圖7-4：九宮配九星圖

四綠（巽宮）	九紫（離宮）	二黑（坤宮）
三碧（震宮）	五黃（中宮）	七赤（兌宮）
八白（艮宮）	一白（坎宮）	六白（乾宮）

九星所以又稱紫白九星，每20年由一運主宰，謂之流行之氣，如2004年甲申至2023年癸卯爲八運，風水上要合乎八運是爲旺運，主發富貴，否則就是衰運，易導致損丁破財。《周易‧繫辭》曰：「聖人設卦觀象，繫辭焉而明吉凶，剛柔相推而生變化。是故吉凶者，得失之象也。悔吝者，憂虞之象也。變化者，進退之象也。剛柔者，晝夜之象也。」意思是說如晝夜的時運變換導致變化，而變化是進退的表象，此表象中包含著吉凶，蘊涵著得失。西漢揚雄《太玄》曰：「出冥入冥，新故更代，陰陽迭循，清泫相廢；將來者進，成功者退；已用則賤，當時則貴；天文地質，不易其位。」此話表明，吉凶得失在於「當時」與「已用」而已。故《繫辭》曰：「一陰一陽之謂道，繼之者善也，成之者性也。」意在強調君子當乘時而興，動靜都需合乎時運。

而對於旺衰的判斷，是以九星按照一定的運轉規則，排出「山」與「向」的飛星所屬，並將之與主宰之流行氣運對比。設一先天流行之氣，如六運乾

卦值運，其與山向作用結果的旺衰表現爲如下圖所示：

圖 7-5：卦氣旺衰示意圖

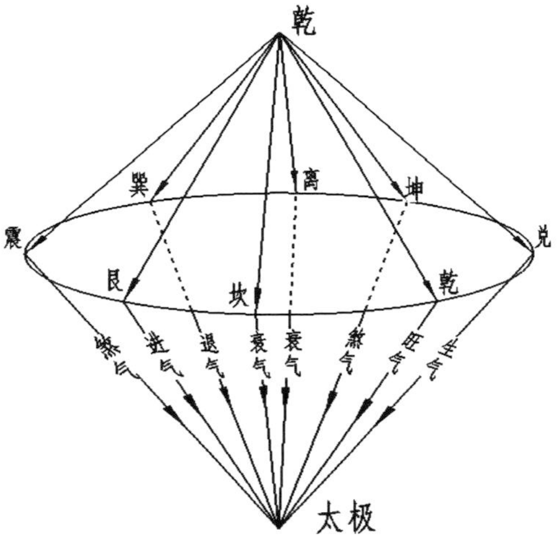

以地勢的高低起伏與山水的朝向爲「體」，以不同時運流行的元運爲「用」，兩者的相互作用依照上述「卦氣」之原則來判斷旺衰，若得旺氣，自然人丁興旺，財源茂盛；反之，若得衰氣，當家業衰敗。

《青囊奧語》：

　　顚顚倒，二十四山有珠寶；順逆行，二十四山有火坑；……二十四山分五行，知得榮枯死與生；翻天倒地對不同，其中密秘在玄空。

《天玉經》：

　　天卦江東掌上尋，知了值千金；地畫八卦誰能會，山與水相對。……

　　關天關地定雌雄，富貴此中逢；翻天倒地對不同，秘密在玄空。

此說在九星飛宮中，最關鍵的是「陰陽」的原則，即陽順陰逆。蔣平階注曰：「顚倒順逆，皆言陰陽交媾之妙，二十四山陰陽不一，吉凶無定，合生旺則吉，逢衰敗則凶，山山皆有珠寶，山山皆有火坑，毫釐千里間不容髮。」一運至九運，每運入中。如在 2004 年前是下元兌七運，兌七入中宮，順挨八白丑艮寅到乾宮，九紫丙午丁到兌宮，一白壬子癸到艮宮，二黑未坤申到離宮，三碧甲卯乙到坎宮，四綠辰巽巳到坤宮，五黃戊己己到震宮，六白戊乾亥到巽宮。一宮三位（即一卦三山）分陰分陽，以九宮流行之氣摩蕩。先定山向，山與向必定是相對，如坐正北朝南，則是子山午向，做正東向正西，

則爲卯山酉向。如宅是八運所立子山午向，則以八白星入中宮，則九紫星進入乾宮，一白星進入兌宮，二黑星進入艮宮，三碧星進入離宮，四綠星進入坎宮，五黃星進入坤宮，六白星進入震宮，七赤星進入巽宮。子山在坎宮，飛星爲四綠，午向爲離宮，飛星爲三碧，因子山午向是天元龍，所以坎宮之飛星四綠之天元龍爲巽卦，巽卦屬陽，據「陽順陰逆」的原則，然後將山星四再入中宮順飛，即四入中，五黃在乾宮，六白在兌宮，七赤在艮宮，八白在離宮，九紫在坎卦，此即山星；以相同的方法，將離宮之三碧天元龍是卯，屬陰，陰則逆飛，三入中，四綠在巽宮，五黃在震宮，六白在坤宮，七赤在坎宮，八白在離宮，此即向星，向星之八與流行之八運相同，即所謂得旺氣，而山星之九與流行之八運相較，屬進氣，即將進入的氣運。所以八運的子山午嚮之風水局還是得風水之旺氣，主發富旺丁。按照這個原則，也可以推算出九運子山午向的風水格局：

圖 7-6：八、九運地理氣運佈局

八運子山午向		向
3　4 七	8　(8) 三	1　6 五
2　5 六	4　3 (八)	6　1 一
7　9 二	9　7 四	5　2 九

九運子山午向		向
6　3 八	1　(8) 四	8　1 六
7　2 七	5　4 (九)	3　6 二
2　7 三	9　9 五	4　5 一

風水的這種將山與水分別排佈飛星就是《青囊序》所謂的「龍分二片陰陽取」。清代著名堪輿家章仲山釋曰：「山一片，水一片，空一片，實一片，來一片，往一片。」民國易學大師沈竹礽謂：「空一片，以流行之氣言之，即天一片是也。實一片，即地一片是也。以致用言之，空一片即水一片也，實一片即山一片也。」故《青囊序》曰：「一生二兮二生三，三生萬物是玄關，山管山兮水管水，此是陰陽不待言。識得陰陽玄妙理，知其衰旺生與死，不問坐山與來水，但逢死氣皆無取。」

先順佈於九宮而成運盤，然後據坐山朝向各自順飛或逆飛以成山星和向星，這種規則所基於的理念仍本於太極生兩儀的陰陽運動觀。《地理精纂》云：

夫地道本靜，而乘以天時，則靜中一動，運盤以當運之星入中，取

當旺者貴。山向未立，太極未分，故不論陰陽，順佈九宮。逮山向既立，太極已判，則必辨陰陽、分順逆，何也？地盤爲體，八卦成列，象在其中矣，運盤爲用，因而重之爻在其中矣。故陰陽必從運盤定焉。天地之氣，陽爲舒而陰爲斂，四時之序，陽主進而陰主退，進者，順也，陽是以順焉，退者，逆也，陰是以逆焉。

第三節　古代地理的地貌規定

一、山與水的情勢要求

如果都在八運，也都是子山午向的地勢格局，那麼如何評價兩者的優劣，決定風水優劣的因素除山水朝向外是否還有其它因子？這個問題就涉及到風水學的另一大關鍵，即山與水的「情勢」。

清人丁芮樸《風水袪惑》指出：「風水之術，大抵不出形勢與方位兩家，言形勢者，今謂之巒頭，言方位者，今謂之理氣。唐宋時人，各有宗派授受，自立門戶，不相通用。」《雪心賦》云：「地學中，巒頭與理氣，是相輔相成，巒頭中不離理氣，理氣中不離巒頭。」所謂形勢、巒頭，皆是指山與水的外形，風水以「山水有情」爲美。廖金精《陰契陽符》云：

　　地理之學，推明理氣，此其標準也。蓋理寓於氣，氣圍於形，形以目觀，氣須理察，是故山水融會之處，就是形止氣凝之地，此所以目力與心思，巧妙精微，方爲達理。

《雪心賦》有「體賦於人者，有百骸九竅；形著於地者，有萬水千山」之說，此乃借人身之構造，以喻大地之形，人身有九個孔竅，體內有百餘骨骼，亦猶大地之上，千山萬水，山脈之或起或伏，河流之或放或收，亦猶樹木之有根與本，可以溯其原而其委。原與委總在乎有情，在乎變化緩緩。地理之道，不外陰陽順逆四字盡之，但其義多般，以形勢言之，既有山體之陰陽與山勢之順逆，亦有水勢之陰陽與水流之順逆。如山脈來勢強，則薄處爲生氣，厚處爲死氣；來勢急則緩爲生氣，急處爲死氣；脈來勢緩，則急處爲生氣，緩處爲死氣，此所謂「陽則取其陰，陰則取其陽」者。論及山之形勢，清人袁守定《地理啖蔗錄》有云：

　　龍的行度之間，須有美惡之辨。生龍磊落而擺捜，死龍板硬而模糊，強龍雄健而軒昂，弱龍徐邪而懶緩，進龍有序而不紊，退龍失次不

倫，順腳前不調和，逆龍腳反而乖戾。善龍翔舞而踴躍，怒龍險峻
而崎嶇。生龍星峰磊落，行度擺拽，如鸞翔鳳翥，如魚躍鳶飛，皆
生意也。死龍本體直硬，手腳模糊，其勢如魚失水，如木無枝，如
死鰍死鱔，皆無生意。強龍者，體格雄健，枝腳撐，其勢如猛虎出
林，渴龍奔水，爲最強。弱龍者，本體軟緩，行度徐邪，勢如餓馬
伏櫪。退龍者，星辰失次，枝腳不倫，始小終大，龍低穴高，如人
之踏碓，如船之上灘，而高下失等。順龍者，星峰順出，枝腳順佈，
上下照應，左右環抱，如星拱北，如水朝東，其勢甚順。逆龍者，
枝腳逆趨，行度乖戾，如水逆，如鳥逆飛，反背不馴。

　　袁守定關於山勢的描述，可謂詳矣。然細究之，龍之善者，其辭也頗褒
揚，龍之惡者，其辭也多貶抑，因而在對山勢的判斷中，需要基於較強的藝
術美學、景觀美學的思維基礎。也就是說，評價山勢風水的善與不善的標準，
不在於理性思維設定的一尺規，而在於藝術感的感覺，並且這種藝術感的發
揮，要具有普遍的意義，即藝術美感的是非判斷必須合乎大多數人的共識，
一如康得所說「美是不憑藉概念而普遍令人愉快的」。「死龍本體直硬，強龍
體格雄健」，兩者形勢的對比結果不能因不同的風水家而不同，至少在原則
上，風水學排斥那種視怪異爲獨特的觀點，貴要取「奇而不怪」。事實上，這
種具有濃厚藝術意味的形勢美學理論，在實踐應用中很難把握，也最容易產
生那種視怪異爲獨特的情況。因此，歷代風水家爲使形法眞正成爲一種「法」，
爲使對於山水景觀的判斷形成具有可參照的標準，就在此基礎上將山勢的各
種外形進行區分，並冠以非常個性化的名稱，以期達到更加細分而區分的效
果。《地理啖蔗錄》又云：

龍格有龍樓、寶殿、御屏、帝座、三臺、華蓋、帳下、貴人、捲簾、
殿試、王字、工字、玉枕、蛛絲、馬跡、蜂腰、鶴膝、蘆鞭、蘆花、
仙帶、仙橋、飛蛾、串珠、金牛轉車、走馬金星、九天飛帛、九腦
芙蓉、玉絲鞭、蜈蚣節、上天梯、玉梭、玉梳等。……一起一伏而
有力謂之示強，一棲一閃而多端謂之弄態。……立木連起如林謂之
一林春筍，乃木星帳之奇格。更有土星上頓無數木星，謂之滿床牙
笏。……木上出火謂之烈炬燒天，乃火星帳之大格。更有土上出火
如鋸齒樣，謂之鋸齒排雲。金上出火謂之雞冠，水上出火謂之龍焰，
皆火帳貴格……

山勢如此，水勢亦當然。水勢也要貴在緩緩有情，寧取小橋流水，也勿要大河沖奔。《山洋指迷》：

> 水來則氣來，水合則氣止，水抱則氣全，水匯則氣蓄。水有聚散，而氣之聚散因之，水有淺深，而氣之厚薄因之，故因水可以驗氣也。若池湖蕩胸無收，則氣不能聚；江湖潑面無案，則勢不可當。其易盈易涸、急來急去，忽淺忽深，或環或直者，亦有盛衰之應。惟大水內又有小水重重包圍，方見氣之藏而聚；大界之內更有微茫隱隱分合，方見氣之動而止。故眷戀、迴環、交鎖、織結，皆氣之所在也；穿割、牽射、反直、斜沖，皆氣之所離也。

大致來說，水的形勢之美惡也在於水體景觀的美學藝術效果。與山勢一樣，風水家亦為水勢進行細化區分，也冠以繁多的名稱以示形勢上的微妙差別。如「幹水城垣格」、「枝水交界格」、「支水插界格」、「曲水朝堂格」、「曲水單纏格」、「水纏玄武格」、「順水界抱格」、「湖蕩聚砂格」，凡此種種，不一枚舉。而其有情與否，只在「山朝不如水朝，水朝不如水繞，水繞不如水聚。水聚則龍會，龍會則地大」一句而已，《水龍經》言之最詳，《水龍經》：

> 山水之勢，無非要屈曲有情意。來不欲沖去也不直，橫不欲反斜不急，橫須繞抱及彎環，來如之字或玄字，顧我欲留，眷戀有情，回龍顧祖，與穴有情，此為有情意。反之，水似朝來，又如弓之背面反跳而去，或水雖繞穴，去勢斜直，皆不可取。如圖：

圖 7-7：山水之有情與無情圖

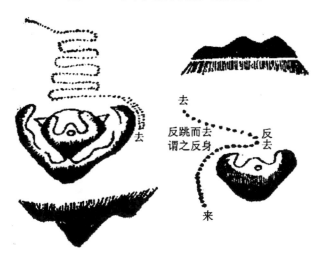

又云：

三橫九曲，當面朝堂，不疏不密，不牽不拽，屈曲整肅，繞青龍，纏白虎，回頭顧我，屈曲而去。左右兜乘，真氣於中，穴前曲水端肅，皆宜正受，望曲水立向，此為曲水朝堂。纏青龍，繞玄武，前後左右緊抱拱秀，乃大地也。曲水朝堂，去水回頭，水法中之最吉者。如圖：

圖 7-8：曲水朝堂格局圖

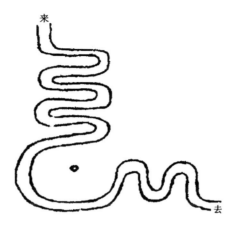

凡直來硬逼，不顧堂局，蕩然直去不顧家者，散生氣也，所謂生氣盡從流水去，此之謂也。一直如箭，略無回顧之情。或眾水直泄，或直水對沖，此皆為凶禍之地。如圖：

圖 7-9：沖射無情格局圖

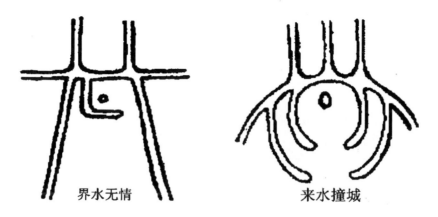

界水无情　　　　　　　　来水撞城

風水著作汗牛充棟，千言萬語，山水形勢，陰陽動靜，大抵亦不外如此，取中庸爲上。清人章仲山《心眼指要》總結說：「山以曲動、開面、開口並有精光融取，秀嫩滋潤之色爲生；粗頑、硬直者爲死。水以屈曲活動、旋轉抱穴有情者爲生；斜飛、反跳，形如木火直長無情者皆死。」

二、地理中的生命因子

不僅在於山水之勢，風水還要在乎山水之質。古代風水學雖有「理氣」派與「形法」兩大側重，但都基於一個共同的前提，即地理的生命氣象，所謂生氣者，必須是有利於孕育生命，萬物負陰而抱陽，沖氣以爲和，陰陽媾精，男女化生，生命氣象是陰陽配合的基本標準。《生氣說》云：

> 水火者，生氣之根也。火者，天之神氣；水者，地之精氣。土中之暖氣，火也；土中之潤氣，水也。精神交融，暖潤相蒸而生氣出焉。故暖而不潤，有火無水則燥烈，燥烈者殺氣也，乘之則發凶禍。潤而不暖，有水無火則卑濕，卑濕者，死氣也，乘之則主退敗。故葬必乘生氣也，觀於地面之萬物，大寒則凍死，太旱則燥死，地中亦然。生氣畏風者，以風能吹冷暖氣，吹潤燥氣也。穴喜砂衛者，以無衛則孤單，孤單則寒而不暖也。穴喜水交者，以不交則傾散，傾散則燥而不潤也。故地之有無，辨於生氣，葬之得失，辨於生氣，地理之學，一乘生氣也。

風水學家謝志道曰：「龍脈之活動爲生，反直爲死。兩邊股明爲生，股暗爲死。土色紅黃紫白爲生，青黑爲死。文理堅實、光潤、細膩、鮮明爲生，枯燥、鬆散爲死。至於水法，則以迴環繞抱爲生，直射直瀉，反竄斜跳爲死。」按照一般的自然地理學原則，山林茂盛、植被發達的地帶，土壤發育都比較良好，肥力也較高，土壤的厚度也較大，如果屬於山體的自然發育，其土壤覆蓋下的山體總體上會呈現比較柔和緩慢的形態，與喀斯特地貌所形成的怪石突兀形態完全不同；同樣，在植被髮育良好的地帶，水體無論從景觀上還是水體的水質方面，也都屬於上乘。顯然，山勢突兀必然土壤侵蝕嚴重，也必然易發泥石流等災害，也必然不利於植被的發育，從這個意義上講，風水學的基本原則與現代地理學的原則是不相衝突的。《葬經》有云：

> 土色光潤，草木茂盛，爲地之美。上地之山，若伏若連，其原自天。若水之波。隱藏伏於平洋大坂之間，一望渺無涯際，層層級級，若

> 江而之水，微風蕩漾，則有輕波細紋，謂之行地水。微妙玄通，吉
> 在其中矣。

但不同的是，風水學強調的是人本主義，是以適宜人居為前提。如謝志道所說「土色青黑為死」，眾所週知，我國東北地區黑土面積廣大，植被髮達，生命氣象可觀。但在建國後大規模開發以前，在風水上不為人所取，其原因就在於氣候嚴寒，不得氣象中和之貴，才有謝氏之說。並且，風水上滿足這些山水的基本條件以後，還在於對形勢的吉凶判斷，這種吉凶也體現了以人為中心的原則，即人若選居此地，當顯吉凶，若不居此地，亦無所謂吉凶。《葬書》：

> 眾山朝揖，萬水翕聚，如貴人燕安休息，富如萬金，若攬而有也。
> 明堂寬綽，池湖條繞，左右前後眼界不空，若貴人坐定，珍撰畢陳
> 食前方丈也。來勢如虎出深林，自幽而漸顯氣象，蹲踞而雄壯；止
> 勢如鷹落平砂，自高而漸低，情意俯伏而馴順，氣象尊嚴，擁護綿
> 密，若萬乘之尊也。如萬水之朝宗，眾星之拱極，枝斗之護花朵，
> 真龍落處，左回右抱，前朝後擁，貴乎趨揖朝拱，端正嚴而不刺側，
> 明淨而不模糊。情勢如此，烏有不吉？」

在論及不可葬之地又曰：

> 童山粗頑，土脈枯槁，無發生沖和之氣，不可葬。地氣虛浮，膡不
> 密如濾篦，如灰囊，內藏氣濕之水，外滲天雨之水也，此為凶宅。

又曰：

> 右山勢蹲，昂頭視穴，如欲銜噬墳中之屍也。左山形踞，不肯降服，
> 回頭斜視，如有嫉妒之情。主山高昂，頭不垂伏，如不肯受之葬而
> 拒之也。前山反背無情，上正下斜，順水擺竄，不肯盤旋朝穴，若
> 欲飛騰而去也。此等地皆反串無情，為地理者不用。橫竄直播，行
> 度畏縮而不條暢，死硬不委蛇，葬者家亡國家滅。尖利如矛葉，直
> 硬如槍桿，子孫多死於兇橫非命。順瀉直流，會無禁止之情，此遊
> 溫之龍也，葬之者主少亡客死……

注意，無論是清朝的袁守定，還是晉朝的郭璞，抑或是唐朝的楊筠松，在對山水形勢的描述與判斷上，都將形勢與人事做對比，如「貴人燕安休息」、「有嫉妒之情」等等，強調了山水與人相應的生命意義。其實，山水形勢之「有情」與「無情」，本是源自於人的性情判斷，景觀美學、空間藝術也是源

於人的情感意境，故這種生命的意義又是人為的賦予。也就是說，何以風水的有情與無情之區分須據上述這些原則，其深層次的解釋就在於古人將這種生命藝術的思維貫徹於對山水的理解中，山與水和人一樣，也具有生命意義上的性情。宋人蔡牧堂在《地理發微論》中云：

> 地理之嚮背者，言乎性情也。夫地理與人事不遠，人之性情不一，而嚮背之道可觀。其向我者，必有周旋相與之意；其背我者，必有厭棄不顧之狀，雖或暫然矯飾，而真態自然不可掩也。地理亦然。故觀地者，以觀其情之嚮背。向者不難見，凡相對如君臣，相待如賓主，相愛相親如兄弟骨肉，此即嚮之情也；背者亦不難見，凡相視如仇敵，相拋如路人，相忌如妒冤逆寇，此皆背之情也。觀形貌者得其偽，觀性情者得其真，嚮背之理明，而吉凶禍福之機灼然。故嘗謂地理之要不過山水嚮背而已矣。

蔡氏把山水之「情」與人事的「情」同一化，在他看來，山水和人一樣，都具有感情嚮背的意識，山水懷護顯有情之態，葬此之人的後代也富貴優厚；山水背逆顯無情之狀，此後人也多窮困兇險。這種推理邏輯在現代科學看來，似是不能被接受的：山水與人顯然是不同特徵的兩個範疇，山水是「死」的，人是「活」的。非生命的客體怎麼能對有生命的主體起決定的作用呢？但是在中國古人那裡，這種生命邏輯已成為了先驗的理性。

第八章　古代人地關係的思維範式

第一節　對「鬼神」的解讀

一、「鬼神」的原本意義

　　風水一詞來源於《葬書》，在這門學問的起源上就遇到了一個極為棘手的問題，即何以要在埋葬逝去的人那裡如此般地大做文章。若風水學祇以堪輿學為名，堪為天道，輿為地道，則似亦可敷衍搪塞，但風水學的應用很大程度上在「葬」的方面，即「陰宅」的選取，所以，必須對「何以死者對後來者能夠發生作用」這一本體論的問題作出解釋，這關係到風水學這一門具有濃烈中國傳統特色的文化是否有必要繼續存在的根本。這一點，是風水能否成為「真科學」所面臨的最大挑戰，也是現代社會斥之為迷信的基本依據，是現代風水研究者們刻意迴避的一個最基礎的問題。筆者不揣固陋，試破解之。

　　《葬書》云：「葬者能知生氣所在，使枯骨得以乘之，則地理之能事畢矣。」枯骨亦能作用於後人，能如此，豈非鬼神乎？

　　前文曾對鬼神的陰陽屬性進行了討論，「鬼，人所歸為鬼。神，天神引出萬物者也」，《說文》的解釋基本構成中國哲學對鬼神的主流認識。《管子・內業》：「凡物之精，此則為生。下生五穀，上為列星；流於天地之間，謂之鬼神。」王充《論衡・論死》：「鬼神，陰陽之名也。陰氣逆物而歸，故謂之鬼；陽氣導物而生，故謂之神。」張載《正蒙》：「鬼神者，二氣之良能也。至之謂神，以其伸也；反之為鬼，以其歸也。」朱熹《朱子語類》：「神，伸也；

鬼，屈也，鬼神祗是氣，屈伸往來者氣也。」王夫之《張子正蒙注》云：「天之氣伸於人物而行於其化者曰神，人之生理盡而氣屈反歸曰鬼。」

這些解釋，祗是說明鬼與神兩者在時空上的對立、對待、順逆關係，但仍難以解決逝去的先人與後代的子孫之間呈現什麼樣的關係問題。鬼者歸也，歸於地中，亦如斯而已。與樹木不同，春生夏長秋肅冬藏，年復一年，昨年之秋冬生今年之春夏，又生來年之秋冬，本在一物，而人與鬼卻為兩者，鬼又如何作用於人，且看《葬書》自身的解釋：

> 人受體於父母，本骸得氣，遺體受蔭。父母骸骨，為子孫之本，子孫形體，父母之枝，一氣相應，由本而達枝也。地美則神靈安，惡則反是。生死殊途，情氣相感，自然默與之通。則知枯骨得蔭，生人受福，故曰：氣感而應，鬼福及人。

《葬書》的解釋強調人與父母為一體，子孫是父母之枝葉，所以父母所葬之地美，意味著子孫所在之地亦美。若按照這樣的解釋，那麼為什麼父母活著的時候不和子孫是一體，而死後怎麼才成一體了呢？王夫之云：「有堯之聖，且有不肖子之如丹朱；有舜之明，尚有殘刻之父如瞽叟。」（《讀通鑒論》）有其父未必有其子，生前不一體，而死後卻一體，這該怎麼理解？明人鄭諡解釋說：

> 父母子孫，本同一氣，互相感召，顯微無間，故能體蔭生人。生人旺盛，如受鬼福，固嘗評鬼神之說，切有疑焉，非若人之居室，得其美基，則可以把山川之秀，受陽明之氣，日夕與之交接，以為地靈人傑之應，於理誠然哉。今既死矣，魂升魄降，神氣離體，與死灰槁木等，其無知矣，焉能受蔭以禍福與生人者乎？見聞之聞，莫不以為惑世誣民之事。然而古人葬遺骨而蔭子孫者，蓋亦多矣。天下之名墓，在在有之。儻言其妄，則其效驗有不可掩者，謂為信。然則必有其理以明之，是亦士君子格物致知之一端也。
>
> 夫真龍格跡，迢迢百里或數十里結為一穴，及至穴前，則峰巒矗擁呈秀於前，疊樟層層獻奇於後，龍虎抱衛，砂水彙聚，形穴既就，則山川之靈秀，造化之精英，凝結融會於其中矣。苟盜其精英，竊其靈秀，當以何法而能致之乎益？亦因聖人有卜兆安厝之指，人子有報本愛親之情，以父母遺骨，藏於融會之地，由是子孫之心寄託於此。固其心之寄，遂可與之感會而能致福於將來也。是知人心之

通乎氣，而氣通乎天，以人心之靈，合山川之靈，故隆神孕秀，以
鍾與生息之源，而其富貴貧賤，壽夭賢愚，莫不關係。至於形貌妍
醜，並皆肖象，山川之美惡焉，故嵩嶽生仲尼，孕孔丘，豈偶然
哉。嗚呼，非葬骨也，乃葬人之心也；非山川之靈，亦人心自靈
耳。」

鄭氏認爲如果人所居住的地方風水比較好，得「山川之秀」，受「陽明之
氣」，自然能出精英人才，成「地靈人傑之應」，這在邏輯上也基本上能牽強
附會。但對於鬼神的說法，鄭氏亦不願接受，「今既死矣，與死灰槁木等，焉
能受蔭以禍福與生人者乎？」但爲使風水的邏輯推理能夠嚴密些，他提出風
水是「葬人心」的觀點，認爲「子孫之心寄託於此，人心通乎氣，而氣通乎
天」，子孫後代的心與父母所葬地的氣是相通的，而心與氣的相通是通過葬父
母來完成的。

二、解釋面臨的困境

上述觀點實來自孔子「祭如在，祭神如神在」之說，《禮記・祭統》：「夫
祭者非物自外至者也，自中出，生於心也。」孔子所謂「慎終，追遠，民德
歸厚矣」，持心之孝以報親是發之於內，形之於外即如父母之在，孔子之說重
在對於父母的「孝心」。然孝心之發也未必能得風水佳地而致富貴，況心之孝
也未必通過擇風水寶地以葬親來顯現。故葬親之骨亦即葬人之心之說難經推
敲，設一孝子予父母安葬時，請一技能低劣的風水師來尋地安葬，所葬之處
風水不佳，後代亦不顯貴，如按鄭謐葬人心之說，該孝子「報本愛親之情」
可疑乎？反過來，如一不肖子爲使自己興旺發達，請一手段高明的風水師尋
地安葬父母，尋得佳地，後代亦富貴優厚，難道該不肖子「報本愛親之情」
亦眞乎，其意在借爲報父母之恩情之名，行求富貴之實。再退一步而論，風
水學要求所葬之地要形勢與理氣均佳方是得上乘風水之地，僅得山水之有
情，未得理氣之合乎流行之運，亦不發後人。理氣要求坐山朝向在風水羅盤
上不能出入超過 3 度，否則會導致「陰差陽錯」，後代會出很多凶事，就是山
清水秀也在所難免（鍾義明：《天玉經諸家注》，2003 年），難道這 3 度之差，
就是人心肖與不肖的分界嗎？故鄭氏葬人心之說謬也。

上述邏輯的困境在於何以生人與死人在影響後代的發展方面相差甚巨，
如果堅持逝者「與死灰槁木等」，不承認其對後代有影響作用，而風水上卻有

「則其效驗有不可掩者」之說；如果承認其對後代有影響，那麼必須將「生人」與「死逝者」區分開來，而「鬼神」一詞正滿足了這個理論的需要。如此，鬼神僅是邏輯上的符號而已，並不是有了「鬼神」的客觀實體，才名曰鬼神，而是以「鬼神」的概念來代替「逝者」，原因在於去世的人對後代的影響與生前的影響相比發生了變化，但也很難找出其內在的機理，爲體現其玄不可言的特性，只能借助於鬼神的概念做形象化地處理。顯然，此鬼非牛頭馬面之鬼，此神亦非三頭六臂之神，僅是風水之生氣與衰氣在人事中的影響所借用的客體而已，其生氣或衰氣通過所葬之地的風水環境作用於去世的人再來傳導給後人。

而鬼通過所處之風水作用於後人，即鬼旺則後人旺，鬼衰則後人亦衰，那就意味著鬼在某種程度上一直附著在後人身上（注意，這不是通常意義的鬼附體），地理風水的理論前提是後人的氣運受先人風水氣運的主導。如果接受這個觀點，就意味著「靈魂」的存在，即聯結鬼與人的紐帶是逝者的魂。《易·繫辭上》：「精氣爲物，遊魂爲變，是故知鬼神之情狀。」《左傳·昭公七年》：「人生始化爲魄，既生魄，陽曰魂。」《疏》：「魂魄，神靈之名。附形之靈爲魄。附氣之神爲魂也。」《說文》：「魂，陽氣也。」《禮·檀弓》：「魂氣則無不之也。」《淮南子·說山訓》：「魄問於魂。」《注》魄，人陰神。魂，人陽神。《白虎通》：「魂，猶伝伝也，行不休於外也，主於情。」魂與魄相對，逝者之體爲魄，附於人者爲魂。

三、歷史與形式疊加的觀點

以歷史的觀點而論，人與鬼兩者是繼承性的關係，後人是對於前人的繼承與發展，換句話講，兩者之間呈現的是歷史邏輯的關係。歷史邏輯與形式邏輯不同，形式邏輯滿足於各種思維運動形式，即將各種不同的判斷和推理形式一一列舉排列出來，其中所採用的最多的符號形式是「＝」。而歷史邏輯由此及彼的推出這些形式，但是這些形式不是相互並列的，而是互相隸屬地從低級發展到高級形式（何新：《思考——我的哲學與宗教觀》，2001年），其中所採用最多的符號形式是「→」（當然，數學理性的推理過程經常採用「→」這樣的符號，但這祇是爲了表現思維推導的先後順序，並不代表兩者之間存在著歷史的先後）。假設一個概念集合 A，其中每一子概念 $\{a_1, a_2, \cdots a_n\}$，均分別對應於某一客體 A 的歷史發展過程，且彼此具有遞進時序關係，其一

般形式可規定爲 A $\{a_1 \rightarrow a_2 \rightarrow \cdots\cdots a_n\}$。這樣，歷史邏輯與形式邏輯的根本不同之處在於其中暗含了一個時間參數 T。歷史邏輯在於揭示了不同時空範疇上事物的運動規律。那麼可以知道，A 中的元素不是孤立的彼此無關的，而是按順序排列，這種順序排列是一種時間序列，反映著客觀事物的運動演變過程。並且其中的每兩個元素都滿足 A→B 或 B→A，因此 A 是一序列的集合，它有時間集合的性質，如傳遞性、反對稱性等。

問題在於，在歷史邏輯之外，鬼與人又表現了某種形式邏輯的對應。即生前爲：先人→後人→後人的後人，而在葬後地理風水起作用後，則又爲：先人＝後人＝後人的後人，也就是說，後人在逝者葬後前人在其身上的歷史性積澱已被剝離，與前人處於同樣的邏輯起點。邵子曰：「鬼神無形而有用，其情狀可得而知也，於用則可見之矣。若人之耳目鼻口手足，草木之枝葉華實顏色，皆鬼神之所爲也。福善禍淫，主之者誰耶？聰明正直，有之者誰耶？不疾而速，不行而至，任之者誰耶？皆鬼神之情狀也。」似在言鬼，實在論人。

仍以斐波那契數列來表示歷史邏輯的運動過程：1、1、2、3、5、8、13、21、34、55……，本書第二部分對斐氏數列分析後證明：數列第 5n 的值與本項序號具有相似性，即事物發展到第 5 個階段，第 5 階段內部的數與事物發展的階段總數（部分與整體）具有相似性，這時候事物發展到與起始點具有相似性的新的起點。體現事物的運動發展過程，事物的階段性演變存在著「揚棄」，因而在《洛書》中以 5 位於中央，表示一周期的結束，風水學有「萬物土中生，萬物土中死」之說（見明人蔣平階《地理辨證》），那麼將斐波那契數列取除 5 的餘數，即變爲：1、1、2、3、$\boxed{5}$、3、3、1、4、$\boxed{5}$、4、4……，在新的數列中，第一周期「5」前後的數字都是「3」；第二周期「5」前後的數字都是「4」。如果以「5」代表事物的終結狀態，除 5 意味著運動的螺旋態剔除了歷史的纍積而在平面上的投影狀態，下一階段與終結前的階段在抽象意義上達到了一致。這樣，歷史邏輯與形式邏輯就發生了重合，也就是說，從先人在葬後的那一刻起，就產生了鬼的逆向運動，又回復到生前的狀態，形成了鬼的命運在後人身上的附著，靈魂現象也就產生了。

如果接受以斐波那契數列的表達形式作爲對歷史邏輯運動的描述，以「5」爲事物發展階段終結的數，則理論上，歷史邏輯涵蓋的範圍都應存在所謂靈魂的現象，一草一木、一禽一獸等有生命者皆不外此，不過古代地理之

人本理念，自當未遑它顧。這樣的分析過程，表現的祇是一種認知方法論而已。設如不採用斐波那契數列的分析工具，當然也不會導出《河圖》、《洛書》，理應不會推出靈魂的觀點。但是在風水吉凶的判斷中，其效驗確有不可掩者，試舉三案例以證：

案例 1（清章仲山《宅斷》）

裴姓祖墓：此局坤方有城樓，兌方有河開洋，由乾、坎、艮至巽方石橋下消去。仲山斷曰：「葬後長子因姦傷足，次子先充兵丁，而後致富。悉驗。

沈竹礽注曰：「旺星到山到向，本無不利。但辰方有橋高擎，向上飛星為六，六為長子，山上九又到，九為中女，老父中女，配非正偶，故主姦淫。乾方有水，運盤三到，山上飛星七，為兌金折震足之象，故云長子因姦傷足。次子充兵丁致富者，兌上開洋，向上飛星三為進神，山上亦飛星六，六為武人，所以先充兵丁，而後致富。兌為少女，故應少房。三到兌為進神水，與兌七合十也。」

圖 8-1：《宅斷》風水案例圖

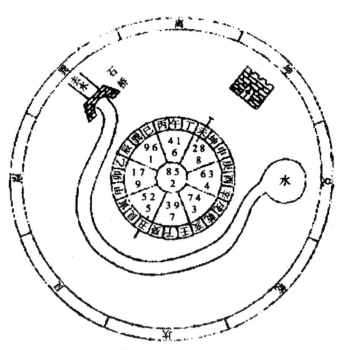

裴姓祖墓　未山丑向　二運插

案例 2（明徐善述《地理須知》）

王陽明先生祖地：海之爲水四瀆之所聚也，水勢既緊，則龍勢大止。故凡大幹龍多止於海濱，而其融結或產生王侯或生富貴。如王陽明先生祖地在餘姚縣西十里，穴結平洋，穴前水屈曲而去，海潮一起湧入朝穴。所謂「封山一地最難求，穴落平洋水繞流，奇峰隱隱雲霄見，文魁天下武封侯」。葬後陽明先生父海日公華登成化辛丑狀員，官至南京吏部尚書，陽明登會魁，正德末官南贛都御史，以平宸濠功封建伯南京兵部尚書，隆慶初追封新建侯，果符文魁天下武封侯之驗。

圖 8-2：《地理須知》風水案例圖

案例 3（明蔣平階《水龍經》）

此張狀元祖地：地在紹興府，艮龍丙向。來龍穿水後起穿心而出，雖無青龍白虎護衛，但得九曲水朝入，明堂有水趨朝，更喜其水屈曲，水彎便是聚氣，一曲一聚，曲轉愈多，氣力愈厚，爲水中至吉者。葬後數年，狀元公生，貴至尚書，福澤悠久。

圖 8-3：《水龍經》風水案例圖

　　且地理陽宅之選取，亦一扔葬法之舊，故鬼之能動一如後人，而其動也只在魂，不然，任風水師之搖唇鼓舌，也難辭荒誕。而靈魂為何物，於今也難做定論，到目前為止，還未采集到無可爭議的、來自已知的已死去的人的、能被人或儀器所感知的任何資訊。有觀點認為，靈魂是超自然的現象，其實，如前述的風水案例，鬼通過在後人身上的表現來反映鬼所居的風水狀況，其過程以風水學的理論解釋又極其自然，並不存在需要借助超自然的概念。而現代學者為使這種現象合乎物理學的規律，就提出所謂的磁場說，認為鬼魂對後人的作用是一種磁場效應，茲不繁引該理論，只疑問：若果是磁場，何以又以先進之儀器探測不到，此其一；其二，無論在祖先的墓葬周圍或後人居住的周圍安裝具有磁性的裝置，就很快會導致鬼對人作用的改變，在現代條件下，科技產品多為磁性裝置，無論城中抑或鄉下，與古代相比，人所居住地帶的磁場效應大為增強了，理應地理風水效應漸為銷蝕混亂，但事實卻又絕非如此，故磁場之說實為理論所窮之遁詞。應該說，這個問題，已不能以唯心或唯物的觀點來簡單對其猝下定論，對於鬼魂的問題，仍將是心理學、靈魂學、生物學關注的前沿，從終極的意義上講，正因為有

思維的存在，使得永遠都找不到讓思維自己滿意的答案。何新先生《談玄》曾說：

> 哲學與宗教都有一共同的根本性問題，即所謂「終極問題」、本體論的問題。也即佛家「了生死」的問題，人必有死，死究竟是終結還是非終結？這是宗教問題，也是哲學問題。宗教以對神（無限者）的信念和皈依解脫掉這個問題，而哲學則始終困擾在這個問題中。由生死問題及人生虛幻與真實的問題；進一步也就是整個存在世界究竟是真實或虛幻的問題。康得稱之為「現象」與「實在」的問題，在中國中古佛學中則是所謂「色」、「空」以及關於何為「真如」的問題。

第二節　古代人地哲學的範式

一、古代人地哲學的生命主義

要之，中國古代人地哲學所蘊寓的是深刻的生命理性主義。在中國古代地理學中，山水被賦予了生命的色彩，天地萬物和人一樣具有性情和靈感，且其性情與人的性情類同，天地即是客體又成了主體。所謂客體，即是說其性情因人而生，所謂主體，是指這種性情也影響了人的性情，並與之相融合，這決不是簡單的文學修辭的比喻而已，而是在中國古人的眼裡，這種生命哲學已成為實實在在的思維基調。與現代地理學的思維模式相比，其遵循之路線既不同，其分析之結論也多歧。

如，何以風水佳地要山環水繞，現代地理學解釋道：「通常情況下，主洪道所經的江岸及島岸，一側受河流和潮汐的影響較大，容易發生崩塌。另一側由於較平穩，泥沙容易淤積，岸線向外延伸。」（王育民：《中國歷史地理概論》，1997 年）。容易崩塌的一側就是河水屈曲的背弓側，由於水性的慣性衝力，在此處建宅立穴，易被水侵蝕，易受水災。容易淤積的一側即是水環抱的一面，因水流緩慢，易淤積成岸，比較安全。所以現代地理學家亦認為，立穴或建城應選擇在曲水環抱之中（吳殿廷：《水體景觀旅遊開發規劃實務》，2003 年）。見圖：

圖 8-4：河曲選址的地貌學原理

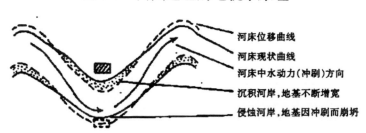

河床位移曲线
河床现状曲线
河床中水动力(冲刷)方向
沉积河岸,地基不断增宽
侵蚀河岸,地基因冲刷而崩坍

　　而現代地理學之解釋也只止於此，至於葬在此地後代會興旺，或居於此者能發達，現代科學幾乎束手無策，充其量也僅能對居於此處之宏觀區位之經濟發展做一般性的解釋，遑論微觀個體的興衰。

　　科學的本質是通過實證觀察來求證假設。但是，科學理論只適用於已經觀察到的現象是不夠的，理論還應能適用於那些創立理論時，尚未觀察到的現象，也就是說，科學理論應具有預見性。當然證明某種理論的預見性並非必然要求預測未來的事件，預測也可以是以往仍未發現或研究過的證據。如上述王陽明祖地的案例，其人之成就可歸結爲良好的家教、自身的勤奮及對封建帝王的忠孝，顯然，這種解釋非常直觀，人也皆樂於接受。然風水家的解釋則訴諸於葬地之山水，易讓人覺似風馬牛不相及，故亦多被現代科學視之以「僞」。美國科學哲學家湯瑪斯‧庫恩於《科學革命的結構》中認爲：

> 範式是一種思維模式，一個總體意義上看問題的方法。……科學的特點就在於具有範式。範式具有相對穩定的專業基質，包括科學理論和方法部分、社會——心理部分、形而上部分。……研究者們掌握了共有的範式而形成科學共同體，共同體內部交流比較充分，有相同的探索目標，專業方面的看法也比較一致；範式包括範例（案例），即共同體的典型事例和具體的題解。範式不僅留下有待解決的問題，而且提供了解決這些問題的途徑。

　　從這個意義上講，中國古代關於人地關係的認知所反映的是有別於現代科學的另一套範式，它基於宇宙遵循著共同的秩序的信仰，這種秩序從本質上是有機的，體現的是泛生命的理性結構。中國古代正是從天體運行的周期性、秩序性、可重複性上建立了宇宙萬物現象之內存在著秩序和組織的理念，在表面的無序之下，存在著秩序和組織的超級理性，這種理性認爲宇宙或天地間一切事物的變化與《易》、《河圖》、《洛書》所述之運動在本質上是對應

的，萬物運動的這種對應被視爲「天德」，董仲舒《春秋繁露‧人副天數》:「天德施，地德化，人德義。」人與地的關係處於「天德」體系的架構下，是基於「天德」的化成。

　　庫恩指出:「思想和科學的進步是由新範式代替舊範式所構成的，當舊的範式變得日益不能解釋新的或新發現的事實時，能用更加令人滿意的方法來說明那些事實的範式就取代了它。」同時他強調:「一種理論要想被接受爲一個範式，必須看上去強於其競爭對手，但不必要解釋，事實上也從來沒有解釋所有它可能遇到的事實。」可以說，到目前爲止，人地關係的現代科學範式並未具備取代傳統地理學範式的能力，反之亦然。歷來言中國古典文化之可取，也多留心於道德人倫的範疇，視「天道遠，人道邇」爲中古哲學之偉大進步，而殊不知人倫之所本仍在天倫。學界往往多稱道中華「天人合一」之精神，然卻對《易》道占卜嗤之爲糟粕，殊不知中華古老的「天人」精神就源於巫卜。牟鍾鑒《探索宗教》指出:

> 在中國歷史上，於佛道儒之外，確實存在一個綿延數千年的正宗大教，我稱之爲宗法性傳統宗教。它以天神崇拜、祖先崇拜和社稷崇拜爲主體，以日月山川等百神崇拜爲翼羽，以其他多種鬼神崇拜爲補充，形成相對穩固的郊社制度，宗廟制度，以及其他祭祀制度，它的基本信仰是「敬天法祖」。它的崇拜對象大致有天神、地祇、人鬼、物靈四大類。……起源於原始宗教，形成於夏商周三代，完善於漢至隋唐……

　　即使如牟鍾鑒所說，中國古老的天人哲學是一種宗教，那麼從本原而言，原始宗教正是一切中華文化之根源。根據英國哲學家卡爾‧波普《眞理、合理性和科學知識的增長》的證僞主義觀點，對於宇宙本體與人生本體的關懷與設定，是不可能得到眞正的、完全的科學證實或科學證僞的。天人哲學的思維範式與現代科學的思維範式應當是平行發展，而不是互相排斥的。不能簡單地把科學與宗教之間的衝突完全理解爲科學與宗教信仰本身之間的衝突。哲學家田薇指出:「事實上，基督教的根本信仰是上帝和創世的觀念，科學在此並不與這種信仰構成眞正的對立。因爲科學並不能提供解決這一問題的最終答案，不管是肯定的還是否定的，因此上帝說和創世說的基本宗教含義並不依賴於任何特定的科學理論。」(田薇:《信仰與理性》，2001 年)。基督教如此，中國的天人信仰亦何嘗不是如此，就像前文所探討的鬼神一樣，

本體論的問題伴隨思維的始終。

二、宗教對科學的促進作用

耐人尋味的是，近代現代西方科學的興起，受到了基督教強烈的正向推動，因為哥白尼、伽利略受到基督教教會的迫害而往往造成一種印象，那就是基督教阻礙了近代科學的發展。但事實卻是，起阻礙作用的祇是教會，而不是信仰本身。荷蘭著名哲學家 R・霍伊卡《宗教與現代科學的興起》指出：

> 更深入的研究表明，希臘文化遺產和《聖經》文化遺產之間存在著一種本質的區別。⋯⋯在現代科學興起的時代，宗教是當時文化生活中最強大的力量。人們對上帝的看法影響了他們的自然觀，而這種自然觀又必然影響他們探究自然的方法，即他們的科學。

「對於古希臘文化與《聖經》文化之間的不同理解產生了一個鮮為人知的事實：古希臘人的理解對現代科學的興起具有阻礙作用，而聖經的觀念則彌補了它的缺陷，促成了現代科學的誕生」（《信仰與理性》，2001 年）。《聖經》視自然為上帝的造物，本身不具神性，人來自於上帝，但他高於自然萬物，這種觀念推動著人類積極探索宇宙。自 16 世紀宗教改革以來，關於自然的理解形成了把世界看做是上帝創造的以機械模式存在的、徹底非神話的《聖經》的世界觀，這的確有利於現代科學機械論的進展，從哥白尼到牛頓的機械科學歷程正為上帝的存在提供了更多的佐證，因為一個機械的世界更能證明造物主的理性設計。人皆知波義耳、笛卡爾、帕斯卡、牛頓等人從事科學研究的偉大，殊不知，他們本人則認為科學的發現直接證明了造物主更加的偉大，證明了《聖經》理性的真理，為上帝增加了加爾文意義上的榮耀。生物學家赫胥黎曾說：「在我看來，科學似乎以最崇高、最有力的方式傳授偉大的真理，而這種偉大的真理正是體現在完全服從上帝意志的基督教觀念之中，像幼童般的面對事實，隨時準備放棄任何先人之見，謙恭地跟隨自然的引導，即使墜入深淵也在所不惜，否則，你就將一無所獲。」（轉引自 R・霍伊卡：《宗教與現代科學的興起》，1988 年）。剝離了自然神化的外衣，直接導致了近代實驗科學、實證經驗主義的興起，這種方法構成了現代科學的正統方法，至今在方法論領域仍佔主導地位，正是這種在方法論上只相信可感知到的經驗觀察，導致了對古希臘生命主義、神秘主義的摒棄。也正是這種思維的邏輯慣性，還導致了對中國文化中天人哲學的先天排斥。

　　邏輯經驗主義只關注普遍的、可重複的經驗事實，視之爲客觀，並賦予理性的運動規範，而將經驗中的藝術成分視爲主觀，把藝術的問題交給了藝術自身，終形成了科學與藝術各自思維的「半撇子」狀況（愛因斯坦曾說：「科學撇開宗教便成了跛子，宗教撇開科學便成了瞎子」）。「19世紀和20世紀的科學家，當他們採納理性經驗主義觀點時，也許並沒有意識到這樣一個事實，即儘管一切都已世俗化，但他們的學科的形而上學基礎，卻主要來源於《聖經》和上帝創世的觀念」（霍伊卡），故愛因斯坦雖否定了人格化的上帝，但又願意接受斯賓諾莎所推崇的「自然」的上帝。本體論的意境也只有在藝術的狀態中找到，因此愛因斯坦又說：「如果有一個能應付現代科學需求，又能與科學共依共存的宗教，那必定是佛教。」不僅是佛教，前文已證明，中國的本始文化《易》就是藝術與科學極妙的結合，它與生命的自在先驗地融爲一體。（需要說明，筆者將藝術的最高體驗與宗教的本體情節視爲同一，上古音樂與天文的關係就說明了這點）

　　辯證法認爲否定之否定的規律有螺旋式上陞的特點，通過辯證運動的全過程之後，從形式上看它彷彿又回到了起點，然而，從本質上看卻與起點的認識具有了質的不同。起點和終點雖然重合了，但是二者之間卻存在了質的飛躍。辯證的否定，不是外在形式上的否定、抽象的否定，而是自我否定、具體的否定。即在否定中包含著肯定，不是全面徹底的否定，而是有肯定因素包含在其中的否定，而且否定的結果不是消解爲空無，而是具有新的內容、新的形式出現。這就是辯證的否定具有的特點。黑格爾《邏輯學》指出：

> 否定的東西也同樣是肯定的；或說，自相矛盾的東西並不消解爲零，消解爲抽象的無，而是基本上僅僅消解爲它的特殊內容的否定；或說，這樣一個否定並非全盤否定，而是自行消解的被規定的事情的否定，因而是規定了的否定；於是，在結果中，本質上就包含著結果所從出的東西；……這個否定是一個規定了的否定，它就有了一個內容。它是一個新的概念，但比先行的概念更高、更豐富；因爲它由於成了先行概念的否定或對立物而變得更豐富了，所以它包含著先行的概念，但又比先行概念更多一些，並且是它和它的對立物的統一。——概念的系統，一般就是按照這條途徑構成的，——並且是在一個不可遏止的、純粹的、無求於外的過程中完成的。

雖然螺旋式上陞的運動存在著質的飛躍，但黑格爾仍指出，這種否定是

對概念自己規定的事情的具體地否定，否定中就規定了否定的來源。這種概念的運動是自在的運動，無求於外來的概念體系助其完成該運動。「引導概念自己向前的，就是前述的否定的東西，它是概念自身所具有的；這個否定的東西構成了真正辯證的東西」。這樣，歷史邏輯與形式邏輯就達成了統一。

黑格爾這種概念的抽象性、自足性、可擴張的彈性以及螺旋上陞的特點，正和《河圖》、《洛書》「數」的運動及與「數」相對應之卦象符號的抽象概括性暗合，黑格爾自己也對數字有一種強烈的情結，因為數可彼此相似，又可互比，可不外求於更多的概念來完成。固然，現代科學願意接受否定之否定的辨證規律，但僅停留在這個規律的語言表達上，對於螺旋式上陞運動形勢表達則並未能切實體會，因為很難理解黑格爾所謂「概念無求於外」而完成概念自身系統的豐富，從某種意義上說，黑格爾辯證的否定思想具有濃厚的本體論色彩。

《易》的實質就是通過數位的運動來實現對世界的描述，並且《易》正是在表述形勢上貫徹了螺旋式運動上陞的思維邏輯，同時又合乎「奧卡姆剃刀」所謂「如無必要，勿增實體」的原則。奧卡姆以這個原則剔除了對上帝存在的證明，將上帝完全留給了信仰。中國上古哲學在很早就將本體論讓位以「天」，視天的運動為自在的本體，正是對本體的關注與熱愛，激勵著先民將萬物的運動都納入到「天倫」的邏輯框架。反過來，以《易》的生命理性與抽象類別比的思維範式來考察「天下」萬物的運動，強化了生命的理性主義的有效與和諧，更顯示了「天道」的玄遠深邃。與西方近代科學的產生一樣，中國先民在對天的運動規律的認識以及與天對應的人自身運動中，感受到了「天」的偉大、宇宙秩序的神聖。《荀子》曰：「列星隨旋，日月遞照，四時代謝，陰陽大化，風雨博施，萬物各得其和以生，各得其養以成，不見其事而見其功，謂之神。」正是信仰促進了先民理性的思考，從而形成了中國上古輝煌的陰陽五行、《易》與八卦的巫卜體系，也正是對《易》道的崇拜，才形成了中國獨有的人地關係哲學範式，形成了偉大的中國傳統醫學體系、內容豐富的科技發明。從這個意義上講，天人合一的生命主義思維範式不僅沒有阻礙中國科學的進步，相反，正是中國天人哲學的生命主義開放模式為理性思索的衝動提供了充足的釋放空間，而這也正是中國古代創造了燦爛文化的源動力，促進形成了中華民族特色的科學與文化（也說明，所謂李約瑟難題，其本身就包含了答案，中國的生命理性主義當然不可能產生西方那種

「船堅炮利」式的科技文明，關於這個問題，限於篇幅，茲不贅證），否定了陰陽五行、易道風水學說，就等於否定了中國文化，否定了中華文明為世界的進步曾作出的傑出貢獻。

第三節　總　結

由此是否可以假定，歷史似乎確實具有某種前定性，並且這種前定性似乎可以通過某種符號所組織的邏輯和數理結構進行揭示，而《周易》所提供的正是這一類符號系統和數理結構。在歷史的可知可見性和可操作性之外，人類歷史又是確實涵有更神秘而超越人意志的另一層面的，所謂「謀事在人，成事在天」，指的就是這一層面。也就是說，古代中國從宇宙的周期及秩序中認識到一種超人類的理性和邏輯組織的存在。而這種理性的存在是具有泛生命意義的哲學，宇宙在古代中國人心目中是有機的、有生命的。董仲舒《春秋繁露·陰陽義》云：

> 天地之常，一陰一陽。陽者天之德也，陰者天之刑也。……天亦有喜怒之氣、哀樂之心，與人相副。以類合之，天人一也。……求天數之微，莫若於人。人之身有四肢，每肢有三節，三四十二，十二節相持而形體立矣。天有四時，每時有三月，三四十二，十二月相受而歲終矣。……

又，《人副天數》篇云：

> 人有三百六十節，偶天之數也。形體骨肉，偶地之厚也。……天地之符，陰陽之副，常設於身，身猶天也，數與之相參，故命與之相連也。天以終歲之數，成人之身，故小節三百六十六，副日數也；大節十二分，副月數也；內有五臟，副五行數也；外有四肢，副四時數也。

著名學者于希賢亦指出：「淵源於西方的地學觀念認為大氣圈、水圈和岩石圈是沒有生命的無機界。只有生物圈和人類智慧圈才是有生命的有機界。但是，中國古代的風水地理思想與此不同，不僅認為人和生物有生命，而且認為天、地、生、人各大系統之間組成一個整體性的大自然也是有循環、輪迴，有新陳代謝的系統，在風水學家的眼裡，自然界的一切都成了有生命的了。」（于希賢：《法天象地——中國古代人居環境與風水》，2006 年）。著名科技史學家李約瑟也曾在《中國科學技術史》中總結性地提出疑問：「中國人

的科學思想包含著宇宙兩種基本原理或力量，即陰與陽，大多數歐洲科學家指責它是迷信，但我要考察的是，中國古代傳統思想體系，是否僅祇是迷信或祇是一種原始思想，還是其中也許包含了那種文明某些本質性的東西。」

庫恩強調：「範式爲科學共同體（科學工作者按同一範式組成的集體）所一致擁有，他們按照統一的範式從事科學研究活動，範式是科學性質的標誌。」是否中國古代的科學都遵循「天人合一」的生命理性範式？

《列子》張湛注曰：「人雖七尺之形，而天地之理備矣。故首圓足方，取象二儀；鼻隆口方，比象山谷；而肌肉連於土壤，血脈屬於川瀆，溫蒸同乎炎火，氣息不異風雲。內觀諸色，靡有一物不備。」《文子·十守》曰：「頭圓象天，足方象地；天有四時、五行、九曜、三百六十日；人有四肢、五藏、三百六十節；天有風雨寒暑，人有取與喜怒，膽爲雲，肺爲氣，脾爲風，腎爲雨，肝爲雷。」著名風水學家蔣平階論述道：「大抵地理學家察脈與醫家察脈無異，善醫者察脈之陰陽而用藥，善地理者察脈之沉浮而立穴，其理一也。」事實上，生命意義的思維理性在中國傳統醫學表現的尤其明顯，茲舉二例即可窺樹木以見森林：

以藥物「陽起石」爲例。《本草問答》中云：「陽起石生於泰山山谷，爲雲母石之根，其山多不積雪，夏不生雲，積陽上陞，故或乘火氣上飛，或隨日氣而升騰也。凡人病陽氣下陷者，陽物不舉者，用以升舉陽氣，以取陽助陽之義也。」

以露水爲例。《本草綱目》有云：「立春節雨水，其性始是春升生發之氣，故可以煮中氣不足、清氣不升之藥。古方婦人無子，是日夫婦各飲一杯，還房有孕，亦取其資始發育萬物之義也。」李時珍謂之爲「節氣水」，並云：「一年二十四節氣，一節半月，水之氣味亦隨之變遷，此乃天地氣候相感也。陰盛則露凝爲霜，霜能殺物而露能滋物，性隨時異也。」

顯然，陽起石的物質成分與雲母無異，露與霜的化學元素也完全一樣，但醫家卻認爲其功效不同，其不同的理由在於它們在不同的地域、不同的時節，所對應的生命氣象是不同的。同樣是雲母，生在泰山山谷，因爲多不積雪，夏不生雲，所以陽氣較其它地方所出的雲母旺；同樣是水，在春天滋生萬物，而在冬天成霜，肅殺萬物，其用在煮藥的效果上也不一樣。因此在中國傳統醫學那裡，無論對於病症的診斷還是對於藥物的選擇，都滲透了生命氣象這一關鍵的參數。我國中醫學者張效霞通過對中國傳統醫學資料的廣泛

整理後發現：「人與天地相參是貫穿《黃帝內經》理論體系之始終的永恆主題，而人與天地相參源於中國哲學的天人合一觀。」（張效霞：《回歸中醫——對中醫基礎理論的重新認識》，2006 年）

　　最後，筆者引用孔子「仁者樂山，智者樂水」的論述以攬本書之要，觀孔子之言，即可對中國古代的人地哲學窺一斑而得全豹矣。

> 子張曰：「仁者何樂於山也？」孔子曰：「夫山者其然高，其然高則何樂焉？山，草木生焉，鳥獸蕃焉，財用殖焉。生財用而無私為，四方皆伐焉，每無私予焉。出雲風以通乎天地之間，陰陽和合，雨露之澤，萬物以成，百姓以饗，此仁者之所以樂於山者也。」

> 孔子觀於東流之水，子貢問於孔子曰：「君子所以見大水必觀焉者，何也？」孔子曰：「夫水，大遍與諸生而無為也，似德；其流也，庳下句倨，必循其理，似義；其赴百仞之溪不疑，似勇；淺者流行，深淵不測，似智；柔弱危通，似察；受惡不讓，似真；芭裹不清以入。鮮潔以出，似善；化必出，量必平，似正；盈不求概，似屬；折必以東西，似意。是以見大川，必觀焉。」

第九章　結論與展望

第一節　結　論

　　本書就古代人地哲學中所涉及的幾個基礎問題的本原的探討，對傳統「天人合一」哲學中涵有對時間、空間、天文、地理深刻的認識方法與思考理路做了初步的探討，形成了以下幾個重要的觀點：

　　（一）古代地理學通過天文的空間來認識時間，時間的流轉必定在要通過在空間上周期性立體地表現出來，這種時、空耦合方式與現代地理學的方法論是不同的，陰陽、五行、八卦等《易》學哲學的方法論是認識時間、空間及其運動的核心。對人地關係的認識貫穿中國古代文化的始終，五行、周易學說集中地體現了中國古代的人地觀，而這又是古代「敬天、法祖」理念的思想源頭。

　　（二）中國儒家的禮制精神就是古代人地哲學精神，即《易》的精神，通過法天倫而行人倫，古代對地理的認識基於對天文認識的框架。中國哲學的傳統，在宇宙概念的本體層面上生成論和人生判斷層面上的價值論是統一的，這必然會對人地關係的認識論產生決定性的影響。

　　（三）古人對於天文的崇拜和祭奠賦予天文相關數字的哲學意義，其中最關鍵的兩個數字是勾股數 $\sqrt{2}$ 和黃金分割數（$\sqrt{5} \pm 1$）/2，它是溝通宇宙與生命的根源。「數」是中國古代地理學認識論的核心，它即實現了對世界的抽象與分類，又使它們之間可以進行通約與對比，且「數」的運動過程切實貫徹了歷史邏輯與形式邏輯的統一。

　　（四）勾股數 $\sqrt{2}$ 和黃金分割數（$\sqrt{5} \pm 1$）/2 之間的關係即古代文化中

所謂「先天」與「後天」的關係，兩者之間通過「音樂」實現溝通。音樂藝術在古代是溝通天地人的文化本體，音律中所涵有的天文規律證明人與地之間存在著深刻的同構，它反映了藝術和諧與宇宙理性的統一，從而推出古代人地哲學範式的生命主義觀點。

（五）古代地理學中的「風水」概念關鍵在於古代中國在認識地理空間中構建的空間立體觀，與九宮八卦的平面區劃方法結合，構成了古代地理學的時、空認知方法與技術路線。而風水中關於「鬼神」的觀念，實質上體現了在對空間的認識中以歷史邏輯與形式邏輯重合的觀點。

（六）生命理性內在規定了中國古代地理學的思維範式，這不僅沒有阻礙中國科學的進步，反而，正是中國天人哲學的生命主義開放模式為理性思索的衝動提供了充足的釋放空間，而這也正是中國古代創造了燦爛文化的源動力，從而形成了具有民族特色的科學與文化表達形式。

第二節　討　論

人地關係是地理學思考的根本問題，古往今來皆如此，其實這個命題甚似於哲學中最核心的問題——思維與存在的關係問題。所以，地理學的問題雖是科學問題，究其極仍是哲學的範疇。人與地這對主客體的相互運動關係，自西方科學進入中國以後造成一個為人普遍接受的觀點，即人通過認識環境而改造環境，改造後的環境又反過來作用於人，人在改造後的環境的基礎上繼續認識環境、改造環境……，一直到無窮。此中暗含的基本的立場是：在人地相互運動過程中，人總佔主導地位，環境的變化也由於人的能動意識（當然，在人所未接觸到的空間，就不存在人地之間的矛盾運動，祇是自然環境自己的運動）。其實，「能動」一詞本身就內含了主導的意思。而哲學對於本體論的終極追求必然會提出一個問題：在人與地相互運動的過程中，是否存在著一個高於人和地的超級的理性實體，即使在這對矛盾統一體中人是主體，人地關係的實質是人對地的能動地改造，但人的這種主動意識是否仍受更原始的本體所決定？

西方宗教給出的答案是上帝，上帝無所在又無所不在，上帝派人來管理世界，人高於世界萬物，人對時空的一切行動都符合上帝的意志，如此，在上帝無所證的情況下，人本身就成了上帝。斯賓諾莎將人格化的上帝替換為理性的上帝，這裡理性就變為上帝，所以新教精神的「榮耀上帝」之實質仍

舊在榮耀人自身。這樣的推理結果等於同義反覆，仍沒有回答關於本體論的問題，而這也引導了現代地理學研究的思維模式，塑造了現代人地關係研究的基本框架。

而在中國，上古先民就曾深刻地思考了這個本源問題，並形成了獨特的觀見，認為在人與地相互運動之外，還存在著更高、更廣、更深、更遠的無所不在的範疇，所有的矛盾運動都被置於這個範疇之內，那就是「道」、是北斗、是玄極、是太一、是以太，總之是個本體意義上的修辭。人與地不僅同被置於這個範疇下，更重要的是，人地之間不存在主導與被主導的關係，兩者是存在著深刻的和諧與同一，人、地都存有「道」的共同印記，正是因為共同的印記，使人與地之間能夠在最原本意義上得到通融。人與地之間的運動不是遵循人自身的能動理性，而是「道」的運動規律，人與地是同一的，那麼地也具有和人一樣的生命意義，這必然蘊寓世界的泛生命主義哲學觀。人地之間統一於「道」，「道」即「天道」，是宇宙的生命理性，「天命之謂性」，因此中國古代的讀書人的最高境界是「窮理盡性以至於命」。既然「本體」是天道，那麼闡顯天道、順應天道，也必然就能理順人地的和諧與共鳴。因此，中國古代的地理觀，其遵循的是天文的認識框架。而這個認識論框架，就是基於天文觀察、感悟、崇拜的陰陽五行學說體系。

遵循人、地、天三位一體於「道」的哲學，三者之運動皆彰顯了宇宙的性命，那麼，在對天文與地理的理性認識限度外，就存在通過「反求諸己」的方式來完成對宇宙性命的理解，而這也是中國人地哲學的生命主義方法論實質。不同尋常的是，對於生命理性的理解，不是通過理性對人自身的生理解析，而是通過對於宇宙生命的和諧感悟來實現，那是藝術中最本原而又最玄妙的意境，這就是上古的音樂，是本原的語言。也正因為此，道家始終汲汲然追求如嬰兒般的恍惚，「搏氣致柔和，能嬰兒乎」；儒家追求「仁者樂山，智者樂水」的意境；佛家追求「般若中觀」的靈覺，這種境界的生命理性基礎在於人地所共同隱含的 $\sqrt{2}$ 與 $(\sqrt{5} \pm 1)/2$ 之數理邏輯。

中國古代對於地理認識論的本原，就源於藝術與理性的和諧。筆者推測，生命理性的存在是否說明存在著生命作用的「場」介質，暫稱之為「生命場」，這種生命場存在以下幾條假定：

假定 1：生命場是一種客觀的、伴隨著具體物體的存在的物質或是物體的一種生命狀態，它不佔據實體空間，但對其周邊的其他物體

有影響；不同的物體，其場的形式和強度不同。

假定 2：物體 A 的場對物體 B 有影響，物體 B 的場對物體 A 也有影響。這兩個物體之間的相互作用隨著兩個物體之間距離的增大而縮小，其場強並隨著時間的推移而衰減。

假定 3：生命場介質對應於具體的物體之間，其作用隨著時間、空間的變化而變化，可能因為相互適應而變得和諧，也可能因為相互摩擦而變得不和諧。

假定 4：人去世之後，人體的場不會馬上消失；特別是傳統的喪葬方式（土葬、樹藏、岩藏等），原先的場可能會持續存在很長的時間。

　　上述假設實質即是對古代地理學所蘊含的作用原則的總結，也提出了筆者對於未來生命現象研究的初步思考。宇宙理性的生命主義在很大程度上使探尋「生命場」將是現代生命科學的重要研究任務。突破以往以解剖的方式、基因的方式來研究生命的本質，這有可能為生命的進一步深刻理解，以及對社會學、心理學的深刻探討將有很大的啟發意義。

第三節　不　足

　　本書的研究衝動在於對地理環境哲學的思索，地理環境在多大程度上作用於人，表面看是地理學的問題，而對其實質的探討完全進入了哲學領域，甚至進入哲學領域的最核心層面。由於筆者本身的人文地理研究方向，有感於對人本主義與生態主義之間的困惑，在思維層面難以找到兩者的契合點，迫使筆者將思考的方向轉向了人地哲學，而當發現所謂人地哲學的實質就是哲學中最基本的關於思維與存在的關係問題時，方發覺將自己引入了思維的本體論泥潭。不得已，筆者轉而將思考的方向轉向了中國古代地理學，以期在一直為世人所景仰的「博大精深」的中國傳統文化中尋找出新的突破點，其後才發現這個領域遠不是以往所想像的「風水」那般簡單、渺小，而是一個浩博遼遠又是能提綱挈領的體系大全，原本祇是基於人文地理學的研究視角，而思維最終卻被引向了整個中國傳統文化的廣闊領域，被引向了理性與藝術的思維基本面。筆者自 2001 年開始接觸傳統地理思想，於今已逾十年，期間閱讀大量傳統文化、古代地理的著作，雖稍有感悟，但限於自己的能力

和悟性，仍舊膚淺與固陋。要弄清人地關係的實質，仍是「雖不能至，然心嚮往之」，未來還需更多精力探討以下幾個重要的問題：

（一）更系統地領悟中國傳統文化的精神，為古代地理哲學的生命理性主義尋找更多的理論證據。這將是個艱難的歷程，將要涉及到地理學以外的很多學科的內容。因為中國文化的一個重要的學科特點，就是各學科之間沒有明確的界限，地理中有天文、天文中有人文，像中醫一樣，本不存在明顯的內外科或五官科。除此之外，還有必要吸收有關少數民族文化研究的材料，民族文化往往繼承了歷史上中原文化的很多成分。

（二）積極吸收現代地理學與生命科學的成果，尋求更堅實的能反映人與地遵循著同樣的數理邏輯的素材，探討思維中的藝術靈覺境界的生命源泉，這需要大膽借鑒佛學、玄學、心理學、神經科學甚至西方靈魂學等多方面的前沿內容，這對於筆者將是最大的挑戰，不僅要付出更多的努力，還需面對社會多方面的壓力。但「與時俱進」、「實事求是」的唯物史觀，應該對新的文明成果都抱有開放的態度。

（三）將得出的成果與西方理性思想的源頭做比較，考察西方古代文化中人地思想範式的起源與中國存在什麼樣的區分，從而導致兩者對地理環境的認識論差異。西方在文明起源的早期，其藝術思維中是否存在如中國音樂所內涵的天文、地理崇拜？如果有，與古代中國有什麼不同，原因又何在，是什麼原因又導致後來的地理學的思維模式，發生這種思想範式跳躍的來源又在哪裡。

問題雖不多，但本體論意味很濃，破解其中的任何一個，對於筆者而言，都將是理性覺悟與藝術和諧的最大快慰。

參考文獻

一、**主要著作**（按文獻引用的順序）

1. 〔美〕亨廷頓,《文明的衝突與世界秩序的重建》〔M〕,北京:新華出版社,2002 年。

2. 〔明〕王夫之,《讀通鑒論》〔M〕,北京:中華書局,1999 年。

3. 〔西漢〕孔安國注,〔唐〕孔穎達疏,《尚書正義》〔M〕,上海:上海古籍出版社,2007 年。

4. 〔魏〕王弼,《老子道德經注》〔M〕,北京:中華書局,1992 年。

5. 〔魏〕王弼注,〔唐〕孔穎達疏,《周易正義》〔M〕,北京:北京大學出版社,1999 年。

6. 〔清〕方玉潤,《詩經原始》〔M〕,北京:中華書局,1986 年。

7. 〔東漢〕鄭玄注,〔唐〕孔穎達疏,《禮記正義》〔M〕,上海:上海古籍出版社,2008 年。

8. 〔東周〕左丘明,〔晉〕杜預注,〔唐〕孔穎達疏,《左傳正義》〔M〕,北京:北京大學出版社,1999 年。

9. 〔晉〕陳壽,〔劉宋〕裴松之注,《三國志》〔M〕,北京:中華書局,2006 年。

10. 〔明〕宋濂,《元史》〔M〕,長沙:嶽麓出版社,1998 年。

11. 俞孔堅,《理想景觀探源:風水與理想景觀的文化意義》,北京:商務印書館,1998 年。

12. 于希賢、于湧,《風水的理論與實踐》〔M〕,北京:光明日報出版社,2005 年。

13. 〔英〕李約瑟,《中國科學技術史:第三卷》〔M〕,北京:科學出版社,1975 年。

14. 林徽因等,《風生水起──風水方家譚》〔M〕,北京:團結出版社,2007年。

15. 〔清〕王筠,《說文解字句讀》〔M〕,北京:中華書局,1988年。

16. 〔清〕陳立,《白虎通疏證》〔M〕,北京:中華書局,1994年。

17. 〔民〕尚秉和,《周易尚氏學》〔M〕,北京:光明日報出版社,2006年。

18. 〔西漢〕司馬遷,《史記》〔M〕,北京:中華書局,1982年。

19. 何寧,《淮南子集釋》〔M〕,北京:中華書局,1998年。

20. 〔魏〕王肅,《孔子家語注》〔M〕,北京:時代文藝出版社,2008年。

21. 〔清〕王念孫,《廣雅疏證》〔M〕,北京:中華書局,2004年。

22. 周祖謨,《爾雅校箋》〔M〕,昆明:雲南人民出版社,2004年。

23. 丁山,《中國古代宗教與神話考》〔M〕,上海文藝出版社1988年。

24. 馮時,《中國天文考古學》〔M〕,北京:中國社會科學出版社,2007年。

25. 〔清〕趙翼,《廿二史箚記》〔M〕,北京:中華書局,2008年。

26. 〔清〕蘇輿,《春秋繁露義證》〔M〕,北京:中華書局,1992年。

27. 黃懷信,《鶡冠子彙校集注》〔M〕,北京:中華書局,2004年。

28. 〔清〕姜忠奎,《緯史論微》〔M〕,上海:上海書店出版社,2005年。

29. 何新,《諸神的起源》〔M〕,北京:北京工業大學出版社,2007年。

30. 詹石窗,《易學與道教符揭秘》〔M〕,北京:中國書店出版社,2001年。

31. 〔東漢〕班固,《漢書》〔M〕,北京:中華書局,2000年。

32. 〔宋〕司馬光,《太玄集注》〔M〕,北京:中華書局,1998年。

33. 林忠軍,《易緯導讀》〔M〕,濟南:齊魯書社,2002年。

34. 〔晉〕郭璞注,陳成譯注,《山海經》〔M〕,上海:上海古籍出版社,2008年。

35. 〔清〕孫詒讓,《周禮正義》〔M〕,北京:中華書局,1987年。

36. 〔東周〕左丘明,上海師範大學古籍整理研究所校點,《國語》〔M〕,上海:上海古籍出版社,1998年。

37. 楊寬,沈延國,《呂氏春秋集釋》〔M〕,北京:中華書局,2000年。

38. 〔清〕張志聰,《黃帝內經集注》〔M〕,杭州:浙江古籍出版社,2002年。

39. 侯外廬等,《中國思想通史》〔M〕,北京:人民出版社,1957年。

40. 張兵,《洪範詮釋研究》》〔M〕,濟南:齊魯書社,2007年。

41. 〔清〕馮道立,《周易三極圖貫》〔M〕,北京:九州出版社,2005年。

42. 李學勤,《周易溯源》〔M〕,成都:巴蜀書社,2006年。

43. 任法融,《周易參同契釋義》〔M〕,西安:西北大學出版社,1993 年。

44. 〔清〕胡渭,《易圖明辨》〔M〕,北京:九州出版社,2002 年。

45. 〔日〕安居香山,《緯書集成》〔M〕,石家莊:河北人民出版社,1994 年。

46. 〔明〕王夫之,《周易內外傳》〔M〕,北京:九州出版社,2004 年。

47. 〔明〕王夫之,《船山全書》〔M〕,長沙:嶽麓書社,1988 年。

48. 〔德〕文德爾班,《哲學史教程》〔M〕,北京:商務印書館,1997 年。

49. 〔宋〕邵雍,《皇極經世》〔M〕,北京:九州出版社,2004 年。

50. 〔宋〕朱熹,《周易本義》〔M〕,北京:九州出版社,2004 年。

51. 〔宋〕黎德靖,《朱子語類》〔M〕,北京:中華書局,2007 年。

52. 〔宋〕邵雍,《梅花易數》〔M〕,北京:九州出版社,2004 年。

53. 郭彧,《易圖講座》〔M〕,北京:華夏出版社,2007 年。

54. 〔唐〕房玄齡,《晉書》〔M〕,長沙:嶽麓出版社,1997 年。

55. 〔清〕郭慶藩,《莊子集釋》〔M〕,北京:中華書局,2004 年。

56. 方向東,《大戴禮記彙校集解》〔M〕,北京:中華書局,2008 年。

57. 〔民〕杭辛齋,《杭氏易學七種》〔M〕,北京:九州出版社,2002 年。

58. 〔東周〕管仲,黎翔鳳撰,《管子校注》〔M〕,北京:中華書局,1992 年。

59. 〔清〕陳樹德,《論語集釋》〔M〕,北京:中華書局,1990 年。

60. 〔清〕江永,《河洛精蘊》〔M〕,北京:華夏出版社,2006 年。

61. 施維、邱小波,《周易圖釋大典》〔M〕,北京:中國工人出版社,1994 年。

62. 〔清〕李光地,《周易折中》〔M〕,北京:九州出版社,2002 年。

63. 吳秋文,《易經探源與人生》〔M〕,北京:九州出版社,2004 年。

64. 張其成,《易圖探秘》〔M〕,北京:中國書店出版社,1999 年。

65. 〔明〕黃宗羲,《易學象數論》〔M〕,北京:九州出版社,2007 年。

66. 田合祿、田峰,《周易與日月崇拜》〔M〕,北京:光明日報出版社,2004 年。

67. 李零,《中國方術續考》〔M〕,北京:中華書局,2005 年。

68. 〔明〕張介賓,《類經附翼》〔M〕,北京:人民衛生出版社,1982 年。

69. 盧央,《易學與天文學》〔M〕,北京:中國書店出版社,2003 年。

70. 盧央,《京氏易傳解讀》〔M〕,北京:九州出版社,2004 年。

71. 王增永,《華夏文化源流考》〔M〕,北京:中國社會科學出版社,2005 年。

72. 徐中舒，《左傳選》〔M〕，北京：中華書局，1963 年。

73. 何新，《論中國歷史與國民意識》〔M〕，北京：時事出版社，2002 年。

74. 彭林，《文物精品與文化中國十五講》〔M〕，北京：文物出版社，2007 年。

75. 蕭興華，《中國音樂史》〔M〕，臺灣：文津出版社，1995 年。

76. 呂澂，《印度佛學源流略講》〔M〕，上海：上海人民出版社，2005 年。

77. 〔英〕威爾斯著、吳文藻等譯，《世界史綱》〔M〕，桂林：廣西師範大學出版社，2001 年。

78. 伊藤隆壽、林鳴宇，《肇論集解》〔M〕，上海：上海古籍出版社，2008 年。

79. 詹姆斯·格萊克，《混沌：開創新科學》〔M〕，上海：上海譯文出版社，1990 年。

80. 許良英等譯，《愛因斯坦文集》第三卷，北京：商務印書館，1979 年。

81. 〔清〕劉一明，《易理闡眞》〔M〕，北京：金城出版社，2004 年。

82. 李零，《中國方術續考》〔M〕，北京：中華書局，2006 年。

83. 〔東漢〕趙曄，《吳越春秋》〔M〕，南京：江蘇古籍出版社，1999 年。

84. 〔明〕蔣平階，《地理辨正》〔M〕，鄭州：中州古籍出版社，2000 年。

85. 田合祿、田蔚，《易醫學智慧生命與八卦》〔M〕，太原：山西科學技術出版社，2007 年。

86. 〔北魏〕酈道元，陳橋驛校，《水經注校釋》〔M〕，北京：中華書局，2007 年。

87. 景中譯注，《列子》〔M〕，北京：中華書局，2007 年。

88. 岑仲勉，《西周文史論叢》〔M〕，北京：中華書局，2004 年。

89. 呂思勉，《先秦史》〔M〕，上海：上海古籍出版社，2005 年。

90. 〔劉宋〕范曄，《後漢書》〔M〕，北京：中華書局，1991 年。

91. 龐樸，《中國文化十一講》〔M〕，北京：中華書局，2008 年。

92. 〔明〕張景嶽，《景嶽全書》〔M〕，太原：山西科學技術出版社，2006 年。

93. 王仲堯，《易學與佛教》〔M〕，北京：中國書店出版社，2001 年。

94. 東主才讓，《藏傳佛教密宗奇觀》〔M〕，西寧：青海人民出版社，1999 年。

95. 鍾義明，《天玉經諸家注》〔M〕，香港：長江出版社，2003 年。

96. 〔民國〕沈竹礽，《沈氏玄空學》〔M〕，香港：聚賢館書社，2001 年。

97. 〔明〕蔣平階，《水龍經》〔M〕，海南：海南出版社，2003 年。

98. 何曉昕、羅依,《中國風水史》〔M〕,北京:九州出版社,2008 年。

99. 黃暉,《論衡校釋》〔M〕,北京:中華書局,1990 年。

100. 〔清〕王夫之注,《張子正蒙》〔M〕,上海:上海古籍出版社,2000 年。

101. 何新,《思考——我的哲學與宗教觀》〔M〕,北京:時事出版社,2001 年。

102. 王育民,《中國歷史地理概論》〔M〕,北京:高等教育出版社,1997 年。

103. 吳殿廷,《水體景觀旅遊開發規劃實物》〔M〕,北京:中國旅遊出版社,2003 年。

104. 〔美〕庫恩,《金吾倫譯》〔M〕,北京:上北京大學出版社,2003 年。

105. 牟中鑒,《探索宗教》〔M〕,北京:宗教文化出版社,2008 年。

106. 〔英〕卡爾·波普著、傅季重等譯,《真理、合理性和科學知識的增長》〔M〕,北京:商務印書館,2004 年。

107. 田薇,《信仰與理性》〔M〕,保定:河北大學出版社,2001 年。

108. 〔荷蘭〕R·霍伊卡,丘仲輝等譯,《宗教與現代科學的興起》〔M〕,成都:四川人民出版社,1988 年。

109. 〔德〕黑格爾,楊之一譯,《邏輯學》〔M〕,北京:商務印書館,2004 年。

110. 〔清〕王先謙,《荀子集解》〔M〕,北京:中華書局,1988 年。

111. 于希賢,《法天象地——中國古代人居環境與風水》〔M〕,北京:中國電影出版社,2006 年。

112. 王利器,《文子疏義》〔M〕,北京:中華書局,2000 年。

113. 〔明〕李時珍,《本草綱目》〔M〕,北京:中國中醫藥出版社,1998 年。

114. 張效霞,《回歸中醫——對中醫基礎理論的重新認識》〔M〕,青島:青島出版社,2006 年。

115. 孟繁紅、孟慶祥,《孔子集語譯注》〔M〕,哈爾濱:黑龍江人民出版社,2003 年。

二、相關論文

1. 〔美〕戴振鐸,〈廣義三分損益律與朱載堉十二平均律及純律的關係〉〔J〕,《中國音樂學》,2000,4:105～114。

2. 胡化凱,〈五行體系唯一性的數學證明〉〔J〕,《安徽大學學報》(自然科學版),1995,1:105～110。

3. 黃晨、袁清,〈易與呂律之確定〉〔J〕,《浙江大學學報》(人文社會科學版),2001(31),1:130～134。

4. 黃德昌，〈退溪易學的《河圖》、《洛書》觀〉〔J〕，《易學與宗教研究》，
   1997，3：85～92。

5. 黃翔鵬，〈中國古代律學——一種具有民族文化特點的科學遺產〉〔J〕，
   《音樂研究》，1983，4：28～36。

6. 江曉原，〈《國語》伶州鳩所述武王伐紂天象及其年代〉〔J〕，《自然科學
   史研究》，1999，4：42～50。

7. 蔣謙，〈黃金分割率的哲學意蘊〉〔J〕，《科學技術與辯證法》，1999（16），
   4：26～34。

8. 蔣謙，李思孟，〈簡論中國古代數學中的「黃金分割率」〉〔J〕，《自然辯
   證法研究》，2003（19），11：25～29。

9. 李鑒澄，〈古曆「十九年七閏」閏周的由來〉〔J〕，《中國科技史料》，1992
   （13），3：14～17。

10. 李醒民，〈科學：理論的評價標準〉〔J〕，《自然辯證法研究》，1986，4：
    34。

11. 陸振球，〈山西吉縣岩畫與河圖洛書〉〔J〕，《上海師範大學學報》，1998
    （27），1：110～116。

12. 孟凡玉，〈論儺歌「囉哩嗹」的生殖崇拜內涵〉〔J〕，《音樂研究》，2007，
    4：45～53。

13. 曲安京，〈《周髀算經》的蓋天說：別無選擇的宇宙結構〉〔J〕，《自然辯
    證法研究》，1997，8：37～40。

14. 唐繼凱，〈朱載堉《進曆書奏疏》點注（上）——附四庫全書之《提要》〉
    〔J〕，《交響——西安音樂學院學報》，2004（23），2：36～43。

15. 唐繼凱，〈朱載堉《進曆書奏疏》點注（下）——附四庫全書之《提要》〉
    〔J〕，《交響——西安音樂學院學報》，2005（24），1：32～39。

16. 曾祥委，〈河圖、洛書是新石器時代的星圖〉〔J〕，《周易研究》，1995，4：
    46～57。

後　記

　　思想進步的歷程往往充滿了艱辛，而要破自己原本思維模式之繭而立新的思考框架，更需要探索的勇氣，需要付出更多的努力。論文基本告罄，學生生涯也即將結束。甚覺感慨良多，而要將這種情感發揮在紙上，似又無從著手。孔子在讀《易·乾卦》後說：「修辭立其誠，所以居業也。」我卻倒成了「慨然而無從修辭」了，學生時代的結束，意味著新的生活方式的開始。多年來的生活學習生物鐘已定型，在未來的人生道路上，能否持續地進步，這取決於學習的價值觀，也就是所說的學習態度吧。我當然希望博士論文的完成，是未來新的工作的起點，希望能將思想的探尋繼續下去，能將自己的興趣與關注化爲工作的動力。

　　自中學時代起，因爲對於物理學的偏科，也繼而產生對哲學本體的思考，儘管當時的一些想法都是很稚嫩的，但在那時就接受了愛因斯坦「大統一」的理念，這個理念一直主導著我的學習、思考歷程。因爲大學後的地理學專業，又使我將這種理念貫徹到對地理學的思考，是否人地之間的相互作用也有一個「統一」的框架。困惑導致我將關注點轉向了中國的人地哲學，博士論文可算是對我自 2001 年以來進行學習、思考的筆記的部分總結，儘管是很初步的，但有一點我需要對自己做一點肯定，那就是這些年來，我一直在堅持對於這些問題的思考，在思考的同時，我也獲益不少，包括經濟、社會、哲學、政治、醫學等多方面的知識，希望這種精神能夠堅持下去。我原本打算在碩士論文選題時就開始整理我的一些想法，終因時機和底氣不夠而未能如願，祇以生態旅遊的相關內容爲題草草了事。現在回想起來，多虧當時未能如願，不然的話，將要貽笑方家不說，還會使自己作繭自縛，視少許膚淺

心得，就是深刻的思考。應該說，博士這三年，無論在學習的廣度、思考的深度、以及研究的條件，對於我自己而言，都是大的躍進，這首先歸大功於恩師吳殿廷老師。

《易·坤卦》上說：「地勢坤，君子以厚德載物。」吳老師有這樣可貴的胸懷與品質，在這三年，他總是鼓勵我的想法，鼓勵我將思考能夠深入下去。中國古代地理學，說白了就是風水學，而在學界，都不屑稱之爲「學」，只當是江湖忽悠而已。也許它永遠不能成爲學術的主流，但這其中的確蘊含了古人認識世界的獨特思路與玄妙意境。吳老師從不因爲其非學術的主流而鄙視之，更不因我觀點的孤僻而冷落我，相反，他給予了我超量的鼓勵，每一次激勵，我都會查閱更多的文獻，有更多的進步。說實話，若不是他的鼓勵，我也就不再繼續研究古代地理學，當然也就不會形成本書的論點，儘管這些觀點也都是初淺的。

而這正是吳老師的可貴之處，他的可貴在於他總是積極地培育新思想。也許有一天，有個師弟或師妹寫論文正是要批判古代的人地哲學觀，批判我的觀點，我想吳老師仍然會鼓勵他（她）的想法，鼓勵他（她）將思考深入到本體的層面。這是他作爲一個出色的教育家相容並包的胸懷與高明。他的高明就在於天然地把握了「垂衣裳而天下治」的「無爲而無不爲」意境，「天何言哉」，領略吳老師教育之道，是我輩學生的最大幸運。

對於我們，他從來都很謙虛，從來不批評我們的觀點，相反，總是給我們的認識提供更多的論據與條件。君子和而不同，他是眞正意義上的益友良師。時代不同了，資訊化的加深，使導師與學生之間的資訊鴻溝逐漸變小。所謂「傳道授業解惑」教育模式，可往往成爲了以「授業」爲主，「解惑」其次，至於「傳道」更無從談起，而現代資訊社會需要的更多是「傳道」。吳老師對於我們一直是在「傳道」，傳思考研究之道，傳做人做事之道，更傳胸懷廣闊之道。《尙書》說：「敬敷五教，在寬。」氣量之宏遠，其核心就在於「寬」。我想，無論我將來做什麼工作，都要像吳老師學習，學習他的寬厚與平和，這就是天下最大的「道」。因爲寬厚，唐太宗才有「天下英雄，盡入吾彀中矣」的感慨。如果說，博士將要畢業的感慨，我想這就是我最大的感慨吧，向吳老師致以崇高的敬意，向他學習。

還要感謝我的同門王金岩、趙西君、吳巧新、何龍娟、耿建忠、岳曉燕、姜曄、王瑜、凌麗萍、吳穎，和來自臺灣的譚家倫等師弟師妹們，以及

我的好朋友喬妮，正是和他（她）們在一起學習、一起鼓勵、一起探討，才使我這三年的學習歷程終生難忘，他們每個人都很有特點、很有思想，從他們那裡，能體會到不同的學習視角和人生樂趣。和他們的相處，讓我保留了人生最為可貴的純真無邪，我們能有緣相識，也是我們最大的幸運。也要已經畢業的袁俊師姐、吳錚錚師姐，儘管已經畢業，但仍然給予我很多的幫助，這都是我人生道路上寶貴的精神財富。同時，宋金平老師、梁進社老師、葛岳靜老師、周尚意老師等等，他們也都給予了我很多的關懷與鼓勵，在此一併深表謝意。

　　最後，我要深深地感謝我的父母，他們永遠都是我的精神支柱。是他們，讓我真正理解了「天行健，君子以自強不息」的人生意義。

常　旭

2009 年 5 月於北師大